Zu diesem Buch

Frage: Wo schläft ein Baby?
Antwort: Im Kinderbett.
Richtig? – Nicht unbedingt. Erst seit dem 19. Jahrhundert ist es allgemein üblich, daß Eltern ihre Kinder allein schlafen lassen, weit weg vom Elternbett – oft in einem anderen Zimmer. Wenn das Kind dann aufwacht, jammert es erst eine Weile herum, schreit sich auch eventuell wieder in den Schlaf, nur um bald wieder wach zu werden, weil es Hunger hat oder sich aus anderen Gründen nicht wohl fühlt und nicht allein gelassen werden möchte. Die Eltern müssen mit ein paar Stunden Schlaf auskommen und fühlen sich morgens, nach dem Aufstehen, völlig erschöpft.

Dieses Buch schlägt eine Alternative vor: Das Baby schläft im Bett der Eltern. Ausgehend von neuen Erkenntnissen zeigt die Autorin, wieviel besser diese verblüffend einfache Lösung ist. Das Baby genießt stärkeren körperlichen Kontakt zu den Eltern, und die Eltern bekommen ihre wohlverdiente Nachtruhe.

Das Buch erläutert die – vor allem für stillende Mütter – immensen Vorteile dieser radikalen Form der Kindererziehung, es wirft ein neues Licht auf das tragische Phänomen des plötzlichen Kindstodes und gibt einen Überblick über die Unterschiede im Umgang mit dem «Kind im Bett»: Wie war es früher, wie ist es in anderen Kulturen, und welche Einwände werden heute allgemein dagegen erhoben. Außerdem gibt die Autorin praktische Hinweise für das Sexualleben der Eltern nach der Geburt eines Kindes, beschäftigt sich mit der Frage, wie sicher das Baby im Bett der Eltern ist und befaßt sich mit dem Augenblick, wenn das Kind aus dem Bett der Eltern auszieht.

Wenn Sie bereits Kinder haben oder ein Baby erwarten, könnte die hier vorgestellte Methode Ihr Leben verändern. Denn letztendlich findet ein Großteil der frühen Kindererziehung nachts statt.

DEBORAH JACKSON arbeitet als freie Journalistin. Unter anderem schreibt sie regelmäßig für renommierte britische Zeitungen und Zeitschriften. Sie lebt mit ihrem Mann Paul und mittlerweile zwei Töchtern in Manchester.

**Deborah Jackson**

# DREI IN EINEM BETT

Schlafen mit Kind

Deutsch von Beate Gorman

Mit Illustrationen von Tom Newton

Rowohlt

rororo Mit Kindern leben

Redaktion Juliane Kraus
Umschlaggestaltung Peter Wippermann/Jürgen Kaffer
(Foto: Peter Jacob/Photo Selection)

11.–13. Tausend Juli 1996

Deutsche Erstausgabe
Veröffentlicht im Rowohlt Taschenbuch Verlag GmbH,
Reinbek bei Hamburg, April 1991
«Drei in einem Bett» Copyright © 1991 by Rowohlt
Taschenbuch Verlag GmbH, Reinbek bei Hamburg
Die britische Originalausgabe erschien 1989 unter dem
Titel «Three in a Bed. Why You Should Sleep With Your
Baby» bei Bloomsbury Publishing Limited, London
«Three in a Bed» Copyright © 1989 by Deborah Jackson
Illustrationen: Copyright © 1989 by Tom Newton
Satz Trump Mediaeval, PM 4.0, Linotronic 300
Gesamtherstellung Clausen & Bosse, Leck
Printed in Germany
1490-ISBN 3 499 18766 3

# Inhalt

Vorwort 7

Einleitung 9

1 Die ganze Nacht, jede Nacht 14
2 Eine Krise – welche Krise? 33
3 Sie wollen doch nur helfen 50
4 Fühlung aufnehmen 71
5 Wird es dem Kind in der Nacht gutgehen? 93
6 Festessen um Mitternacht 111
7 Nomaden und Kindermädchen 134
8 Aber doch nicht vor den Kindern 154
9 Zeit zum Schlafengehen 167
10 Die Praxis 189
11 Ja, aber… 216
12 Ein Vorschlag in aller Bescheidenheit 233

Anhang 238
Ganz im Vertrauen 238
Anmerkungen 253
Ausgewählte Literatur 262
Danksagung 266

*In Liebe für Paul und Frances*

# Vorwort

Einmal wurde ich gefragt, wie man denn ein ganzes Buch darüber schreiben könne, mit Kindern in einem Bett zu schlafen. Wenn es tatsächlich so wäre, daß wir unseren Kindern einfach erlauben, nachts in unser Bett zu kriechen, gäbe es wirklich nicht viel dazu zu sagen. Aber die Zeiten, als bei uns in der westlichen Welt alle Familienmitglieder gemeinsam in einem Bett schliefen, sind lange vorbei. Die meisten Eltern begegnen der Sache mit Mißtrauen, und in Kommentaren wird die Idee bestenfalls als exzentrisch dargestellt.[1]

Dieses Buch versucht, das Kinderbett an den Platz zu verweisen, der ihm gebührt. Es beginnt mit dem Augenblick, als sich meine eigenen Ideen über das Muttersein veränderten. Es untersucht die Gründe, warum man Mutter und Baby nachts nicht trennen sollte. Es behandelt die Verwirrung, die heute in der Kindererziehung herrscht, und befaßt sich mit jahrhundertealten Ratschlägen, die dazu geführt haben, daß Mütter gegen ureigene Instinkte ankämpfen.

Meine Argumente für das Familienbett werden durch Ergebnisse aus vielen Bereichen unterstützt: Medizin, Anthropologie, Psychologie und auch der gesunde Menschenverstand weisen neue Wege. Die Hauptthemen des Buches befassen sich mit der Bedeutung des Körperkontakts, damit, wie das Neugeborene Vertrauen lernen und wie man seine körperlichen Bedürfnisse befriedigen kann, aber auch, welche Vorteile sich daraus für die Eltern ergeben. Wissenschaftliche Untersuchungen, die sich mit den Ursachen des plötzlichen Kindstodes beschäftigen, heben heute oftmals die Bedeutung des Familienbetts hervor. Und Mütter, die ihr Kind stillen wollen, lernen im Kapitel über das nächtliche Stillen im Elternbett eine ganz neue Methode kennen.

Der dritte Teil des Buches beantwortet praktische Fragen zum Thema «gemeinsames Bett». Er befaßt sich mit der Geschichte des Familienbetts in verschiedenen Kulturkreisen, enthält Anregungen, wie Eltern ihre Privatsphäre wahren können, und behandelt die Frage, wann ein Baby das Nest verlassen sollte. Schließlich erzählen Eltern, die mit ihren Babys und älteren Kindern in einem Bett geschlafen haben, von ihren Erfahrungen.

Der Titel des Buches *Drei in einem Bett* bezieht sich auf die typische Familienstruktur in der westlichen Gesellschaft. Er sollte jedoch nicht zu eng ausgelegt werden. Alleinerziehende Eltern können nachts ihr Kind mit zu sich ins Bett nehmen, aber auch größere Familien können wie früher, als es noch keine Zentralheizung gab, zusammen schlafen. Jede Familie sollte tun, was ihren Bedürfnissen am ehesten entspricht.

Im Text spreche ich meistens von der Mutter. Ich will damit Männer, die sich ebenfalls um ihre Kinder kümmern, nicht diskriminieren. Ich habe diese Form lediglich aus Gründen der Klarheit gewählt.

*Drei in einem Bett* ist das erste, aber sicher noch nicht das letzte Wort über ein wichtiges, weitreichendes Thema. Ich würde mich über Briefe von Eltern, Erziehern und allen anderen, die sich Gedanken über die Zukunft unserer Kinder machen, freuen.

# Einleitung

Alles begann damit, daß ich in der fünfunddreißigsten Schwangerschaftswoche ins Krankenhaus eingeliefert wurde. Der junge Arzt, der mich untersucht hatte, war der Meinung, mein Baby habe aufgehört zu wachsen, und hatte mich voller Panik eingewiesen. Eine Stunde später lag ich in einem Krankenhausbett, während man um mich herum Dinge murmelte wie Geburt einleiten u. ä. Man befahl mir, nicht herumzulaufen und das Bett nur dann zu verlassen, wenn ich zur Toilette mußte.

Es war das erste Mal in meinem Leben, daß ich als Patientin im Krankenhaus war. Ich fühlte mich eigentlich recht wohl und war mir ziemlich sicher, daß sich das Baby, das in meinem Bauch herumstrampelte, in keiner Gefahr befand. Die Hebamme schnallte ein Gerät zur Überwachung der kindlichen Herztöne an meinen Bauch. Es sah aus wie einer dieser Apparate, die bei der Reduzierung von Fettpolstern helfen sollen. Zum erstenmal konnte ich hören, wie das Herz meines Kindes pochte.

«Da-dok, da-dok, da-dok!» Es war aufregend, das schnelle Klopfen des kleinen Herzens zu hören, das jedesmal schneller wurde, wenn das Baby mit dem Fuß oder der Hand gegen die Gebärmutterwand stieß. Die Atmosphäre in der gynäkologischen Abteilung war bedrückend, da alle nur damit beschäftigt schienen, irgendeine Abnormität bei mir festzustellen. Aber um mich herum erinnerte alles an die Normalität. Tag und Nacht war die Luft erfüllt von dem Geschrei der Neugeborenen. Schreiend verlangten sie etwas, das sie nicht benennen und niemand ihnen geben konnte.

Damals hielt ich das Schreien eines Babys für etwas Schönes – zumindest war es ein Beweis dafür, daß das Kind lebte. Allein die Perspektive war entscheidend. Über meine Schwangerschaft hatte sich ein Schatten gelegt, und ich hätte alles dafür gegeben, wenn ich die Geburt bereits hinter mir und ein kreischendes Baby in dem Kinderbettchen neben mir gehabt hätte. Das Geschrei, das aus dem Kreißsaal an mein Ohr drang, klang für mich wie himmlischer Lobgesang zu Ehren einer Geburt.

Da ich nicht herumlaufen durfte und mich nicht auf die Arbeit konzentrieren konnte, die ich ins Krankenhaus geschmuggelt hatte, begann ich ein Buch zu lesen, das mir jemand geliehen hatte:

*Auf der Suche nach dem verlorenen Glück* von Jean Liedloff. In diesem Buch beschreibt die Autorin voller Leidenschaft ihre Reisen in das Herz des südamerikanischen Urwalds und ihr Leben bei den scheuen Yequana-Indianern.

Das erste Kapitel – «Wie sich meine Ansichten so grundlegend wandelten» – führte mich in eine fremde Welt. Es handelte von einer Gesellschaft, in der gegenseitige Liebe und Respekt die Grundlage für alles Handeln sind, in der Arbeit und Spiel ein und dasselbe bedeuten und eine glückliche und optimistische Atmosphäre vorherrscht. Es war die Beschreibung einer realen Welt, einer Welt allerdings, in der die Gruppe die Bedürfnisse des einzelnen erfüllte, in der die Gier nach materiellen Dingen und vorsätzliche Zerstörung unbekannt waren. In dieser Gesellschaft bekamen die Kinder keine Wutanfälle, rannten die Kleinen nicht gleich bei der ersten Gelegenheit von ihren Müttern weg, schrien die Babys nicht.

Ich lag in meinem Krankenhausbett und hörte über das Gerät das friedliche Da-dok, Da-dok, Da-dok des kleinen Herzens. Durch die Fruchtblase geschützt, lebte mein Baby in seinem eigenen Land der Utopie. Es erhielt Nahrung in der richtigen Menge, hatte es warm und erhielt alle Pflege, die es brauchte – all seine Bedürfnisse wurden perfekt erfüllt. Die Geburt bedeutete ein unsanftes Erwachen, auch wenn sie noch so sanft verlaufen sollte. In seinem zukünftigen Leben würde das Kind allzuoft daran erinnert werden, daß die Gebärmutter das verlorene Paradies war. Die ersten neun Monate, in denen es alles hatte, würden für immer verloren sein.

Aber vielleicht ließ sich das Leben auch anders beginnen. Wenn man die Fortschritte der modernen Technologie in Betracht zieht, hatten viele der Babys, die 1987 in diesem großen Lehrkrankenhaus geboren wurden, aller Voraussicht nach die Chance, etwa achtundsiebzig Jahre alt zu werden. Einige würden vielleicht sogar das zweiundzwanzigste Jahrhundert erreichen. War dies ein Grund zum Weinen? Oder war es doch so, daß wir die ersten Monate unseres Lebens damit verbringen, «unsere Lungen zu kräftigen», wie die Hebammen sagten? Nun lag ich schon zwei Tage im Krankenhaus und fand das Weinen der Säuglinge mittlerweile eher qualvoll als erfreulich.

Natürlich sehen die Dinge in der Dunkelheit der Nacht immer schlimmer aus als am Tag. Aber wenn man im achten Monat schwanger ist und ständig zur Toilette gehen muß oder durch das Geschrei fremder Kinder wachgehalten wird, weiß man bald nicht mehr, wo der Traum endet und der Alptraum beginnt. Vor mir taten sich schreckliche Visionen auf: Mein ungeborenes Kind hatte ein Leben voller Schmerz und Kampf vor sich. Langsam wurde mir klar, warum einige meiner Freunde der Meinung waren, daß es einfach nicht fair sei, Kinder in die Welt zu setzen.

Worauf konnte sich ein Kind eigentlich freuen? Kannte ich überhaupt einen Menschen, der wirklich glücklich war? Ich gab mir alle Mühe, an jemanden zu denken, der keine Komplexe hatte und ohne Bitterkeit lebte, jemand, dessen Leben nicht durch Scheidung oder Enttäuschung zerrissen war, jemand, der mit seinem Schicksal zufrieden war, selbst wenn er kein eigenes Haus, keinen BMW oder keinen Körper wie Björn Borg oder Brigitte Bardot hatte. Mein Alptraum verwandelte sich in eine Art *Apocalypse Now*, in zehn Folgen der *Lindenstraße* auf einmal, in eine Tragödie persönlicher Qual und atomaren Schreckens. Ich war ziemlich froh, als die Stationsuhr sechs Uhr anzeigte und der Teewagen sich ratternd ankündigte.

Gewiß hätte ich das Buch einfach beiseite legen können – genau wie der Raucher es machte, der las, daß Rauchen seiner Gesundheit schade. Am nächsten Tag fühlte ich mich jedoch schon viel besser, denn die Ultraschalluntersuchung ergab, daß es dem Baby in meinem Bauch sehr gutging. Die Tatsache, daß es aufgehört hatte zu wachsen, war darauf zurückzuführen, daß sein Kopf ins Becken eingetreten war, wie mir der Arzt erklärte. Die Geburt mußte nicht eingeleitet werden, und man würde mich bereits am Nachmittag wieder nach Hause entlassen. Ich las Jean Liedloffs Buch zu Ende und verließ das Krankenhaus mit ein paar neuen Einsichten.

Was sich daraus ergab, war eigentlich ganz einfach. Die Gründe für meine veränderte Auffassung werde ich in den nächsten Kapiteln darstellen. Ich brauchte nicht lange, um meinen Mann Paul davon zu überzeugen, daß wir das hübsche Kinderbett, das wir gerade gebraucht gekauft hatten, eigentlich gar nicht benötigten. Zumindest nicht am Anfang. Unser Baby würde nach seiner Geburt mit in unserem Bett schlafen.

Damals glaubten wir, daß die Sache damit erledigt sei. Es war eine einfache, persönliche Entscheidung, die niemanden etwas anging und mit der wir zufrieden waren. Es war eine – jedenfalls für uns – ganz «natürliche» Sache. Sie paßte zu unseren Vorstellungen über Kindererziehung, und eigentlich sahen wir keine Probleme. Allerdings hatten wir keine Ahnung, welche tiefgreifenden Gefühle unser Schlafarrangement in anderen Leuten wachrufen würde. Aber selbst wenn wir es gewußt hätten, hätten wir uns nicht von unserer Idee abbringen lassen.

Drei Wochen später (Countdown am 10. 9. 87) wurde Frances Rose in einem Krankenhaus in Cardiff geboren. Sie machte sich nachts auf den Weg, genau wie ihr Vater, der gerade in Manchester arbeitete, traf aber zwei Stunden vor ihm ein, gerade rechtzeitig zum Frühstück und laut Kalender zwei Wochen zu früh.

In der nächsten Nacht lag ich wieder in einem Krankenhausbett, erschöpft, aber in Hochstimmung. Die Besucher waren gegangen und hatten ein Blumenmeer zurückgelassen.

Als die Lichter auf der Station gelöscht wurden, fragte die Schwester, ob sie sich um das Baby kümmern solle. «Sind Sie ganz sicher, daß wir Ihre Tochter nicht mit ins Säuglingszimmer nehmen sollen?» fragte sie. «Sie brauchen jetzt viel Kraft. Wir wecken Sie, wenn das Baby gestillt werden muß.» Doch obwohl ich erschöpft war, sah ich nicht ein, wieso mein Schlaf wichtiger sein sollte als die erste Nacht meiner kleinen Tochter auf dieser Welt. Außerdem pulsierte in mir noch das Adrenalin und hielt mich sowieso wach.

Das Licht wurde gelöscht, und ich zog den Vorhang um mein Bett und das kleine Babybett herum zu. Ich hatte Frances den ganzen Tag über im Arm gehalten – sie wollte alle zwanzig Minuten an die Brust – und kuschelte sie auch jetzt an mich. In dem dunklen Raum öffnete sie zum erstenmal weit ihre Augen und griff mit ihrer Hand nach mir.

Sie streckte mir die Zunge heraus und starrte mich mit großen Augen an, als ich dasselbe tat. Ich konnte nicht fassen, wieviel Schönheit und Intelligenz in diesem winzigen Persönchen steckte, das nur sechs Pfund schwer und ganze zehn Stunden alt war. Ich hatte mir nicht vorgestellt, daß ein Neugeborenes so beherrscht und ruhig sein konnte.

In jener Nacht fand ich wenig Schlaf, vor allem, weil mich die Nachtschwester wach hielt, die alle paar Stunden ihren Rundgang machte. Jedesmal kam sie zu mir ans Bett und sagte: «Sie werden doch nicht mit dem Baby im Bett einschlafen, Mrs. Jackson?» – «Ganz bestimmt nicht», versprach ich. Die ganze Nacht über schlief Frances, trank an der Brust oder spielte ruhig vor sich hin – und ab und zu konnte auch ich für eine Weile schlafen. Es war zweifellos eine der glücklichsten Nächte meines Lebens.

**Kapitel 1**
# Die ganze Nacht, jede Nacht

Eine anstrengende Nacht. Dieser Schmerz, das Geschrei und diese Weite. Wo einmal die warme, schützende Gebärmutter war, ist nur noch Kälte. Nichts hält dich fest, deine neue Welt kennt keine Grenzen. Vielleicht warst du durch die Medikamente betäubt, vielleicht hast du dich bei vollem Bewußtsein durch den dunklen Tunnel gekämpft, bis du von ein Paar Händen in Gummihandschuhen naß und glitschig in Empfang genommen wurdest. Vielleicht hast du die Brustwarze gleich gefunden – oder haben sie dich erst nackt und schreiend in eine Kunststoffschale gelegt und dich gewogen? Hat jemand daran gedacht, das Licht auszuschalten?

Ich rede nicht von irgendeinem Baby, nicht von Ihrem oder meinem. Ich meine Sie, dich und mich. Wir alle haben dies durchgemacht, und egal ob es uns gefällt oder nicht, diese Erfahrung ist irgendwo in unserem Unterbewußtsein eingraviert.

Die Geburt ist ein Moment größter Verletzbarkeit in unserem Leben, direkt neun Monate nach einem sorglosen Leben in der schützenden Gebärmutter. Wenn ein Kind geboren wird, sind ihm Raum, Licht und Zeit völlig fremd. Verschwunden sind plötzlich die gedämpften Töne und der vertraute Geschmack der Fruchtblase. Irgend jemand hat den Ton lauter gestellt und den Höhenregler nach oben geschoben. Der einst ständige Kontakt zu einem anderen Menschen ist nur noch ein Vergnügen, das mit Unterbrechungen gewährt wird.

Dr. Frédérick Leboyer war einer der ersten Ärzte unseres westlichen Kulturkreises, der erkannt hat, welche Qualen ein Baby aufgrund der modernen Geburtstechniken durchmacht. Als

Chefarzt der medizinischen Fakultät von Paris befaßte er sich mit östlichen Geburtsmethoden und stellte fest, daß es während einer normalen Geburt kaum eines Eingriffs bedarf. Er setzte damit heftige Kontroversen in Gang.

1966 schlug Leboyer ein neues Konzept vor: Geburt ohne Gewalt. In seinem Buch mit dem gleichnamigen Titel zeichnete er ein äußerst emotionales Porträt des Babys, für das die Geburt zur Qual wird. Leboyer war der Meinung, daß ein Großteil dieses Leids vermieden werden könnte:

«Welch ein tragischer Ausdruck, diese zusammengekniffenen Augen und Brauen, dieser schreiende Mund.
Die verkrampften Hände bittend ausgestreckt,
dann wieder schützend vors Gesicht gezogen.
Die wild strampelnden Füße,
die Beine, die plötzlich hochfahren, wie um den Bauch zu schützen.
Dieser Körper, der nur aus Krampf und Angst besteht – dieses Kind spricht nicht?
Dabei wehrt es sich mit seinem ganzen Sein,
brüllt mit seinem ganzen Leib:
‹Nein! Rühr mich nicht an!›
Und fleht doch gleichzeitig: ‹Laß mich nicht allein! Hilf mir!›
Gibt es eine dringlichere, erschütterndere Bitte?
Und doch bleibt diese Bitte – die so alt ist wie die Geburt –
oft ungehört, wird mißverstanden und ignoriert.
Wie ist das möglich? Wie ist das immer noch möglich?»

Können wir also tatsächlich behaupten, ein Neugeborenes könne nicht sprechen? Nein. Wir hören ihm nur nicht zu.

Im vergangenen Jahrhundert glaubte man, daß ein Baby seine Lungen kräftigt, wenn es schreit. Aber heute wissen wir: Ein Baby muß nicht unbedingt weinen, weder bei der Geburt noch hinterher. Wenn wir es wegen seiner kräftigen Lunge bewundern, ignorieren wir, was ganz offensichtlich ein Hilferuf der Natur ist, ein Signal, auf das jede Mutter instinktiv reagiert.

Wird ein Neugeborenes hingelegt, rudert es mit seinen Ärmchen und Beinchen, weil es menschlichen Kontakt sucht. Wir sagen, daß es seine Muskeln trainiert, aber jeder Ton, jedes Zucken deutet an, daß es in den Arm genommen und gehalten werden möchte. Für ein Kind ist dies die einzige Möglichkeit, seiner Mutter mitzuteilen, daß es sie braucht. Noch heute ist es gängige Praxis in vielen Krankenhäusern, Mutter und Kind nach der Geburt zu trennen. Manchmal dauert die Trennung bis zu dreißig Stunden, oder Mutter und Kind sehen sich nur im Vier-Stunden-Rhythmus zum Stillen. Auf diese Weise ist es schon häufig zu Verwechslungen von Babys gekommen.

Doch natürlich ist das nur einer unter vielen anderen, schwerwiegenden Gründen, warum eine Mutter nach der Geburt mit ihrem Kind zusammenbleiben sollte. Die Hebamme Sally Inch sieht es so:

«Solange das Baby keiner ärztlichen Hilfe oder intensiven Pflege bedarf, sollte es bei der Mutter bleiben... Wissenschaftler haben wiederholt festgestellt, daß ein normales Baby nach der Geburt besonders wach und aufnahmebereit ist, bereit, mit seiner Mutter Kontakt aufzunehmen. Wenn es Ruhe braucht, wird es sie später finden. Solange es keiner Spezialbeobachtung unterliegen muß und die Mutter nicht unter Narkosewirkung steht, gibt es keinen Menschen, der das Baby besser ‹beobachten› könnte, als sie selbst. Außerdem können alle notwendigen Prozeduren völlig zufriedenstellend auch zu Hause ausgeführt werden, wenn eine Hausgeburt stattfindet.»

*Inch*, Birthrights

Langsam ändert sich die Praxis. Heute dürfen die Wöchnerinnen ihre Babys oft bei sich haben, während sie im Krankenhaus sind. Aber selbst in sehr fortschrittlichen Einrichtungen werden die Neugeborenen erst einmal der Mutter weggenommen, zum Wiegen und für den Apgar-Test etwa, mit dem der Gesundheitszustand des Kindes (Herzschlag, Atmung, Muskeltonus usw.) bewertet wird.

Einem Neugeborenen reicht es jedoch nicht, nur in der Nähe der Mutter zu sein. Es kann nicht begreifen, daß seine Mutter sich im selben Zimmer befindet, wenn es in einem eigenen Bettchen liegt. Zudem fehlt ihm jegliches Zeitgefühl. Es kann nicht wissen, daß seine Mutter noch vor zwei Minuten bei ihm war oder daß sie es in zwei Minuten wieder im Arm halten wird. Es kennt nur das panische Gefühl, wenn es allein gelassen wird.

Die Psychotherapeutin Jean Liedloff erklärt die Zeitwahrnehmung des Neugeborenen folgendermaßen:

«Noch Jahre später, etwa mit fünf, ist das im August abgegebene Versprechen, ‹Zu Weihnachten gibt es ein Fahrrad›, ungefähr genauso befriedigend wie gar kein Versprechen. Im Alter von zehn Jahren hat sich das Zeitgefühl beim Kind aufgrund seiner Erfahrungen so weit entwickelt, daß es auf bestimmte Dinge einen Tag mehr oder weniger zufrieden warten kann, auf andere eine Woche und auf ganz besondere Dinge sogar einen Monat. Ein Jahr jedoch ist dann noch immer völlig bedeutungsleer, wenn es darum geht, ein Grundbedürfnis zu beschwichtigen...
Die meisten Menschen besitzen überhaupt erst im Alter von vierzig oder fünfzig Jahren irgendeine Perspektive hinsichtlich eines Tages oder eines Monats im Kontext des Lebensganzen, während nur wenige Gurus und Achtzigjährige imstande sind, die Beziehung von Augenblicken oder Lebensspannen zur Ewigkeit wahrzunehmen (indem ihnen die Bedeutungslosigkeit des willkürlichen Zeitbegriffs vollständig klarwird).»

*Liedloff*, Auf der Suche nach dem verlorenen Glück

Der Säugling kennt nur das unmittelbare Verlangen, das ihn ergreift, sobald er nicht bei der Mutter ist. Trotzdem halten viele Krankenhäuser an der Praxis fest, die Babys in eigene Bettchen zu legen. Frühgeborene Babys müssen sogar die ersten Wochen ihres Lebens im Brutkasten verbringen. In manchen Krankenhäusern dürfen Mütter ihr Baby noch nicht einmal selbst tragen, weil man Versicherungsansprüche befürchtet, falls es zu einem Unfall kommen sollte.

Auf diese Weise werden Barrieren zwischen Müttern und Kindern errichtet, wenn das Baby in seinem Bettchen über den Stationsflur geschoben wird, wenn es am Fußende ihres Betts weint oder wenn es die ganze Nacht über im Säuglingszimmer schlafen muß. Beschäftigt sich dagegen eine Mutter den ganzen Tag über mit ihrem Kind, bekommt sie wahrscheinlich von der Hebamme zu hören, daß sie Ruhe braucht.

Nur selten hört man von Ärzten und Hebammen, wie wohltuend gegenseitiges Aneinanderschmiegen oder wie wichtig andauernder Körperkontakt für die Gesundheit des Neugeborenen ist. Von Anfang an wird der Mutter weisgemacht, daß die Bedürfnisse des Babys mit den ihren völlig unvereinbar seien. Gewiß wird sie dann abends auf die Schwester hören, die ihr sagt, wie sehr sie ihren Schlaf brauche, und daß das Baby die Nacht im Säuglingszimmer verbringen solle. Früher gab es in dieser Frage noch nicht einmal eine Wahlmöglichkeit. Heute wird der Mutter zumindest versprochen, daß sie geweckt wird, wenn das Baby schreit. Allerdings sind beide Lösungen weder für die Mutter noch für das Baby befriedigend.

Das Neugeborene hat keine Erfahrung und kennt daher auch keine Hoffnung. Es lebt vielmehr in einer Welt scharfer Kontraste: Entweder werden seine Bedürfnisse erfüllt, dann ist alles in Ordnung – oder seine Bedürfnisse werden nicht erfüllt, dann leidet es unter schrecklicher Angst.

Diese in den ersten Lebensmonaten erlernte Angst verschwindet nicht einfach wieder. Im Alter von zwei oder drei Jahren erlebt das Kleinkind seine Umgebung zwar bewußter, aber es leidet immer noch furchtbar, wenn es aus Gründen, die es nicht versteht, von den Eltern getrennt wird. Der australische Kinderarzt Dr. Christopher Green beschreibt die Panik eines Kleinkindes, das allein gelassen wird, damit es sich in den Schlaf weint:

«Wenn das Kind nachts schreit, wird den Eltern oft geraten, nicht zu ihm zu gehen, sondern abzuwarten, bis es sich in den Schlaf geweint hat. Das dauert häufig drei bis vier Stunden. Ich bin der Meinung, daß diese Methode nicht nur grausam ist, sondern auch unwirksam. Nach zehn Minuten werden die meisten Kinder hysterisch und wissen gar nicht mehr, warum sie überhaupt weinen. Sie geraten außer sich, schwitzen stark, das Herz klopft, und sie bekommen schreckliche Angst. Und Angst ist völlig ungeeignet, um einem Kind gutes Benehmen beizubringen.»

*Green*, Toddler Taming

Der Versuch, einem Kind in diesem Alter etwas beibringen zu wollen, kommt fast einer Folter nahe, denn es begreift nur die eigene Panik. Das neugeborene Kind ist sogar noch verletzlicher. Es erwartet Wärme und Bewegung, Nahrung und Trost, Dinge, die ihm neben der Muttermilch sämtlich durch die Gegenwart der Mutter gewährt werden. Es empfindet jede Erfahrung als schrecklich, durch die ihm diese Dinge vorenthalten werden. Wenn die Mutter (oder eine andere Person, die sich um das Baby kümmert) nicht da ist, sagt sein Instinkt ihm, daß sie genausogut tot sein könnte. Wenn die Mutter tot ist, muß das Baby ebenfalls sterben.

Genau das will uns ein isoliertes Kind mit seinem Schreien mitteilen.

Manche Mütter lassen ihr Baby nie weinen, versuchen aber gleichzeitig, es so zu erziehen, daß es von klein auf allein schläft. Das Ergebnis dieser Erziehung ist: Das Baby schreit, und seine Mutter rennt sofort zu ihm. So entsteht ein Verhaltensmuster, das das Kind sein Leben lang verfolgt.

Denn um die Aufmerksamkeit und Pflege zu bekommen, die das Neugeborene braucht, muß es leiden und dieses Leid seiner Mutter mitteilen. Natürlich leidet auch die Mutter. Sie will ihr Baby nicht weinen hören, geht andererseits aber erst zu ihm, wenn es genau das tut. Langsam lernt das Baby den Lauf seiner Welt kennen, aus verzweifeltem Schreien wird wütendes Geschrei, und eines Tages entdeckt das Kind, daß Frechheit und Ungehorsam ausgezeichnete Mittel sind, um Aufmerksamkeit zu erregen. Oder daß es besonders viel Liebe und Zuwendung erhält, wenn es hinfällt und sich weh tut – also hat es öfters kleine Unfälle.

Viele Mütter glauben, ihr Baby nur dann unter Kontrolle zu haben, wenn sie es schreien lassen – denn indem sie die Hilferufe ignorieren, glauben sie, seinen Willen unterdrücken und sein kindliches Temperament zügeln zu können. Dann tritt ein anderes Verhaltensmuster zutage. Das Baby zeigt ein Syndrom, das als «erlernte Hilflosigkeit» bezeichnet wird. Dieser Begriff stammt aus wissenschaftlichen Experimenten mit Tieren aus den späten sechziger Jahren:

> «Sie teilten Hunde in zwei Gruppen auf. Der ersten Gruppe gaben sie Elektroschocks, ohne daß die Hunde eine Chance zur Flucht besaßen. Die Hunde aus der zweiten Gruppe wurden in identische Käfige gesteckt, bekamen aber keine Elektroschocks.
> Beide Hundegruppen wurden nun in andere Kisten gesperrt, die aus zwei durch eine halbhohe Zwischenwand getrennten Abteilen bestanden. In dem einen Fach bekamen die Hunde Elektroschocks. Wenn sie aber über die Zwischenwand sprangen, konnten sie den Elektroschocks entgehen. Die Hunde aus der zweiten Gruppe, die ja nie zuvor Elektroschocks erhalten hatten, fanden schnell heraus, wie sie fliehen konnten, und sprangen über die Zwischenwand. Erstaunlicherweise aber machten die Hunde aus der ersten Gruppe – diejenigen also, die vorher schon ohne die Chance zur Flucht

Elektroschocks bekommen hatten – keine Anstalten zu fliehen. Sie blieben in geduckter Haltung hilflos in ihren Elektroschockabteilen sitzen. Auch wenn man sie über die Zwischenwand auf die andere, sichere Seite hob, änderte sich nichts. Sie hatten aus ihrer ersten Erfahrung gelernt, daß nichts, was sie taten, etwas an ihrer Situation änderte. Sie waren unfähig, Gegebenheiten aktiv zu beeinflussen.»

*Odent*, Von Geburt an gesund

Dr. Spock, seit den vierziger Jahren der führende Experte für Erziehungsfragen in den USA, rät Müttern, das Kind schreien zu lassen. Zwar beschreibt er genauestens den Zustand der erlernten Hilflosigkeit, glaubt aber nicht, daß irgendein Schaden angerichtet wird. «Am zweiten Abend werden sie nur noch zehn Minuten brüllen», schreibt er, womit er die Wirkung seines Programms gegen «anhaltenden Widerstand gegen das Schlafengehen» beschreibt, «in der dritten Nacht haben sie sich bereits daran gewöhnt».[1]

Ein Spock-trainiertes Baby hat die Hoffnungslosigkeit seiner Situation akzeptiert und die grausamste Lektion des Lebens bereits gelernt: Es ist zwecklos, die Dinge verbessern zu wollen. Die meisten nach dieser Methode erzogenen Kinder wachsen zu Menschen heran, die dasselbe glauben – Leiden gehört zum Leben, und daran kann man nichts ändern.

Doch egal, ob man ein Baby weinen läßt oder beim ersten Schrei zu ihm läuft, in beiden Fällen handelt es sich um einen Eingriff in sein instinktives Verhalten. Leider wissen wir es nicht besser. Wir müssen erst wieder neu entdecken, was Mütter über die Jahrhunderte hinweg ganz instinktiv gewußt haben – wie wir nämlich unseren Kindern völlige Sicherheit geben können, damit sie vertrauensvoll aufwachsen und sich ungestört entwickeln.

Die vorherrschenden Theorien allerdings besagen das genaue Gegenteil. Innerhalb unserer Gesellschaft wird vorausgesetzt, daß Kinder im Grunde gesellschaftsfeindlich sind und daß sie nur «verwöhnt» werden, wenn man ihre Bedürfnisse befriedigt. Moralisten sind der Meinung, daß Erziehung, Entschlossenheit und Disziplin erforderlich seien. Und das Christentum, die vorherrschende Religion des Westens, erklärt, daß sogar Neugeborene von ihren Sünden gereinigt werden müßten. Ärzte, Briefkastentanten und Psychologen, sie alle sind sich einig: Kinder verursachen nichts als Ärger. Sie sind eigensinnig, manipulieren ihre Eltern und geben nicht einen Augenblick lang Ruhe. Wir werden darauf getrimmt, nur das Schlimmste zu erwarten.

Aber sehen wir uns das Ganze einmal von der positiven Seite aus an. Der menschliche Säugling ist ein geselliges Wesen. Er ist mit allen für das Überleben notwendigen Fähigkeiten ausgerüstet. Und da er vorwiegend aus Instinkten und Reflexen heraus agiert, schreit er auch nicht ohne Grund. Was er uns zu sagen hat, ist dringend und bezieht sich auf seine unmittelbaren Bedürfnisse.

Alle Untersuchungen belegen, daß ein Baby unser Verhalten nachahmen, uns folgen und sich in allem so verhalten muß, wie wir es von ihm erwarten. Dies ist sein Schlüssel zum Überleben. Wäre der Instinkt eines Kindes tatsächlich so programmiert, die soziale Ordnung zu stören, seine Mutter zu manipulieren und überhaupt unausstehlich zu sein, die menschliche Rasse wäre schon vor Jahrtausenden ausgestorben. Läge es tatsächlich in der Natur von Babys, den ganzen Tag über zu schreien und die Eltern des Nachts wachzuhalten, unsere Vorfahren hätten die kleinen Bälger sicherlich längst ertränkt.

Das Neugeborene wird von seinem Überlebensinstinkt gesteuert und muß sich infolgedessen zu seinem eigenen Wohl an die Umwelt anpassen. Warum also weint ein Baby und warum versucht es, sobald es älter ist, Vater und Mutter zu manipulieren? Dieses Schreien und Nörgeln dient einzig und allein unserer Irritation und soll uns zu anderen Reaktionsweisen veranlassen. Beides sind sichere Anzeichen dafür, daß etwas nicht in Ordnung ist.

Eine Mutter, die ihr Baby als kleines Ungeheuer bezeichnet, beschreibt eigentlich das Verhalten eines menschlichen Wesens, das Trost sucht. Es weint, weil seine Bedürfnisse nicht erfüllt werden. Ein schreiendes Baby will der Mutter etwas mitteilen. Zumindest hat es das Gefühl, daß es da etwas gibt, für das es sich zu schreien lohnt. Daher sollten wir jedes Kind bedauern, das sich in resigniertes Schweigen zurückgezogen hat.

Babys sind nicht ungezogen, vielmehr brauchen sie uns, weil sie völlig hilflos sind. Lange habe ich mich gefragt, warum der Mensch als Säugling *so* verletzlich und abhängig ist, während ein Rehkitz bereits wenige Stunden nach der Geburt auf den Beinen stehen kann. Auch Schafe müssen ihre Lämmer nicht mit sich herumtragen, und Katzen sind innerhalb weniger Wochen stubenrein, während ein Baby ohne die Mutter oder eine andere Bezugsperson völlig verloren ist.

Neugeborene haben ein vergleichsweise kleines Gehirn, das aber in den ersten Monaten nach der Geburt schnell wächst. Wissenschaftler begründen dies damit, daß der Kopf des Babys sich durch den engen Geburtskanal zwängen muß und ein größeres Gehirn dabei geschädigt werden könnte. Ein Neugeborenes, das auf dieser noch primitiven Ebene operiert und dessen Gehirn noch viele komplexe Veränderungen erfährt, ist aus diesem Grund völlig von der Mutter abhängig.

Der Zoologe Desmond Morris etwa beschreibt die Nachteile des kindlichen Körperbaus und stellt dem die Beweglichkeit unserer Artverwandten, der Affen, gegenüber, deren Junge sich schon bald nach der Geburt mit den Eltern von Baum zu Baum schwingen:

«Ein neugeborenes Kind bewegt sich in seinen Wachphasen relativ wenig. Seine Muskulatur ist, im Gegensatz zu den übrigen Primatenarten, nur sehr schwach entwickelt. Ein junger Affe kann sich vom Augenblick der Geburt an bei seiner Mutter festklammern, manchmal greifen seine Händchen schon während der Geburt ins mütterliche Fell. Bei der menschlichen Spezies dagegen ist das Neugeborene völlig hilflos und vermag mit seinen Ärmchen und Beinchen nur einfache und ungezielte Bewegungen zu vollführen.»

*Morris*, Der nackte Affe

Anscheinend ist dies ein großer Nachteil für das menschliche Baby, das genau wie der Affe erwartet, von seinen Eltern überall herumgetragen zu werden. In den (mindestens) drei bis vier Millionen Jahren der menschlichen Evolution entwickelte sich der Fötus in der Gebärmutter, während die Mutter nach Nahrung suchte. Nach der Geburt lebte das Baby direkt am Körper der Eltern – es wurde getragen oder festgebunden –, und der tägliche Kampf ums Überleben konnte auf diese Weise einfach fortgesetzt werden.

Ursprünglich gehörten die Menschen – wie die Affen – zur «tragenden» Spezies. Andere Lebewesen, wie die Vögel zum Beispiel, sind Nesthocker. Ihre Jungen sitzen im Nest, während die Eltern auf Futtersuche gehen. Aber unsere Säuglinge sind nicht dafür geschaffen, in einem Kinderbett zu liegen, während beide Eltern abwesend sind.

Eine Mutter muß ihr Baby zum Stillen an die Brust legen. Will sie ihrer täglichen Arbeit nachgehen, muß sie lernen, mit nur einem Arm auszukommen, einen Tragegurt anlegen oder das Kind auf den Boden setzen. Wie sie mit ihrem Kind umgeht, liegt ganz bei ihr, das Baby gibt ihr nur Hinweise durch Lachen oder Weinen.

Die Situation des Neugeborenen ist sogar noch verwirrender, wenn wir seine Fähigkeiten mit denen anderer Säugetiere vergleichen. Einmal davon abgesehen, daß das Baby mit einem relativ kleinen Gehirn zur Welt kommt, sollte ihm doch seine überlegene Intelligenz helfen. Eigentlich sollte der Mensch in der Lage sein, körperliche Fertigkeiten in Minutenschnelle zu erlernen, so daß er ungehindert sprechen, erfinden, forschen und kreativ sein kann.

Warum sollte der Mensch so benachteiligt sein, da er sich mit Löwen, Gazellen und Schlangen auseinandersetzen mußte? Wie konnte das Neandertaler-Baby je erwachsen werden, wenn es in der Fötusposition zusammengerollt dalag und nicht einmal fähig war, sich die Nase zu putzen? Die Antwort darauf ist ganz einfach: Seine Eltern ließen es niemals allein. Tag und Nacht trugen sie oder andere Stammesmitglieder das Baby am Körper. Keiner erwartete, daß es für sich selbst sorgte.

Allerdings holt das menschliche Baby seinen Rückstand innerhalb weniger Monate auf und lernt mehr, als ein Affe in zwanzig Jahren je lernen könnte. Vielleicht kann es an seinem ersten Geburtstag noch nicht laufen, aber immerhin hat es die für das Sprechen nötigen Voraussetzungen erworben, eine Fähigkeit, über die kein Affe jemals verfügt. Und noch ein weiteres geschieht während des ersten Lebensjahres: Das Baby entwickelt sein Ego...

«...das ‹Baby› ist ein sehr empfindsames und wissendes Wesen. Es macht viele Erfahrungen, die einige grundlegende emotionale Muster der Persönlichkeit festlegen. So lernt es etwa, daß man anderen Menschen vertrauen kann oder nicht. Es lernt, daß andere gütig, vernünftig, sanft, verläßlich und konsequent oder aber ausweichend, grausam, laut, launisch und unvernünftig sein können. Aus unzähligen Untersuchungen wissen wir, daß es die Dinge, die im ersten Jahr erlernt werden, nicht so schnell wieder verlernt.»

*English und Pearson*, Emotional Problems of Living

«Wenn die Kleine im Bett liegt, hören wir kein Sterbenswörtchen mehr»

Hilflosigkeit ist ein grundlegender Zustand für das menschliche Baby, denn es muß immer bei der Mutter sein. Die kindliche Schwäche ist für sie ein Signal, es aufzunehmen und im Arm zu halten. Das Baby muß in dem Durcheinander, das es um sich herum wahrnimmt, sein Ich einordnen. Und dies geschieht anfangs durch die Identifikation mit der Mutter, denn zunächst kann es nicht zwischen sich und der Brust unterscheiden, die ihm Nahrung gibt. Das Baby muß nicht nur lernen, Beine, Hände und Verdauungsorgane zu kontrollieren, sondern auch ein Ichgefühl finden. In genau diesem Punkt unterscheidet es sich von allen anderen Tieren.

Am Anfang bilden Kind und Mutter eine Einheit – alles übrige ist ein langsamer Kampf um die Unabhängigkeit. Das Kind ist diesem Kampf durchaus gewachsen. Die Zukunft unserer Kinder wird lediglich dann erschwert, wenn wir diese Entwicklung hemmen oder schneller in Gang setzen wollen, als die Natur es vorsieht.

Die Kinderpsychologin Dilys Daws stellt einen Zusammenhang zwischen den Schlafproblemen von Säuglingen und der Entwicklung der kindlichen Persönlichkeit her:

«Wenn wir uns mit Schlafproblemen befassen, wird uns bewußt, mit welch komplexen Gefühlen sich die Eltern konfrontiert sehen. Dann erkennen wir, wie heikel jener Prozeß ist, in dessen Verlauf sich aus der ursprünglichen Nähe zwischen Mutter und Kind zwei getrennte Wesen entwickeln.»

*Daws*, in: Journal of Child Psychotherapy, *1985*

Wenn Sie das Baby in sein Bettchen legen und sich auf Zehenspitzen aus dem Zimmer schleichen, glaubt es, ein Teil seiner selbst sei verschwunden – und zwar jener Teil, der sein Leben aufrechterhält und ihm Trost spendet. Es hat keine inneren Hilfsquellen, um mit dieser Trennung fertig zu werden. Ganz gleich, ob es jetzt schreit oder nicht, das Baby braucht seine Mutter. Weinen ist eine so offensichtliche Erklärung für das Leid eines Kindes, daß es die medizinischen Handbücher oft übersehen. Natürlich raten die Experten, das Baby hinzulegen, weil dies (scheinbar) bequemer ist und die Mutter sich nicht zur Sklavin ihrer Kinder machen sollte. Dabei mißverstehen sie die Sache völlig!

Bisher können die Experten für Kindererziehung nichts anderes anbieten als eine Reihe von Programmen, mit deren Hilfe sich die Kluft zwischen Mutter und Kind vergrößert. Derartige Eingriffe stören die Entwicklung des Kindes und verringern die Fähigkeiten der Mutter, den Bedürfnissen ihres Kindes gerecht zu werden. Das Baby leidet und weint. Und die Mutter glaubt bald all den Spezialisten und anderen Müttern, die Babys als unausstehlich bezeichnen.

Doch allmählich entdecken die Wissenschaftler wieder, was Mütter in früheren Zeiten instinktiv wußten, wie etwa die einfache Tatsache, daß man ein Baby um so länger im Arm halten will, je häufiger man es aufnimmt.

«Einen großen Teil der über sehr frühe Trennungen vorliegenden Studien verdanken wir den Kinderärzten Marshall Klaus und John Kennell. In einer ihrer interessanten Versuche bekamen neun guatemaltekische Mütter gleich nach dem Verlassen des Kreißsaales ihre nackten Babys überreicht. Die neun Mütter einer zweiten Gruppe dagegen wurden entsprechend den üblichen Klinikprozeduren von ihren Babys getrennt. Die Babys beider Gruppen kamen dann für die nächsten zwölf Stunden in die Abteilung für die Neugeborenen; die Mütter sahen ihre Kinder nur zu den Mahlzeiten wieder. Während dieser Mahlzeiten beobachtete man, wie sie mit ihren Babys umgingen, sie küßten, liebkosten, an sich drückten und ihr Gesicht betrachteten. Es zeigte sich: Die Mütter, die alles das in wesentlich stärkerem Maße taten, waren diejenigen, die frühen Kontakt mit ihren Säuglingen gehabt hatten.»

*Macfarlane*, Die Geburt

Man bezeichnet dieses Phänomen als «Bonding». Der Vorgang scheint vielen Müttern heute Sorgen zu bereiten: Den vielen diesbezüglichen Zeitungsartikeln nach zu urteilen, sind «Mütter, die ihr Baby nicht lieben» das postnatale Thema der achtziger Jahre. Könnte es vielleicht daran liegen, daß Frauen einfach nicht die Chance erhalten, sich dem Neugeborenen ganz entspannt zuzuwenden? Wir lassen uns offenbar von sogenannten Fachleuten gleich von Anfang an einschüchtern. Wenn wir zum erstenmal mit einem Mann ausgehen und bei Kerzenlicht in einem Restaurant sitzen, bitten wir den Kellner ja auch nicht, uns beim ersten Kuß anzuleiten. Aber warum lassen wir zu, daß die Hebamme Baby und Brustwarze festhält, wenn wir das Kind zum erstenmal zum Stillen anlegen?

Solange Mütter beim Stillen und bei der Pflege des Babys nicht ihrem Instinkt folgen dürfen, werden sie auch schwerlich ihre eigenen emotionalen und körperlichen Bedürfnisse befriedigen. Es ist schon beinahe unglaublich, daß Eltern sogar in ihrer Privatsphäre Angst haben, auf die nächtlichen Bedürfnisse ihrer Kinder einzugehen und sie etwa einfach mit zu sich ins Bett zu nehmen.

Kritiker behaupten, Eltern, die mit ihrem Baby in einem Bett schlafen, würden sich dem kindlichen Willen unterwerfen. Dabei hat die Natur festgelegt, daß die Bedürfnisse von Mutter und Kind sich ergänzen. Die Mutter soll mit ihrem Baby schmusen, es stillen und seine Bedürfnisse erfüllen, und das Baby wiederum verlangt die Erfüllung genau dieser Bedürfnisse.

Seit den sechziger Jahren wurden zahlreiche Laborversuche durchgeführt, deren Ziel es war, die Auswirkungen einer längeren Trennung von Muttertieren und ihren Jungen zu erforschen. Bei Affenjungen beispielsweise ließen sich bei fehlendem Kontakt zur Mutter eine Reihe bedenklicher körperlicher Reaktionen beobachten:

«Telemetrische Untersuchungen [unter Einsatz radiophoner Instrumente] bei verschiedenen Makaken (Hutaffen, Rhesusaffen) ergaben, daß Primaten, selbst wenn man sie erst im Alter von vier bis sechs Lebensmonaten von der Mutter trennt... an Körpertemperatur verlieren und unter Schlafstörungen leiden. Dabei nehmen die Perioden des REM-Schlafs (Rapid Eye Movement) ab, es treten Veränderungen bei der EEG-Aktivität (Gehirn) und der zellularen Immunreaktion ein, und die Arrhythmie des Herzens (unregelmäßiger Herzschlag) nimmt zu. Bei Totenkopfäffchen führte die Trennung zu einer Steigerung des Adrenalinausstoßes (Stress) sowie zu einem erhöhten Plasmakortisonspiegel; demgegenüber waren die Abwehrreaktionen in bezug auf Krankheiten durch die Abnahme von Immunglobulin geschwächt.»

*McKenna*, in: Medical Anthropology, 1985

Auch beim menschlichen Säugling verringert sich die Überlebenschance beträchtlich, sobald es ihm an körperlicher Zuwendung mangelt. So wurde Ende der fünfziger Jahre durch Untersuchungen bei Heimkindern folgendes Syndrom ermittelt: Babys, die keine Mutterliebe erhielten, verloren an Gewicht und starben sogar häufig, obwohl sie ausreichend ernährt wurden. Sie gediehen ganz einfach nicht.

Die Trennung der Mutter vom Säugling wirkt sich auf verschiedenen Ebenen aus. Dabei lassen sich psychologische und geistige Faktoren nicht von den körperlichen trennen. Selbst wenn der Säugling die Abwesenheit der Mutter überlebt, wird er wahrscheinlich dennoch depressiv – das heißt: lustlos, teilnahmslos und traurig. Bei Heimkindern, denen jede echte Mutterfigur fehlt, können möglicherweise sogar Entwicklungshemmungen auftreten:

«Vor fast zwanzig Jahren wurden zwei Gruppen von Zweijährigen im gleichen Heim untersucht. Die eine Gruppe erhielt nur sehr wenig Zärtlichkeit, obwohl in jeder anderen Beziehung gut für sie gesorgt wurde, während jedes Kind in der anderen Gruppe eine eigene Pflegerin hatte und es weder an Zärtlichkeit noch an Zuwendung fehlte. Nach einem halben Jahr war die erste Gruppe im Vergleich zur zweiten geistig und körperlich zurückgeblieben... Tatsächlich können die dramatischen und tragischen Veränderungen, die die Trennung eines Kleinkindes von seiner Mutter zur Folge haben, von jedem Menschen beobachtet werden, ebenso wie die heilsame Wirkung der Wiedervereinigung mit ihr. Daher ist es erstaunlich, wie wenig Aufmerksamkeit man bis heute dieser Tatsache geschenkt hat.»

*Bowlby*, Mutterliebe und kindliche Entwicklung

Gill Cox und Sheila Dainow beschreiben in ihrem Buch *Making the Most of Loving* die psychologischen Langzeitfolgen, die durch die Trennung des Babys von seiner Mutter verursacht werden:

«Eine der schrecklichsten Erfahrungen für den Menschen ist es, völlig allein gelassen zu werden. Die Angst davor geht auf unsere frühe Kindheit zurück, in der wir erkennen mußten, daß wir ein von der Mutter getrenntes Wesen sind.
Dies zu merken, führte zu dem panischen Gefühl, es gebe möglicherweise niemanden, der sich um uns kümmert. Jedesmal, wenn ein Baby aufwacht und allein ist, weiß es nicht, ob jemand da ist oder nicht, bis es schließlich genug positive Erfahrungen sammeln konnte, um nicht zu verzweifeln. Dann aber ist die durch das Alleinsein entstandene schreckliche Angst schon fest in unsere Erfahrungswelt eingepflanzt und kann im Erwachsenenalter jederzeit wieder ausgelöst werden...»[2]

Psychologen und Beratungsdienste kennen diese Theorie und wissen, daß dieser Vorgang all den Problemen zugrunde liegt, von denen ihre Patienten tagtäglich berichten – und nur wenige glauben, daß sich daran etwas ändern ließe. Trennungsängste sind die Ursache vieler Neurosen. Trotzdem verbannen wir das Baby ins Kinderzimmer – diese Praxis ist heute so verbreitet, daß weder Mütter noch Ärzte beim Thema «Schlafenszeit» überhaupt an eine andere Möglichkeit denken. Doch natürlich *gibt* es andere Möglichkeiten, deren Anwendung gewiß manchem Menschen die Couch des Psychiaters ersparen würde.

In den siebziger Jahren stellten Wissenschaftler die provozierende Frage: «Sind Mütter wirklich notwendig?»[3] Zwar kamen sie zu dem Schluß, daß Mütter durchaus ihre Vorteile hätten, zweifelten jedoch an, ob ihre Gegenwart tatsächlich so entscheidend für das Wohlergehen des Kindes sei. Ihre Zweifel entsprachen den medizinischen Vorstellungen des vergangenen Jahrhunderts. Damals glaubten die Ärzte, daß die unteren sozialen Klassen von

Anfang an geistig und körperlich schwächer seien als der Adel. Aufgrund von Experimenten hielt man an der Vorstellung fest, daß depressive, kränkliche, zurückgebliebene Babys das Produkt der elterlichen Gene seien. Da die Babys jener Untersuchungen zum Großteil Waisen waren, die aus der Arbeiterklasse stammten, wurde ihre langsame Entwicklung nicht auf frühe Vernachlässigung, sondern auf erbliche Faktoren zurückgeführt.

Die Zwillingsforschung erwies sich hier als einzige Möglichkeit, den genetischen Faktor auszuschließen. Bekanntlich ist es schwierig, menschliche Zwillinge ohne Folgeschäden voneinander zu trennen. Daher beobachtete ein Psychologe das Verhalten von Zwillingszicklein: Er trennte täglich jeweils eines der Geschwister für kurze Zeit von der Mutter. Der bekannte Psychologe John Bowlby beschrieb den Test:

«Mit Ausnahme der täglichen vierzigminütigen Testperiode lebten und fraßen die beiden Jungen bei ihrer Mutter. Während der Versuchsphase wurde das Licht gelöscht, was bei Ziegen bekanntlich Angst auslöst, bei den Testzwillingen jedoch zu ganz verschiedenen Reaktionen führte: Der Zwilling, der sich ständig bei seiner Mutter befand, fühlte sich wohl und bewegte sich unbekümmert; der von der Mutter getrennte Zwilling war psychisch erstarrt und kauerte sich in eine Ecke. Der getrennte Zwilling hörte schon nach den ersten Experimenten auf bei der Mutter zu saugen und starb nach wenigen Tagen. Dieses Experiment zeigt klar den schädlichen Einfluß der Mutter-Kind-Trennung auf junge Säugetiere und widerlegt überzeugend das Argument, daß alle beobachteten Folgen auf Vererbung beruhen.»

*Bowlby*, Mutterliebe und kindliche Entwicklung

Endlich gaben die Wissenschaftler zu, daß die Trennung von der Mutter sich nachteilig auf das Kind auswirken konnte, selbst wenn die Trennungsphase nur unregelmäßig und kurzfristig war. Die Folgen für das menschliche Baby erwiesen sich sogar als noch gravierender als für die Tiere, und zwar aufgrund des schnellen Gehirnwachstums, der Entwicklung des Egos und Veränderungen in der Atemtechnik, die sich das Kind zur Erlangung der Sprache aneignen muß.

Allerdings dauerte es lange, bis ein Zusammenhang zwischen kindlichem Verhalten und der nächtlichen Trennung von der

Mutter hergestellt wurde. Als der Amerikaner Dr. James McKenna 1986 den Nutzen des Kinderbettchens in Frage stellte, mußte er zu diesem Zweck die Bereiche von Pädiatrie (Kinderheilkunde) und Anthropologie miteinander verbinden. Es war eine sehr umstrittene Sache:

> «Bei anderen Säugern, besonders bei den jungen Primaten, hat eine kurzzeitige Trennung physiologische Folgen. Dieser Schluß zwingt uns, die möglichen Auswirkungen nächtlicher Trennung auf menschliche Säuglinge zu überdenken, die in der westlichen urbanen Gesellschaft regelmäßig von ihren Eltern getrennt in einem anderen Zimmer schlafen.»
>
> *McKenna*, in: Medical Anthropology, *1985)*

Was erlebt ein Baby, das in der Dunkelheit allein gelassen wird? Manchmal weint es, manchmal hat es Alpträume, und bisweilen schlägt es mit dem Kopf gegen den speziell für es gebauten Käfig. Experten zufolge «leiden fast alle Kinder im Alter von drei bis sechs Jahren unter Alpträumen».[4] Das Schaukeln mit dem Kopf tritt ebenfalls häufig auf und wird meist mit dem kindlichen Verlangen nach Trost erklärt:

> «Wenn wir sehen, wie ein Kind den Kopf gegen die Gitterstäbe des Betts oder gegen das Kopfende drückt, legen wir es wieder richtig hin und meinen, so werde es sich wohler fühlen. Das ist reine Zeitverschwendung, denn es nimmt diese Stellung freiwillig ein. Das Baby sucht einen Kontaktpunkt, es möchte sich noch einmal so geborgen fühlen wie im Bauch der Mutter.»
>
> *Pernoud*, J'élève mon Enfant

Dank wissenschaftlicher Untersuchungen begreifen wir heute langsam, warum unsere Babys so leiden. Selbst wenn sie nur kurz von ihren Müttern getrennt sind, vollziehen sich eine ganze Reihe von Veränderungen in ihren kindlichen Körpern, die das Atmungsmuster, die Temperatur, das Stress-Niveau und andere Faktoren beeinflussen.

Doch neben diesen meßbaren Daten lassen sich oftmals schon durch einfache Beobachtungen die Auswirkungen moderner Erziehungsmethoden auf das Baby erkennen. Anthropologen und Experten, die vor Ort in der dritten Welt arbeiten, erklärten, daß sich die Babys in jenen Ländern aufgrund des ständigen Kontakts mit der Mutter – tagsüber wird das Kind am Körper getragen, nachts schläft es bei der Mutter – anders entwickeln, als die nach unseren westlichen Erziehungsmustern heranwachsenden Kinder. Verschiedene Beobachtungen scheinen zu bestätigen, daß Kinder auf Dauer darunter leiden, wenn sie die ganze Nacht allein verbringen:

> «Als die Anthropologin Marcelle Geber in Kenia und Uganda die Folgen der Unterernährung auf Neugeborene und Säuglinge untersuchen wollte, stellte sie überrascht fest, daß diese Babys in ihrer Entwicklung weiter waren und auch mehr lachten, als die Babys, die sie zuvor in den industrialisierten Ländern gesehen hatte.
> Ein Baby aus Uganda war beispielsweise im Alter von sechs bis sieben Monaten in der Lage, nach einem Spielzeug zu greifen, das außerhalb seines Blickfeldes lag. Amerikanische oder europäische Babys können dies im Durchschnitt erst im fünfzehnten Lebensmonat. In ihrer Untersuchung ging es um die motorische und verstandesmäßige Entwicklung. Ein großer Unterschied zwischen beiden Gruppen bestand darin, daß die ugandischen Babys einer Kultur angehören, in der die Abhängigkeitsphase von der Mutter nicht gestört wird.»
>
> *Odent*, Von Geburt an gesund

Obwohl die Eltern innerhalb unseres westlichen Kulturkreises dazu neigen, ihre Kinder zu fordern und Konkurrenzdenken zu betonen, liegen diese in ihrer Entwicklung doch hinter ugandischen Babys zurück. Je mehr wir versuchen, unseren Nachwuchs zu beeinflußen und zu trainieren, um so mehr mischen wir uns in Dinge ein, die wir eigentlich nicht ganz verstehen. Im Grunde sollten wir die Erwartung erfüllen, die das Baby an uns hat, unsere eigenen dagegen sollten wir zurückstellen.

Einige Eltern – zu ihnen zählen auch die Mitglieder der La Leche Liga in den USA – schlafen mit ihren Kindern gemeinsam in einem Bett, da sie von den – wissenschaftlich belegten – Vorteilen dieses Arrangements überzeugt sind. In anderen Ländern haben Laien jedoch kaum Kenntnis von diesen akademischen Diskussionen. Sie schlafen aus rein praktischen Gründen mit ihren Kindern in einem Bett.

Stillende Mütter nehmen das Baby oft aus Bequemlichkeit mit zu sich ins Bett. In anderen Familien fehlt es an Schlafzimmern, so daß die Betroffenen aus diesem Grund zusammen in einem Raum schlafen. Sehr arme Familien können sich vielleicht kein Kinderbett leisten. Andere Eltern wiederum reagieren einfach instinktiv auf das nächtliche Geschrei der Kinder und nehmen sie zu sich. Die meisten entscheiden nach den unmittelbaren Bedürfnissen des Kindes, ob sie es in ihr Bett holen und es dort trösten. Und viele lassen ihr Kind erst bei sich schlafen, wenn es krank ist, wie der Hausarzt Dr. David Haslam berichtet:

> «Erst als ich meine Allgemeinpraxis eröffnete, wurde mir bewußt, wie viele Kinder, wenn sie krank sind, im Bett der Eltern gepflegt werden und nicht in ihrem eigenen. Eltern und Kinder schätzen die Bequemlichkeit und das Gefühl der Sicherheit, das diese Lösung mit sich bringt.»
>
> *Haslam*, Schlaflose Kinder – unruhige Nächte

Andere Eltern wiederum geben ihren Kindern nur nach, weil diese sonst überhaupt nicht schlafen wollen. Eigentlich schlafen Eltern mit ihrem Baby ziemlich häufig in einem Bett, auch wenn uns die vorherrschenden Theorien vor dieser Praxis immer wieder warnen.

Allmählich nähern sich Wissenschaft und gesunder Menschenverstand an und kommen zu derselben Schlußfolgerung: Es spricht vieles dafür, daß Eltern und Babys in einem Bett schlafen. Die zwingendsten Gründe werde ich in diesem Buch darstellen. Möglicherweise aber brauchen wir nur soviel zu wissen: Es ist wider die Natur, ein Kind in ein Kinderbett zu stecken.

Wir verwenden große Mühen darauf, Mutter und Kind nachts zu trennen, ohne die damit einhergehenden Gefahren ganz zu verstehen. Jetzt ist es an der Zeit, Mutter und Kind wieder zu vereinen.

**Kapitel 2**
# Eine Krise – welche Krise?

*Aufkleber im Rückfenster eines Autos:*
*«Ich kann jede Krise handhaben. Ich habe Kinder.»*

Ein Kind wird geboren. Die Eltern vergöttern ihr kleines Wunder, und schon beginnen die Probleme. Babys schreien, sie sind unruhig, sie wollen nicht schlafen. Der Mutter fällt es schwer, im beruflichen Bereich wie im Privatleben ihr gewohntes Leben fortzusetzen. Vielleicht bedauert sie sogar ihre Entscheidung für ein Kind.

«Im allgemeinen gilt die Geburt des ersten Kindes als freudiges und glückliches Ereignis», erklärt die Eheberaterin Marian Jackson. «Tatsächlich jedoch kann diese Zeit eine tiefe Entzweiung zwischen dem Paar herbeiführen.»

«Das Baby erfordert alle Zuwendung, denn es schreit am lautesten. Die Mutter ist oft müde und braucht jede erdenkliche Unterstützung. In der modernen Kleinfamilie kann sie diese nur von ihrem Partner erwarten. Und der ist möglicherweise eifersüchtig und lehnt das Baby ab, weil es die ganze Aufmerksamkeit seiner Partnerin erhält.»

«Die Gesellschaft erwartet, daß alles eitel Sonnenschein ist, wenn das erste Kind kommt. Aus diesem Grund wird wohl kaum ein Paar seine Probleme zugeben. Der Druck, der auf der Kleinfamilie lastet, ist ungeheuer groß.»

Die westliche Gesellschaft legt mit ihrer Betonung der romantischen Liebe und der Suche nach dem perfekten Partner großen Wert darauf, daß Mann und Frau als Paar zusammenleben. In manchen Ländern dagegen leben Frauen in getrennten Wohnbereichen zusammen. Dort kümmern sie sich umeinander und unterstützen sich gegenseitig. Vergleichen wir das Leben einer pakistanischen Mutter, die nach dieser Tradition lebt, mit dem einer modernen europäischen Frau, dann wird klar, wer das bessere Los gezogen hat.

In ihrem Familiendorf kann die pakistanische Frau bei der Kindererziehung auf die Unterstützung ihrer Schwiegerfamilie und Kusinen zählen. Nach der Geburt eines Babys ist sie vierzig Tage lang von allen Haushaltspflichten befreit und muß sich lediglich um die Pflege ihres Kindes kümmern. Bekommen ihre Kinder dann selbst Nachwuchs, hütet sie wiederum die schon etwas älteren Kinder und hilft den neuen Eltern. Auch in Japan haben die vierzigtägigen «Flitterwochen» für Mutter und Baby Tradition.

In unserer urbanen Gesellschaft hingegen leben viele Menschen allein, sie fahren allein zur Arbeit, essen allein und sind ganz auf sich selbst gestellt. Aber eine Auswahl von Leserbriefen aus einer Frauenzeitschrift zeigt, wie unzufrieden wir mit dieser Lebensform eigentlich sind:

«Meine Ehe war eine Katastrophe, aber allein kann ich die Zukunft nicht ertragen.»
«Ich habe jedes Vertrauen in meine Fähigkeiten als Mutter verloren und mache es anscheinend keinem in der Familie recht.»
«Warum sind meine Freundinnen weniger auf Freundschaften angewiesen als ich?»
«Unsere Beziehung hat sich verändert, aber ich käme mir gemein vor, wenn ich jetzt wegginge.»
«Obwohl ich erst neunzehn und zur Zeit sehr verliebt bin, ist mein Leben voller Probleme.»
«Der Mann, den ich liebe, kann es nicht ertragen, für das Scheitern einer Ehe verantwortlich zu sein.»
«Die Leute verstehen einfach nicht, daß eine Scheidung auch Männer verletzen und zerstören kann.»

Best, *8. Juli 1988*

In all diesen Briefen geht es um die Fähigkeit, das Leben als Einzelperson zu bewältigen. Gemeinhin wird von Frauen erwartet, daß sie die Kinder mit links großziehen – schließlich haben sie ja schon erfolgreich um das Wahlrecht, gleichen Lohn für gleiche Arbeit und andere Formen der Emanzipation gekämpft. Während die Mutter in der Großfamilie die größtmögliche Unterstützung erfährt, ist sie in der Kleinfamilie oftmals ganz auf sich allein gestellt. Aus diesem Grund befindet sich die Familie in vielen «zivilisierten» Ländern in einer Krise. Häufig bestehen moderne Ehen und Beziehungen aus der kleinstmöglichen Familieneinheit: aus einem Mann und einer Frau. Diese Verbindung mag zwar recht stabil sein, aber schon die geringste Veränderung – der Verlust des Partners oder die Ankunft einer dritten Partei – kann enorme Komplikationen hervorrufen.

Heute sind sich Eltern bewußt, daß die Geburt eines Kindes Veränderungen mit sich bringt. In den achtziger Jahren kam eine vom Marriage Research Council durchgeführte Befragung von fünfundsechzig jungverheirateten britischen Ehepaaren zu dem Ergebnis, daß es wichtig sei, für die Geburt eines Kindes «bereit» zu sein:

«Die Definition der Bereitschaft, Kinder zu haben, ist äußerst subjektiv, begründet sich jedoch auf der allgemeinen Auffassung von Elternschaft, die die Nachteile des Elternseins betont. Die Auswirkungen, die Kinder auf die Beziehung haben, wurden folgendermaßen beschrieben: ‹wie ein Bombeneinschlag›, ‹eine zusätzliche Last› und ‹eine Belastung für die Ehe›. Um der Elternrolle gerecht zu werden, müssen erhebliche Einschränkungen im sozialen und finanziellen Bereich sowie das Eindringen einer dritten Person in Kauf genommen werden. In erster Linie sind Toleranz, Verzicht und Selbstlosigkeit gefragt.»

*Mansfield*, in: Journal of Sociology and Social Policy, *1982*

So sehen also die Erwartungen jungverheirateter Paare ohne Kinder aus. In unserer Gesellschaft herrscht demnach der Glaube vor, daß Kinder eine Ehe ruinieren, anstatt sie zu bereichern. Zwar erklärte ein Mann bei der Befragung, ein Kind sei «die Sahne auf dem Hochzeitskuchen», die meisten Paare allerdings waren der Meinung, daß sie von diesem Kuchen nichts abbekämen: «...die Hauptsorge der Mehrheit galt der Frage, ob sich die bisherige Nähe zum Partner auch nach dem Eindringen einer dritten Partei – des Kindes – erhalten ließe.»

Die Großfamilie kann ein junges Paar von diesem Druck befreien und die Mutterschaft erleichtern. Sobald die Eltern nämlich innerhalb einer emotional stützenden Gemeinschaft direkte, praktische Hilfe erhalten, bleibt ihnen auch genug Zeit für sich. Im Vergleich dazu haben jene Eltern, die sich allein um ihren Nachwuchs kümmern müssen, verhältnismäßig wenig Freizeit. Denn oft leben die Großeltern oder andere Verwandte, die notfalls die Kinderbetreuung übernehmen könnten, nicht einmal in derselben Stadt. Neuere Untersuchungen kommen sogar zu dem Ergebnis, daß die Abwesenheit von Großeltern die Kindererziehung nachteilig beeinflussen könne.

Aber ob wir nun unsere Kinder mit Zärtlichkeit überhäufen oder sie ständig zur Ruhe ermahnen, eines ist gewiß: Wir sind völlig auf sie fixiert. Mütter sind ständig mit ihrem Nachwuchs beschäftigt, und sobald sie zusammensitzen, kennen sie nur ein Thema: die Kinder.

Doch besonders für Kinder ist ein Zusammenleben mit den Eltern nach dieser Zeit intensiver Bemutterung äußerst schwierig. Wenn schon die Großmama übertrieben fürsorglich war, wird sie vermutlich feststellen, daß ihre nunmehr erwachsene Tochter noch immer um Unabhängigkeit ringt und sie infolgedessen von der Erziehung ihres eigenen Kindes ausschließt. In diesem Fall sind die Großeltern einfach nicht erwünscht.

Moderne Mütter versuchen rückgängig zu machen, was ihnen einst durch die eigenen Eltern widerfahren ist, nur fehlen ihnen die positiven Erfahrungen, auf die sie zurückgreifen könnten. So zeigt Brigid McConville in ihrem Buch *Mad to be a Mother*, daß unsere Gesellschaft oftmals ein extrem unwirtlicher Ort für Mütter und ihre Kinder ist:

> «Sobald eine Mutter gemeinsam mit ihrem Kind auftritt, ist sie in der Erwachsenenwelt unerwünscht; sie ist ihr feindlich gesinnt. Natürlich gibt es Orte, die nach allgemeiner Auffassung für Kinder nicht geeignet sind – zum Beispiel ein Büro. Dieser Konsens allerdings spiegelt auf traurige Weise wider, wie sehr wir das häusliche Leben vom ‹Arbeitsleben› getrennt haben...
> Im Grunde ihres Herzens erwarten die meisten Mütter nicht einmal, daß sie an bestimmten Orten mit ihren Kindern gern gesehen sind. Und das ist wahrscheinlich gut so.»
> *McConville*, Mad to be a Mother

Fünfzig Prozent der Mütter mit Neugeborenen leiden unter postnatalen Depressionen. Die Ärzte halten dies für eine normale Reaktion nach der Geburt. Vermutlich sind diese Depressionen auf bestimmte Hormonausschüttungen, enttäuschte Erwartungen und fehlende Unterstützung zurückzuführen. An anderer Stelle werden wir allerdings sehen, daß die meisten Mütter in unserer «zivilisierten» Welt gar keine Möglichkeit haben, ihre ureigenen mütterlichen Bedürfnisse zu befriedigen oder überhaupt erst herauszufinden. Statt dessen werden sie dazu angehalten, ihr Baby so oft wie möglich hinzulegen, wenn sie es eigentlich lieber im Arm halten würden.

Fast jede schwangere Frau bereitet sich unter erheblichem Zeitaufwand auf die Geburt selbst vor. Monatelang macht sie Schwangerschaftsgymnastik, lernt richtig zu atmen und beschäftigt sich mit verschiedenen Geburtsstellungen. Für einige ist die Geburt an sich dann sogar eine angenehme Erfahrung; aber auf die eigentliche Ankunft des Babys sind nur wenige Frauen in unserer Gesellschaft gefühlsmäßig, körperlich oder praktisch vorbereitet.

Als Frances noch klein war, besuchte ich jede Woche eine Mutter-Kind-Gruppe. Unter Anleitung einer Erzieherin saßen wir jungen Mütter zusammen und tauschten unsere Gedanken über den Schock unserer neuen Mutterschaft aus. Wahrscheinlich waren wir vor der Geburt unserer Babys alle fähige, unabhängige und gesellige Wesen, doch mittlerweile hatten sich viele in ängstliche, überbeschützende Mütter zurückentwickelt. Das fehlende Zutrauen in die eigenen Fähigkeiten war erschütternd – dabei handelte es sich hier sogar um Mütter, die überhaupt den Mut hatten, dies zuzugeben. Man erschaudert bei dem Gedanken an all diejenigen, die allein zu Hause sitzen.

Wir alle wollten in dieser neuen Rolle alles richtig machen, aber wir wußten nicht wie. Außerdem wurden unsere Gespräche ständig durch ein weinendes oder schreiendes Kind vereitelt. «Ich glaube, das macht er absichtlich», klagte eine Mutter über ihren vier Monate alten Sohn. «Sie hat mein Temperament», erklärte eine andere und meinte damit ihre gerade zehn Wochen alte Tochter. Die Babys lagen auf dem Boden auf ihren Wickelunterlagen – die Mütter tranken Kaffee und beschwerten sich. Ich selbst wurde von den anderen Frauen angestarrt, weil Frances auf meinem Schoß saß.

Auch wenn wir unsere Kinder sehr lieben, bereiten sie uns doch jede Minute Ärger, und ihr Verhalten scheint mit zunehmendem Alter nicht besser zu werden. Eine Mutter schrieb in einer Familienzeitschrift unter der Überschrift «Wie man schwere Körperverletzungen vermeidet»:

«Man sollte immer daran denken, daß die lieben Kleinen sich schon mit achtzehn Monaten in Rowdys verwandeln können, in quengelnde, nörgelnde, ungehorsame kleine Ungeheuer, die genau wissen, wo und wann sie die Eltern demütigen können. Ich möchte vor einem überwältigenden Impuls warnen, der Eltern dazu bringen kann, Dinge zu tun, die sie selbst bislang für undenkbar hielten, beispielsweise die Köpfe der Kinder zusammenzustoßen, sie durchs Zimmer zu schleudern oder sie aus dem nächstgelegenen Fenster zu werfen...
Das einzige Gegenmittel ist, die Brut in den Kinderwagen, den Sportwagen oder eine Schubkarre zu packen und sie auf der Stelle aus dem Haus zu schaffen. Solange man den Wagen schiebt, ist man wenigstens nicht versucht, ihnen an die Gurgel zu gehen.»

*Mrs. S. M. aus Bridlington*, in: Family Circle, *1984*

Dieser halb melodramatische, halb humorvolle Stil herrscht oft in Gesprächen unter Müttern und überdeckt nur ungenügend die tatsächlichen Ängste und Frustrationen, die es in den meisten Familien gibt. Vor nicht allzu langer Zeit war in der Zeitung zu lesen, daß eine verzweifelte Mutter ihre beiden kleinen Kinder tatsächlich aus dem Hochhausfenster geworfen hat.

Die Sozialarbeiterin Pam Laurance, selbst Mutter, war überrascht, wie wütend sie auf ihren fordernden kleinen Sohn wurde. Sie führte eine eigene Untersuchung über die Gefühle der Mütter nach der Geburt durch und kam zu dem Schluß, daß «die meisten Mütter chronische Aggressionsgefühle und aggressive Phantasien haben, in denen ihre Babys, selbst wenn sie noch sehr klein sind, eine Rolle spielen. Diese Phantasien sind natürlich erschreckend und führen zu Schuldgefühlen».

Pams Untersuchung hatte den Titel «Entschuldige mich kurz, ich muß eben mal das Baby erwürgen», ein Satz, den eine Freundin einmal am Telefon ausgesprochen hatte. Die Studie zeigte auch die Reaktion einer jungen Mutter namens Claire:

«Ich war eigentlich nicht zornig, eher verzweifelt. Ich hatte das Gefühl, daß ich die Sklavin dieses kleinen, fordernden Wesens sei, das meine ganze Identität zu verschlingen schien.»

Derartige Ansichten führen dazu, daß immer mehr Paare beschließen, kinderlos zu bleiben. Es scheint Mode, jeglichen Fortpflanzungsinstinkt zu verneinen, sei es aufgrund der schrecklichen Erfahrungen befreundeter Paare oder aus Angst um die Zukunft unserer Kinder im Atomzeitalter. Und wenn man ein Szenario wie das in Bridlington vor Augen hat, läßt sich leicht erklären, warum das so ist. Penelope Leach, Expertin für Erziehungsfragen, erinnert sich:

«Eine Freundin war bei mir zum Tee, als meine Tochter zwei Jahre alt war. Als sie wieder ging, sagte sie: ‹Danke, daß ich kommen durfte; jetzt *weiß* ich, daß ich keine Kinder haben möchte.› Dabei war es – an den Maßstäben eines Kleinkindes gemessen – sogar ein recht angenehmer Nachmittag gewesen!
Kinder zu haben ist eine der vielen Wahlmöglichkeiten, die ein Erwachsener hat. Es ist keine romantische Verpflichtung, aber auch kein Hobby, und wenn sich jemand mit der Idee überhaupt nicht anfreunden kann, sollte er es lieber lassen.»

*Leach*, in: Family Circle, 28. November 1984

Dennoch lastet auf vielen Menschen ein Fortpflanzungsdruck. Ein biologischer Instinkt drängt uns dazu, die eigenen Eltern möchten Enkelkinder haben, und das Ideal der Fernsehspots und der Werbung auf Cornflakes-Packungen bleibt die Familie, in der sich alles ums Kind dreht. In der Welt der Medien kommen immer Mama, Papa und Kinder vor – vorzugsweise ein Junge und ein Mädchen, die wiederum ihren idealen Partner kennenlernen und selbst Kinder in die Welt setzen...

Viele wollen unbedingt – manche geradezu verzweifelt – Kinder haben. Andere wiederum betrachten es eher als Pflicht. In letzter Zeit begegnet man sogar dem Phänomen, den Zeitabstand zwischen den einzelnen Kindern so gering wie möglich zu halten, «damit wir es hinter uns bringen». In einer Welt, in der Bilder von Perfektion mehr zählen als echte Unterstützung, können Babys eigentlich nur eine große Störung des normalen Lebens bedeuten.

Früher litten Mütter insgeheim, während sie sich heute an viele

Organisationen wenden können, wenn die Kinder ihnen das Leben schwermachen. Für die Bundesrepublik Deutschland sind Anlaufstellen wie die lokalen Gruppen des Deutschen Kinderschutzbundes, die Kinderschutzzentren und der Kindernotruf ebenso wie zahlreiche Erziehungsberatungsstellen zu nennen. Solche Hilfsorganisationen sind eine unschätzbare Hilfe für überforderte Eltern, die ihren Kindern sonst möglicherweise ein Leid antun würden, aber ihre Arbeit ist auch ein Hinweis darauf, wie groß die Krise bei Eltern heute tatsächlich ist.

Berichte über Kindesmißhandlungen stiegen 1987 in Großbritannien um zwanzig Prozent an. Die NSPCC (National Society for the Prevention of Cruelty to Children), eine mit dem Deutschen Kinderschutzbund vergleichbare Organisation, zog daraus den Schluß, daß Kinder heute entweder größeren Risiken ausgesetzt sind oder daß das Ausmaß des Schadens jetzt überhaupt erst öffentlich wird.

Unsere Gesellschaft hat, was die Kindererziehung anbelangt, kläglich versagt. Kinder werden mißbraucht, andere durch überbeschützendes Verhalten in ihrer Entwicklung behindert. 1988 wurde in Amerika von sexuellen Mißhandlungen in einem nie zuvor dagewesenen Ausmaß berichtet – Mißhandlungen, die in diesem Fall von einem Elternteil selbst angezeigt worden waren. Viele unglückliche Ehepartner hielten dies für einen sicheren Weg, eine Scheidung durchzusetzen.

Die Verlierer sind wieder einmal die Kinder. Wir ziehen Babys, Kleinkinder und Jugendliche groß, die lernen, durch Gewalt zu kommunizieren, durch Wettbewerb zu überleben und ohne wirklichen Grund zu rebellieren. Depressionen, Zerstörungswut und Selbstmord sind die Vermächtnisse einer Gesellschaft, die auf eine negative Lebensauffassung programmiert ist. Und alles beginnt mit dem Gestrampel kleiner Füße.

Ein Psychologe hat einmal gesagt, daß sich die Ängste einer Familie möglicherweise in den Schlafproblemen des Babys widerspiegeln.[1] Unsere ganze Gesellschaft macht eine Krise in der Kindererziehung durch, genau wie viele Familien, in denen sich die Eltern mit den Schlafproblemen ihrer Kinder herumschlagen müssen. Es wird allgemein angenommen, daß Schlaf für Babys ein Problem bedeutet. Besucher stellen meistens als erstes die Frage, ob das Neugeborene bereits durchschläft. Wenn Probleme vorhanden sind, wird meistens angenommen, daß diese durch das Kind verursacht werden. Es ist immer das Kind, das schreiend in seinem Bett liegt und seine Eltern und die Nachbarn in der Nacht stört. Es ist das Kind, das sich anpassen und lernen muß, so tief und fest wie ein Erwachsener zu schlafen. Aber nicht nur Kinder haben Schlafprobleme. Schlaflosigkeit – das Unvermögen einzuschlafen oder so lange zu schlafen, wie die Gesellschaft es erwartet[2] – ist eines der häufigsten Probleme, denen Hausärzte begegnen. 1983 wurden in Großbritannien über dreißig Millionen Pfund für sechzehn Millionen Rezepte für Schlafmittel ausgegeben.[3]

Viele Menschen schlafen jede Nacht schlecht und wachen morgens wie gerädert auf. Andere brauchen fast schon Laborbedingungen, um einschlafen zu können: gedämpftes Licht, völlige Ruhe, eine feste Matratze und ebensolche Kissen. Nur wenige können einfach tagsüber für ein paar Minuten vor sich hin dösen.

Störungen wie diese sind in Industrieländern an der Tagesordnung. Glücklich ist der, der nach Lust und Laune schlafen kann – aber eigentlich hat Glück nichts damit zu tun. Jean Liedloff hat die Männer des Tauripan-Stammes beobachtet, die durch den südamerikanischen Dschungel wandern und dabei so vielen Geräuschen wilder Tiere und wirklichen Gefahren begegnen, daß wir Stadtbewohner eine Woche lang wachgehalten würden:

«Sie hatten die Angewohnheit, mitten in der Nacht, wenn alle schliefen, einen Witz zu erzählen. Obwohl einige laut schnarchten, wachten alle sofort auf, lachten und schliefen innerhalb von Sekunden wieder ein, mit Schnarchen und allem. Für sie war Wachsein nicht unangenehmer als Schlafen, und so wachten sie völlig munter auf – beispielsweise erwachten einmal alle Indianer gleichzeitig, weil sie ein Rudel wilder Eber in der Ferne hörten, obwohl sie geschlafen hatten; wohingegen ich, wach und den Geräuschen des umgebenden Urwalds lauschend, gar nichts bemerkt hatte.»

*Liedloff*, Auf der Suche nach dem verlorenen Glück

Man vergleiche diesen Bericht mit britischen Untersuchungsergebnissen, nach denen weniger als ein Drittel der Erwachsenen (jungen bis mittleren Alters) erklärten, daß sie morgens ausgeruht und erfrischt aufwachten. Etwa dreißig Prozent gaben zu, daß es ihnen morgens schwerfiele aufzustehen.[4] Wir scheinen den Schlaf wie eine geschützte Tierart zu behandeln, wie ein seltenes Tier, das aufgespürt und beschützt werden muß, bevor es völlig ausstirbt. Es ist eine Flucht vor dem wahren Leben. Die Vorschrift, acht Stunden pro Nacht zu schlafen, ist uns heilig, und bei ihrer Durchführung wollen wir keineswegs gestört werden.

Viele Menschen in der westlichen Welt können nicht wieder einschlafen, wenn der nächtliche Schlaf einmal unterbrochen wurde. Gerade aus diesem Grund verursachen Babys ein solches Chaos, wenn sie uns nachts wachhalten. Selbst wenn unser regelmäßiger Schlaf nachts nur leicht gestört wird, können wir tagsüber nicht richtig funktionieren. Als Erwachsene haben wir die Kunst des Schlafens oft schon verloren. Nicht wir beherrschen den Schlaf, sondern er beherrscht uns.

Wir alle werden mit der Fähigkeit geboren, leicht und gut zu schlafen. Aber schon, wenn ein Kind gelernt hat zu sprechen, sind seine Träume zu Alpträumen geworden, und es fürchtet sich vor dem natürlichen Element des Schlafs – vor der Dunkelheit. Das durchschnittliche dreijährige Kind, das ein wenig Talent zum Geschichtenerzählen besitzt, wird unzählige Gründe erfinden, warum es noch nicht ins Bett geschickt werden sollte. Die Eltern, die nicht mehr weiterwissen, werden die gleiche Anzahl von unglaublichen Gründen finden, warum das Kind dennoch ins Bett gehen sollte. Es ist ein Krieg, in dem beide Seiten die Verlierer sind.

Das Kleinkind entwickelt, was das Zubettgehen betrifft, erhebliches Geschick. Schließlich ist es ein Spiel, das es schon seit seiner Geburt mit der Mutter treibt. Man erinnere sich nur an die ersten Lebenswochen, in denen es sechsmal pro Nacht weinte, um gefüttert zu werden. Und dann die Zeit, als man glaubte, das Baby würde zahnen. Zähne bekam es keine, es wollte nur immer um fünf Uhr morgens ins elterliche Bett.

Später dann, nach seinem ersten Geburtstag, meldete es sich wieder, gerade wenn man glaubte, daß man endlich seine Ruhe hatte. Wenn man einmal richtig nachdenkt und ehrlich ist, hat es seit seiner Geburt eigentlich mindestens so viele gestörte wie friedliche Nächte gegeben. Aber all seine kleinen Spielkameraden verhalten sich genauso, und man scheint nichts daran ändern zu können. Wahrscheinlich haben Sie bereits genug Bücher über das Thema gelesen, um eine eigene Bücherei eröffnen zu können. Aber selbst die Experten scheinen sich nicht einig zu sein. Wonach soll man sich also richten?

Experten erkennen im Schlafmuster des Kleinkindes zwei Hauptprobleme: die Schwierigkeit, abends zur Ruhe zu kommen, und regelmäßiges Aufwachen während der Nacht. Einige betrachten diese Schwierigkeiten als normale Phasen der Entwicklung:

> «Häufige Schlafprobleme, etwa Einschlafschwierigkeiten und nächtliches Erwachen, sind bei mindestens zwanzig bis dreißig Prozent der Kinder in den ersten vier Lebensjahren die Norm... Von einigen herausragenden Vertretern der Entwicklungspsychologie wie Gesell werden sie als normal betrachtet. Es handelt sich um vorübergehende Entwicklungsphänomene in den ersten beiden Lebensjahren.»
>
> *Lozoff, Wolf und Davis*, in: Pediatrics, *März 1985*

Diagnose und Heilmittel unterscheiden sich je nach Ausbildung des Arztes oder Beraters, aber in einer Sache sind sich die Fachleute einig: Die Schlafkrise in unserer Gesellschaft ist von höchster Dringlichkeit. Niemand streitet die schlimmen Auswirkungen ab, die ein Kind, das nicht schlafen will, zu Hause verursacht. Die Schlafprobleme von Kindern können ganze Familien spalten.

In der Schlafklinik des Universitätskrankenhauses von Wales in Cardiff behandeln ein Psychologenteam und Experten für kindliche Entwicklung jedes Jahr mehrere hundert Fälle. Die Anzahl der Klagen steigt schnell, da die Eltern erkennen, daß ihr Problem recht häufig ist und jemand für sie da ist, der ihnen zuhört.

Das Ausmaß kindlicher Schlafprobleme wird heute voll anerkannt. Krankenhäuser und Beratungsstellen helfen den verzweifelten Familien. Die leitende Psychologin Reetta Bidder, die die Klinik in Cardiff vor acht Jahren gegründet hat, berichtet, daß etwa zwanzig Prozent der Kinder unter massiven Schlafproblemen leiden – und etwa die Hälfte aller britischen Familien haben regelmäßig Schwierigkeiten, ihre Kinder abends ins Bett zu bringen. Dr. David Haslam, Autor des Buches *Schlaflose Kinder – unruhige Nächte*, schreibt, daß etwa ein Viertel aller Kinder im Vorschulalter nachts aufwacht. In unserer Gesellschaft heute ist dies ein sehr geläufiges und häufiges Problem.

Obwohl sich bisweilen auch Neugeborene weigern zu schlafen, beträgt das Durchschnittsalter der größten Gruppe, die in der Schlafklinik von Cardiff behandelt wird, sieben Monate bis ein

Jahr. «Kinder sollten in diesem Alter allein durchschlafen können», sagt Reetta Bidder. «Viele Familien sagen jedoch, daß das Kind ein- bis zweimal pro Nacht aufsteht; für manche Eltern ist das unerträglich. In verschiedenen Familien hat man eben unterschiedliche Erwartungen.

Zu uns kommen Menschen mit schrecklichen Schwierigkeiten. In einer Familie war die Mutter beispielsweise zum Schlafen ins Kinderzimmer gezogen, und die Eheleute standen kurz vor der Trennung. Der Vater sagte: ‹Wir sind gerade noch rechtzeitig zu Ihnen gekommen.›»

Die Berater in Cardiff geben jeder Familie eine Tabelle, auf der die bestehenden Schlafprobleme eingetragen werden können. Anschließend können die Eltern ihren Lebensrhythmus besprechen, bevor sie nach Möglichkeiten suchen, mit denen sie ihr Kind zum Durchschlafen bewegen können. Zu den Ratschlägen zählt, daß man für das Baby ein größeres Einzelbett anschafft – vielleicht ist das Kinderbettchen zu klein geworden –, zur Schlafenszeit ein bestimmtes Ritual wiederholt oder dem Kind die Abendmahlzeit später gibt. Das Ziel dabei ist natürlich, das Kind dazu zu bringen, daß es nachts allein schläft. Aber wenn es das tut, kann es schon nach weitaus weniger als acht Stunden Schlaf erfrischt sein. Wenn ein Kind in den frühen Morgenstunden aufwacht, ist es schon wieder zum Spielen bereit. Dr. Haslam erklärt dazu:

«Manche Kinder schlafen zufrieden die ganze Nacht hindurch und legen noch einen zusätzlichen Mittagsschlaf von ein bis zwei Stunden ein, während andere in der Nacht nur ein paar Stunden ‹am Stück› schlafen und auch selten einen Mittagsschlaf benötigen. Trotz der Unterschiede wachsen beide Typen von Kindern in gleicher Weise gesund, glücklich und munter auf. Wenn Kinder ihrem eigenen Rhythmus überlassen werden könnten und nicht die Betreuung von Erwachsenen brauchten, würde sich niemand wirklich darüber Sorgen machen, ob sie schlafen oder nicht.»

*Haslam*, Schlaflose Kinder – unruhige Nächte

Wenn ein Baby sich nach seinem Instinkt richten darf, schläft es je nach Bedarf ein und wacht wieder auf. Aber kaum ein Kind in der westlichen Welt darf dies selbst bestimmen. Der wahrscheinlichste Grund für Konflikte ist der Versuch der Erwachsenen, dem Kind ein bestimmtes Schlafmuster aufzuzwingen. «Die Ernährung und der Schlaf sind die großen Schlachtfelder», sagt Maria Tucker, die als Beraterin für Entwicklungsfragen bei Kindern tätig ist, «denn Kinder wissen, daß die Eltern verzweifelt wünschen, daß sie bestimmte Dinge tun. Sie wissen, daß ihre Mutter sich nichts sehnlicher wünscht, als sie um sieben Uhr ins Bett zu bringen.»

Die üblichen Klagen der Mütter beziehen sich auf die Schlafmenge. Sie sind der Meinung, daß das Baby nicht lange genug schläft. Selten nur beklagt sich eine Mutter über ein schläfriges Kind:

> «Es ist mir schon immer sehr merkwürdig vorgekommen, daß wir ein Baby, das keine Probleme macht, als ‹braves› Baby bezeichnen. Wenn es die ganze Nacht schläft, nie mit Essen herumwirft, nie die Katze verprügelt, nie seine Finger in die Steckdose steckt und sich nicht mit Milch vollspuckt, dann ist es ein perfektes Kind... Das eher langsame, schwunglose, müde und apathische Baby wird als ‹ach so lieb› und ‹kein bißchen mühevoll› angesehen... Es macht mich immer traurig, wenn Mütter auf die Frage ‹Ist es ein braves Kind› antworten: ‹Ja, es ist wunderbar. Ich merke fast gar nicht, daß es da ist.›»
>
> *Haslam*, Schlaflose Kinder – unruhige Nächte

Das Schlimme daran ist, daß wir erwarten, daß unsere Kinder liebevoll auf uns reagieren, wenn wir den Wunsch haben, uns mit ihnen zu befassen, aber daß sie ruhig und anspruchslos sind, wenn wir der Meinung sind, es sei Schlafenszeit.

Das «perfekte» Kind schläft gleich ein, sobald die Eltern die Bettdecke glattgestrichen haben. Es schreit nicht im Dunkeln, wenn sie sich aus dem Kinderzimmer schleichen. Es wacht nicht bereits eine Stunde später wieder auf, weil es etwas zu trinken oder essen will oder, wie es bei dem vierjährigen Sohn einer Bekannten der Fall ist, auf dem Boden schlafen möchte. Das perfekte Kind schläft tief und fest bis zum nächsten Morgen, bis es entweder vom Morgengezwitscher der Vögel oder von den ersten Sonnenstrahlen geweckt wird. Es steht kurz vor seinen Eltern auf und spielt ruhig mit dem leuchtenden Kunststoffspielzeug, das seine Eltern an seinem Bettende angebracht haben. Es klappert nicht mit den Stäben des Gitterbettchens noch weint es oder läuft laut schreiend ins Schlafzimmer seiner Eltern. Es lächelt freundlich, wenn seine Mutter den Kopf in sein Zimmer steckt, und der Tag nimmt mit einer Umarmung und einem dicken Kuß einen guten Anfang.

Wie erwarten nicht, daß unsere Kinder perfekt sind, aber dennoch behandeln wir sie oft so, als müßten sie einem Lehrbuch für Kindererziehung entsprungen sein. Wir vergessen, daß Ärzte, die «normale» Schlafmuster bei Kindern beschreiben, Daten von künstlichen Tests benutzen.[5] Wir wissen also nur, was für ein Baby normal ist, das in einem Bettchen in einem Schlaflabor schläft oder allein in dem Kinderzimmer der amerikanischen Mittelklassefamilie. Wir haben einfach vergessen, daß Kinder für Millionen von Jahren bei ihren Eltern geschlafen haben.

Um ihr Kind zum Schlafen zu bewegen, sind Eltern sehr erfindungsreich. Sie erschaffen die Bedingungen des Schlaflabors neu: ein großes Bett, eine feste Matratze, ein eigenes Zimmer, keine Beleuchtung, die Tür wird, falls nötig, geschlossen. Wenn die Kinder größer werden, sind sie von diesen Bedingungen abhängig, um überhaupt schlafen zu können.

Eine Mutter erzählte mir, daß eine Freundin ihre zweijährige Tochter jeden Abend im Kinderzimmer einschließe und ihr Geschrei, das bis zu einer Stunde lang anhalten könne, einfach ignoriere. Wenn das Kind schließlich aufgebe und völlig erschöpft einschlafe, sei sein Körper gegen die geschlossene Kinderzimmertür, die es zuerst mit den Fäusten bearbeitet habe, gepreßt. Dann gehe die Mutter hinein, hebe ihre Tochter auf und trage sie in ihr Bett.

«Es ist wirklich furchtbar, sich dieses Geschrei anhören zu müssen», sagte die Freundin, «aber die Mutter sagt: ‹Sie wird schon lernen, daß ich nicht zu ihr komme und daß es völlig nutzlos ist, einen solchen Lärm zu veranstalten.› Aber das Ganze hält jetzt schon ein paar Wochen an und es scheint nicht besser zu werden.»

Diese Art Kindesmißhandlung wird von unserer Gesellschaft toleriert, weil sie angeblich im Namen der Sozialerziehung unserer Kinder geschieht. Der Anthropologe James McKenna stellt diese Praxis in Frage:

«Es ist absurd, daß das Kind des menschlichen Primaten, das vom neurologischen Standpunkt aus von allen Primaten bei der Geburt am wenigsten reif ist, sich am langsamsten entwickelt und daher physiologisch gesehen von seiner Bezugsperson viel abhängiger ist, der einzige Primat ist, von dem man in der urbanen Gesellschaft erwartet, daß er schon sehr früh allein schläft. Die Eltern von Affen und Menschenaffen würden dies zweifellos als eine Form von Kindesmißhandlung betrachten, genau wie die Menschen in vorindustriellen Gesellschaften es tun, wenn man ihnen von den Schlafgewohnheiten von Eltern und Kindern in urbanen Gesellschaften berichtet.»

*McKenna*, in: Medical Anthropology, 1986

Catherine, eine Freundin aus Frankreich, erzählte, daß ihre vierjährige Tochter sie gefragt habe: «Mami, warum muß ich allein schlafen, wenn du mit Vati in einem Bett schläfst?» Sie wußte keine Antwort. «Was könnte ich ihr denn sagen? Welchen Grund gibt es dafür, daß sie allein schlafen soll?» Andere Mütter meinen, daß dies eine unwichtige Frage sei. Genausogut könnte man fragen, warum der Teddy eine gelbe Nase habe. Getrennte Schlafzimmer gehören einfach zu den Gegebenheiten des Lebens und sind keine Sache, die man in Frage stellt.

Ich fragte Catherine, warum sie Stephanie nicht einfach mit in ihr Bett nehme. «Das würde ich furchtbar gern tun», sagte sie, «aber ich könnte dann einfach keinen Schlaf finden. Es fällt mir schon schwer genug, das Doppelbett mit meinem Mann zu teilen. Ich habe einen sehr unruhigen Schlaf.»

Schließlich stellte sich heraus, daß Catherines Geschichte ein extremes Beispiel der Schlafkrise war, die von Generation zu Generation weitergegeben wird. Als kleines Kind wurde Catherine von den Großeltern aufgezogen und schlief in einem eigenen Bett in deren Schlafzimmer. Als sie zwei Jahre alt war, zog sie zu ihrem Vater, bei dem sie ein eigenes Zimmer hatte. Er schaltete das Licht aus und schloß die Tür. Das Kind schrie nächtelang, aber niemand nahm irgendeine Notiz davon. Statt dessen wurde sie wegen ihres «Schlafproblems» vielen Fachleuten vorgestellt. Schließlich verschrieben die Ärzte Beruhigungsmittel. Catherine hat an das Trauma jener Jahre immer noch lebhafte Erinnerungen. Jede kleine Störung, manchmal sogar nur eine zufällige Berührung ihres Ehemannes, der neben ihr schläft, reicht aus, um sie um ihren Schlaf zu bringen.

In ihrer klinischen Arbeit als Psychotherapeutin für Kinder befaßt sich Dilys Daws mit vielen Familienkrisen, die sich um «Schlafprobleme» drehen. Es handelt sich dabei um Alpträume bei

Kindern, Schlafwandeln und reicht bis zu Gewalttätigkeiten der Eltern – oder zumindest deren Androhung:

> «Für Eltern kann es sehr verwirrend sein, sich nachts mit einem zornigen Baby und mit dem eigenen Zorn auseinandersetzen zu müssen, weil ihr Bedürfnis nach Ruhe und Schlaf nicht erfüllt wird. Viele Eltern haben berechtigte Angst davor, ihrem Kind nachts Gewalt anzutun.»
>
> Daws, in: Journal of Child Psychotherapy, 1986

Wenn eine Mutter ihr Baby tatsächlich schlägt, ist das Ganze plötzlich von öffentlichem Interesse – Nachbarn, Sozialarbeiter, der Kinderschutzbund und die Zeitungen reagieren betroffen. Natürlich werden nur wenige Eltern so weit getrieben, aber die Grenze zwischen Zorn und körperlicher Gewalt wird vielleicht in der nächsten schlaflosen Nacht gar nicht mehr wahrgenommen.

Jacquie, eine Mutter aus Südwales, erinnert sich an eine besonders schreckliche Nacht, als ihr Sohn ohne Ende schrie und sie das Gefühl hatte, daß sie es einfach nicht mehr aushalten konnte: «Der Wunsch, ihm weh zu tun, war überwältigend, und ich mußte mir immer wieder sagen, daß ich das nicht tun könne. Schließlich schliefen wir beide im Sessel ein, und als ich aufwachte, lag er noch immer still in meinen Armen.»

Die Berater in der Schlafklinik von Cardiff sind sich bewußt, daß schon durch eine schlechte Nacht die Erinnerung an drei aufeinanderfolgende gute Nächte in einer Familie in Vergessenheit geraten kann. Bei einem Kind, das nicht genug Schlaf bekommt, werden körperliche Bedürfnisse nicht erfüllt (Wachstumshormone bespielsweise werden im Schlaf abgegeben), und für die Eltern können die kurz- und langfristigen Auswirkungen ebenso schädlich sein.

«Wenn man viel Schlaf verliert, läßt das Gedächtnis nach», sagt Reetta Bidder, «und das ist kein Spaß. Wenn man kleine Kinder hat, ist man immer abrufbereit. Ich nehme an, daß es häufiger zu Unfällen kommt, wenn Eltern ein Kind haben, das nicht schlafen will, weil es dann schneller zu menschlichem Versagen kommt. Es würde mich nicht überraschen, wenn es sogar zu einer Zunahme der Unfälle im Straßenverkehr käme.»

Schlafprobleme können am Anfang vieler familiärer Krisen stehen, wie die Krankenschwester Kathryn Conder berichtet:

«Fast jede Untersuchung über das kindliche Verhalten weist darauf hin, daß Schlafprobleme den Eltern große Sorgen verursachen. Die Familie ist starkem Stress unterworfen, wenn es wieder eine schlaflose Nacht gibt, und durch die wachsende Spannung entsteht ein Teufelskreis. Die negativen Ergebnisse sind mißhandelte Kinder und Ehen, die kurz vor dem Zusammenbruch stehen.»

*Conder*, in: Midwife, Health Visitor and Community Nurse, *April 1988*

Auch Dr. Haslam befaßt sich mit den schrecklichen Folgen für Eltern, wenn Babys nicht schlafen können oder wollen:

«Glückliche Familien brauchen Eltern, die ihren Schlaf bekommen. Eine Mutter aus Manchester drückte ihre Gefühle sehr klar aus: ‹Schon als Thomas ein Jahr alt war, waren wir vom Thema Schlaf besessen. Sogar unsere Eltern fanden uns unerträglich langweilig, weil wir von nichts anderem mehr reden konnten. Da Kindererziehung offenbar so aussieht, beschlossen wir, daß wir darauf verzichten konnten. Mein Mann ließ sich sterilisieren, bevor Thomas zwei Jahre alt war.›»

*Haslam*, Schlaflose Kinder – unruhige Nächte

Hiermit sind wir wieder bei dem Wunsch angelangt, keine Kinder zu haben. Familie und Erziehung in der westlichen Welt sind in furchtbarer Unordnung, und der Schlaf, der für unser Wohlbefinden von wesentlicher Bedeutung ist, hat sich in einen Alptraum verwandelt. In diesem Krisenzustand klammern sich Eltern und andere Betroffene an jede greifbare Theorie, die ihnen angeblich aus der Patsche helfen kann. Reetta Bidder hat einige unglaubliche Geschichten von Eltern gesammelt, die versuchen, altmodische Ratschläge in die Praxis umzusetzen: «Ich kann mich ziemlich genau an ein zweieinhalbjähriges Kind erinnern, das sich weigerte, ins Bett zu gehen», erzählte sie mir. «Jeden Abend hielt die Mutter die Kinderzimmertür zu, während das Kind auf der anderen Seite schrie: ‹Die Monster wollen mich holen!›»

Warum versperren wir unseren Kindern die Tür? Wie kommen wir überhaupt auf die Idee, daß Kinder allein schlafen sollten?

**Kapitel 3**
# Sie wollen doch nur helfen

Die Kindererziehung ist ein millionenschwerer Markt, an dem Industrie und Handel und nicht zuletzt auch die Presse, die uns über die neuesten und besten Erziehungsmethoden informieren will, gut verdienen. Da viele Mütter in der westlichen Welt nur ein oder zwei Kinder haben und wenig eigene Erfahrung in der Kindererziehung, nehmen sie die Ratschläge nur zu gern an.

Einige folgen nur den Ratschlägen einer Autorität. So richteten sich beispielsweise Millionen von Müttern in den fünfziger Jahren nach Dr. Spock. Heute neigen Eltern jedoch eher dazu, sich mit verschiedenen Büchern über Kinderpflege zu befassen, bevor sie eine bestimmte Methode wählen. Einer großen Untersuchung des Marriage Research Council zufolge galt das für die meisten britischen Ehen in den achtziger Jahren: «Die Befragten kannten alle Bücher, die über die Kindererziehung geschrieben worden waren», erklärt die Forscherin Penny Mansfield, «und sie wollten es richtig machen.»

Andere Eltern richten sich überhaupt nicht nach schriftlichen Ratschlägen, aber niemand in der westlichen Welt ist vor aktuellen Trends und Denkrichtungen sicher. Man muß nur auf die Straße gehen, um festzustellen, daß fast alle Kinder in ähnliche Sachen verpackt, in ganz ähnlichen Sportwagen herumgeschoben werden und einen Schnuller im Mund stecken haben.

Bestseller, Zeitschriften und Fernsehprogramme beeinflussen unsere Erziehungsmethoden. Versucht man, Methoden einzusetzen, die über die Vorstellungen dieser recht konservativen Autoritäten hinausgehen, riskiert man, angegriffen zu werden. Wenn eine Mutter mit ihrem Baby in der Öffentlichkeit spazierengeht, ist sie gegenüber kritischen Kommentaren von anderen nicht gefeit. Kinder kann man eben nicht ganz allein großziehen.

Für eine junge Mutter ist es fast unmöglich, nützliche von wertlosen Ratschlägen zu unterscheiden, besonders dann nicht, wenn der Ratgebende einen weißen Kittel trägt. Eine Mitarbeiterin des Gesundheitsamtes erklärte mir, daß Frances im Alter von drei Wochen nicht mehr nach Bedarf gefüttert werden solle. Ich sollte ihr alle vier Stunden die Brust anbieten und ihr ansonsten einen Schnuller geben. «Prinzessin Diana hielt Prinz William den Finger zum Saugen hin», erklärte sie mir. «Jedes Kind braucht etwas zur Beruhigung.»

Nicht alle Gesundheitsberater sind mit ungebetenen Ratschlägen so schnell bei der Hand. Wenn sie es dennoch sind, können die Wirkungen auf eine junge Mutter verheerend sein. Ich hatte mich über meine Ernährungsmethode überhaupt nicht beklagt. Frances nahm stetig an Gewicht zu, meine Milch lief nicht über, ich litt nicht unter wunden oder schmerzenden Brustwarzen, hatte keinen Milchstau – ich hatte beim Stillen also überhaupt nicht mit all den Problemen zu tun, vor denen man mich gewarnt hatte. Trotzdem brachten mich die Worte der Krankenschwester wo-

«*Die Gemeindeschwester sagt, sie sei in ihrem eigenen Raum sicherer*»

chenlang aus dem Konzept. Es dauerte ziemlich lange, bis ich die Zweifel, die sie gesät hatte, einfach beiseite schob.

Es ist nicht ungewöhnlich, daß in einem Zeitungsartikel eine Sache steht und in einem Buch genau das Gegenteil. Auch Verwandte bieten widersprüchliche Ratschläge an. Ärzte geben verwirrende Empfehlungen. In unserer gutinformierten Gesellschaft bekommen junge Mütter eher zu viele gute Ratschläge als zu wenige. Dies stärkt nicht gerade ihr Selbstvertrauen.

Die Gemeideschwester Jessica Markwell, selbst Mutter, faßte die mütterlichen Gefühle in einem Artikel mit dem Titel «Does Mother Know Best?» zusammen. Sie schämte sich schrecklich, weil ihre eigene Tochter von Geburt an ständig schrie:

«So etwas passierte den ‹Kunden›, aber doch nicht den Profis – oder? Ich wandte mich an meine Familie, an Freunde, las Ratgeber über Kindererziehung, um Hilfe zu bekommen. Der euphorische Glanz der Mutterschaft verblaßte, als man mir sagte, daß ich meine Tochter überfüttere, ihr nicht genug zu essen gebe, sie kein Bäuerchen machen ließe und sie dann wieder zu lange mit mir herumtrage. Pflichtbewußt fütterte ich sie weniger oder mehr, klopfte ihr auf den Rücken und dann wieder nicht. Jeden Tag waren wir beide völlig erschöpft und am Ende...

So kann es nicht immer gewesen sein. Als der Neandertalmann zum erstenmal liebevoll seinen Arm um die Neandertalfrau legte und sie beide entzückt ihr kleines, haariges Bündel betrachteten, muß es wohl der Instinkt gewesen sein, der Mrs. Neandertal veranlaßte, das kleine Bündel aufzunehmen und an die Brust zu legen...»

*Markwell, in: Practical Parenting, Juni 1988*

Ratschläge für die Kindererziehung zu geben und anzunehmen scheint in der modernen Mutterschaft an der Tagesordnung zu sein. Junge Eltern, die nach der besten Erziehungsmethode für ihre Kinder suchen, verlassen sich weniger auf eigene Erfahrungen oder auf den Instinkt. Da wir heute so viele Ratschläge von Fachleuten erhalten, haben wir das Vertrauen in uns einfach verloren. Eine Mutter in einem primitiven Stamm wäre reichlich überrascht, wenn man ihr empfehlen würde, in einem Buch über Kindererziehung nachzuschlagen.

Die Frauen in dem zurückgezogen lebenden Stamm der Yequana-Indianer in Venezuela beispielsweise leben ganz nach ihrem

Instinkt. Sie brauchen keinen Dr. Spock oder irgendeinen anderen Ratgeber, der ihnen ihr Verhalten vorschreibt. Jean Liedloff beschrieb ihren Besuch in der bergigen Heimat der Yequana-Indianer so:

> «Ich würde mich schämen, den Indianern gegenüber zuzugeben, daß dort, wo ich herkomme, die Frauen sich nicht imstande fühlen, ihre Kinder großzuziehen, bevor sie nicht ein Buch mit den von einem fremden Mann geschriebenen Anleitungen dazu gelesen haben.»
> *Liedloff*, Auf der Suche nach dem verlorenen Glück

Die Frauen in der urbanen Gesellschaft lesen schon seit vielen Jahren von Männern geschriebene Anleitungen. Aber auch bei uns gab es Zeiten, in denen die Männer sich überhaupt nicht mit Dingen wie Geburt und Erziehung befaßten. In vielen primitiven Kulturen ist das immer noch der Fall. Dort ziehen sich die Frauen schon während der Wehen in bestimmte Bereiche zurück und manchmal auch anschließend noch für einen bestimmten Zeitraum.

Im Altertum betrachtete man die Geburt als einen Prozeß, der natürlich und spontan ablief, ohne daß der Mensch eingreifen mußte. Die Frauen waren die Hüter der Geheimnisse der Kinderpflege. Selbst in den hochzivilisierten Kulturen der Römer und Griechen hielten sich männliche Mediziner von traditionell «weiblichen» Themen fern:

> «Die Ärzte, die im gesamten Altertum bis auf wenige Ausnahmen immer Männer waren, befaßten sich nur mit *Krankheiten*. Normale weibliche Funktionen wie Geburt, Stillen, Wechseljahre waren Sache der Frauen – der Hebammen und Ammen. Daher gibt es nur wenige Aufzeichnungen von den normalen Prozessen und Reaktionen.»
> *Lefkowitz und Fant*, Women's Life in Greece and Rome

Als die Ärzte sich zum erstenmal mit der Kinderpflege befaßten, beschrieben sie in erster Linie das, was geschah, statt Vorschriften zu machen. Dr. John Ticker Conquest zeichnete seine Beobachtungen auf und erklärte 1848, daß «der Busen der Mutter das natürliche Kissen für ihre Kinder ist»[1]. Das Baby schlief im Bett der Mutter.

Aber die Beobachtungen wandelten sich zu Empfehlungen. Die Ärzte nahmen, was Stillen und Schlafenszeit betraf, bald einen autoritären Standpunkt ein. Zu Anfang schlugen sie vor, daß das Baby etwa neun Monate lang bei der Mutter schlafen solle, dann verringerten sie die Zahl auf ein paar Monate und reduzierten sie schließlich auf sechs oder acht Wochen.[2] Mrs. Isabella Beeton, Verfasserin eines berühmten Kochbuchs, war der Meinung, daß künstliche Milch für das Baby nahrhafter als Muttermilch sei.[3]

Christina Hardyment bemerkt, daß «die Schlafenszeit jetzt dazu diente, zu zeigen, wer der Boss war». Es gab eine neue Hierarchie: Die Erziehungsberater, die der Mutter erklärten, was für sie das beste sei, und die Mutter, die dem Kind erklärte, was seinem Wohl diene. Die Hebamme Chloe Fisher, die in Oxford arbeitet und die sich mit Ursprung und Entwicklung ihres Berufs befaßt hat, sagt, daß die Rolle des Fachmanns sich mit der Ausdehnung des britischen Reichs weiterentwickelt habe:

> «Um die Jahrhundertwende kümmerte man sich vor allem um die hohe Säuglingssterblichkeit. Von eintausend Säuglingen starben damals etwa 160. Weniger als eine Sorge um die mütterlichen Gefühle war es jedoch die Sorge um die englische Rasse, die schließlich ein Großreich bevölkern sollte. Man hatte die künstliche Kindernahrung als eine der Hauptursachen für die Sterblichkeitsrate erkannt, und dies führte zu den vielen ‹Ernährungsexperten›, die alles über Kuhmilch wußten und erklärten, wie man diese an Babys verfütterte. Diese ‹Experten› hatten großen Einfluß auf das Stillen.»
> *Fisher*, in: Oxford Medical School Gazette, *Sommersemester 1982*

Der Einfluß des Staates auf die Privatsphäre der Menschen nahm immer mehr zu. Die normale Bevölkerung brauchte mehr Beratung als je zuvor, denn immer mehr Menschen zogen in die Städte, wo sie in immer größerer Isolation lebten. Die Mittelklasse baute Vororte, in denen die private Abgeschiedenheit der neuen Villen an erster Stelle stand. Man beschäftigte Kinderfrauen, die die Erziehung der Kinder «ordentlich» handhabten.

Die arme Bevölkerung lebte in dunklen und schmutzigen Wohnungen, in denen sie leicht zum Opfer von Ungeziefer und anderen Krankheitsträgern wurde. Die Armut zwang die Mütter oft dazu, ebenfalls arbeiten zu gehen, und die Väter machten Überstunden. Viele Menschen, die keine Arbeit finden konnten, fristeten ihr Dasein als Diebe und Bettler, für manche die einzige Möglichkeit, über die Runden zu kommen.

Die künstliche Milch für Säuglinge bestand manchmal nur aus einer schwachen Mischung aus Mehl und Wasser oder auch aus Kuhmilch, die mit Wasser verdünnt wurde. Die Werbung für Flaschennahrung beeinflußte die Mütter genauso stark wie die Ratschläge der Ärzte. Von Ernährung und Krankheiten hatte man so gut wie keine Ahnung. Die Kinder in Großbritannien, die unterernährt waren und im Schmutz lebten, wurden krank und starben. Sie waren keineswegs dazu geeignet, für das «Great British Empire» zu kämpfen.

Unter Fachleuten herrschte die Meinung vor, daß man die Mütter lehren müsse, wie sie ihre Babys ernähren und handhaben sollten. Wenn die Frauen dazu gebracht werden konnten, effizienter, sauberer und disziplinierter zu sein, würde die hohe Säuglingssterblichkeit schon abnehmen. Es gab kein soziales Netz, das die Armut erleichterte, keine Pläne zur Straßenreinigung oder die Absicht, in den Toiletten für hygienische Verhältnisse zu sorgen. Die Verantwortung für die Zukunft der Kinder lag völlig bei den Müttern. Ihre Aufgabe war es, die Kinder großzuziehen.

Neugeborene, die keine Kontrolle über sich hatten und sich nur durch ihr durchdringendes Geschrei ausdrücken konnten, mußten so früh wie möglich zu Disziplin und britischer «Coolness» erzogen werden. *Baby*, eine der ersten Zeitschriften für die Kindererziehung, die in Großbritannien erschien, gab im Jahr 1887 diesen Ratschlag:

> «Die Erziehung kann und sollte gleich nach der Geburt beginnen. Die Sinne können gleich von Anfang an trainiert werden, und vererbte Schlechtigkeiten wie Wutanfälle usw. sollten beachtet und ausgeschaltet werden, sobald man sie wahrnimmt.»

Die von Ada Ballin herausgegebene Zeitschrift war ein Ausdrucksmittel für die wichtigsten Autoritäten im Bereich der Medizin, Hygiene und Erziehung. Sie war für Mütter gedacht und für «jene, die mit der Kindererziehung zu tun haben». Regelmäßig erschienen Artikel über «mütterliche Unkenntnis», «vernünftige Kleidung» und «Kinderernährung, Schwäche und Sterblichkeit». Man war der Meinung, daß eine neue Rasse von tapferen Männern und anmutigen, glücklichen Müttern geschaffen werden könne, wenn man die Kinder nur von Anfang an richtig erzog.

Mabel Liddiard, deren *Motherkraft Manual* zu Beginn der zwanziger Jahre bereits zwölf Auflagen erreicht hatte, wirft ein Licht auf die Überlegungen, die hinter dieser frühen Disziplinierung standen. Britische Babys waren die zukünftigen Angehörigen der Oberklasse.

«Das britische Baby unterscheidet sich von dem Säugetier oder dem Kind des unzivilisierten Wilden dadurch, daß die Zeiten für die Nahrungsaufnahme, fürs Schlafen, für die Freizeit und für die Arbeit in seiner Kindheit und Jugend durch die sozialen Umstände festgelegt werden.»

Man bevorzugte wissenschaftliche Methoden und analysierte in vielen Untersuchungen, was gut für ein Baby sei. Es wurden Strategien und Methoden entwickelt, mit denen man den Feind (das Kind) überraschen konnte. Es wurde ein Krieg ausgefochten. Die Mütter befanden sich auf einem Kreuzzug, auf dem es galt, die wilde, unzivilisierte Natur des Kindes zu zähmen.

Zwei oder drei Generationen von Müttern, einschließlich Krankenschwestern, Hebammen und Gemeindeschwestern, waren in dem Glauben groß geworden, daß man Babys so früh wie möglich an die Zivilisation gewöhnen solle. Heute mag sich die Kindererziehung der Mode angepaßt und verändert haben, aber der Glaube, daß die frühzeitige Erziehung des Säuglings die Grundlage bilde, ist auch heute noch das Fundament der mütterlichen Erziehung.

Dazu zählen sicherlich auch all die Vorschriften und guten Ratschläge für das abendliche Ritual vor dem Schlafengehen. Wenn man jedoch alte Ratgeber für Mütter durchsieht, stößt man nirgendwo auf ein Kapitel, das sich mit Schlafproblemen befaßt. Für die Autoren der viktorianischen Zeit gab es bei konsequenter Anwendung ihrer Methoden einfach keine Schwierigkeiten. Man ging davon aus, daß die Launen eines schreienden Kindes gezügelt werden würden, wenn die Eltern nur stark genug waren:

«Es ist keineswegs richtig, jede Lautäußerung des Kindes als Hilferuf zu verstehen und ihm etwas zu essen oder zu trinken zu geben und so auf der Stelle seine vermeintlichen Wünsche zu befriedigen. Durch eine derart unvernünftige Haltung werden Kinder leicht dazu verführt, zu unpassenden Zeiten und ohne Notwendigkeit nach

Nahrung zu verlangen. Dies hat nachteilige Auswirkungen auf ihre
Verdauung. Daher werden bereits in diesem frühen Alter die Körperflüssigkeiten langsam verdorben...
Wir lernen aus der täglichen Erfahrung, daß Kinder, denen am wenigsten nachgegeben wird, viel besser gedeihen, ihre Anlagen schneller entfalten und größere Muskelkraft und Geistesstärke erreichen als jene Kinder, die ständig verwöhnt werden und von ihren Eltern immer Aufmerksamkeit erhalten: körperliche Schwäche und Schwachsinn sind die Folgen dieser Nachlässigkeit.»

Enquire Within Upon Everything, 1882

Selbst für Neugeborene sollte Abstinenz charakterbildend sein. Die Vorstellung, daß Schreien einem Baby guttue, geht auf diese alten Lehrbücher zurück, in denen die Physiologen zu dem Schluß kamen, daß das Geschrei dem Baby irgendwie nützen müsse, denn schließlich weine das Kind ja nicht grundlos so viel:

«Babygeschrei, das eigentlich eine Muskelübung ist, sollte nicht gefürchtet werden, denn seine Auswirkungen sind sehr wohltuend. Kränkliche und schwache Kinder schreien recht viel; wenn dies nicht so wäre, würden sie mit Sicherheit nicht lange leben. Die allererste Handlung eines Neugeborenen nach der Geburt besteht darin, zu schreien, und viele behalten diese Praxis im Durchschnitt vier bis fünf Stunden pro Tag während der ersten Lebensjahre bei. Es wäre unsinnig anzunehmen, daß dieses Weinen auf Schmerzempfindungen zurückginge. Dies wäre eine Anomalie in dem wohlwollenden Arbeitsplan der Schöpfung und eine unverdiente Schmerzenslast für die kleinen, unschuldigen Geschöpfe. Natürlich ist das nicht der Fall. Sie weinen, weil es ihnen an körperlicher Bewegung mangelt; es ist eine Übung für sie.»

Samuel Smiles, Physical Education, 1838

Die Eltern des 18. Jahrhunderts hatten noch «das Babygeschrei auf die Ursünde zurückführen können»[4]. Nun, im 19. Jahrhundert, betrachtete man das Weinen als gute und natürliche Übung für das Kind. Babys konnten ruhig stundenlang schreien, denn das war Teil ihres Trainingsprogramms.

Die Vorstellung, daß ein schreiendes Kind seine Lungen kräftige, stammt zwar aus dem 19. Jahrhundert, aber sie ist auch heute noch weit verbreitet. Der erste Schrei des Neugeborenen wird von der

Mutter, dem Arzt und der Hebamme immer noch voller Bewunderung registriert. «Was für ein kräftiges Paar Lungen!» heißt es dann, während das Baby versucht, seine Qual mitzuteilen.

Die Zeitschrift *Baby*, jener erste Ratgeber für die Mutter, verbreitete eigene Vorstellungen darüber, wie der ungestörte Schlaf des Säuglings auszusehen habe:

> «Schlaf ist für das Kind von noch größerer Bedeutung als für den Erwachsenen. Es wird natürlicher und gesünder schlafen, wenn es nicht gewiegt wird. Wenn man es von Anfang an daran gewöhnt, zu einer festen Zeit in einem ruhigen, verdunkelten und gutgelüfteten Raum ins Bett gelegt zu werden, wird das Baby sich daran gewöhnen, allein einzuschlafen, und wird nichts anderes kennen. Man sollte nachts kein Licht brennen lassen, denn dies würde die Luft verpesten, und das Kind könnte nicht so tief und fest wie im Dunkeln schlafen.»

Routine, frische Luft und so wenig Körperkontakt zum Kind wie möglich lautete die Vorschrift in der spätviktorianischen Zeit. Es klingt ein wenig altmodisch, aber nicht absurd, denn auch heute noch hört man ähnliche Ratschläge von Fachleuten. Die folgende Bemerkung würde man jedoch bei der Beschreibung des abendlichen Rituals in dieser Zeitschrift nicht erwarten: «Während der ersten Lebenswochen wird die Körperwärme des Kindes aufrechterhalten, indem es bei der Mutter schläft...»

Hier finden wir die letzten Überreste des Brauchs, gemeinsam in einem Bett zu schlafen. Der Verfasser gibt zu, daß das elterliche Bett der richtige und normale Platz für das Neugeborene ist. Aber nach einiger Zeit muß die Praxis aufgegeben werden: «... keinesfalls sollte ein älteres Kind zwischen den Eltern schlafen, denn dann würde es die Ausdünstungen ihrer Körper einatmen.»

In den achtziger Jahren des 19. Jahrhunderts kam zu der Befürchtung, das Baby könne ersticken oder verwöhnt werden, noch die Überlegung, daß es unhygienisch sei, gemeinsam in einem Bett zu schlafen. Die Ärzte wußten, daß Krankheiten durch Körperkontakt übertragen wurden. Es wurde zwar nichts zur Verbesserung der sanitären Einrichtungen in den Innenstädten unternommen, aber man versuchte, zu engen Körperkontakt zu Hause zu unterbinden.

In den Jahren 1909 bis 1913 führte die Frauengruppe der Fabianer eine faszinierende Untersuchung der armen Londoner Bevölkerung durch (dabei handelte es sich jedoch nicht um die Allerärmsten). Die Untersuchung sollte die Frage beantworten, wie die Frau eines Arbeiters ihre Familie mit zwanzig Shilling pro Woche ernähren konnte.

Die Schlafstörungen waren für die wohlmeinenden, freiwilligen Helferinnen von besonderer Bedeutung, als sie sich mit mehr als sechzig winzigen Wohnungen in Lambeth befaßten. Mit Schrecken sahen sie, daß die Babys im Bett ihrer Eltern schliefen. In jenen Tagen, als Gemeindeschwestern noch unbekannt waren, war es das Ziel dieser Frauen, die Zustände nicht nur zu beschreiben, sondern auch zu beeinflussen:

«...irgendeine Art Kinderbettchen gab es immer für das Baby. Leider ist dies nicht überall so. Hier wurde nun darauf geachtet, weil in der Untersuchung darauf bestanden wurde, daß das Neugeborene in einem eigenen Bettchen schlief. Sonst hätte es im Familienbett schlafen müssen.»

*Reeves*, Round About a Pound a Week

Man drängte die ärmeren Bevölkerungsklassen, denen es an Raum und Möbeln fehlte, die Babys in Bananen- oder Apfelsinenkisten schlafen zu lassen. «Im Winter», schrieb Maud Pember Reeves, die Verfasserin des Reports, «fällt es den Müttern schwer zu glauben, daß es ein Neugeborenes in einem eigenen Bettchen warm genug hat, und wenn man die Baumwollbettdecken sieht, die etwa 75 cm lang sind und die alles sind, was in ihren kühnsten Träumen existiert, kann man ihren Unglauben verstehen.»

Wissenschaftler bestätigen heute die Befürchtungen der armen Frauen Londons: Ein Baby, das allein in seinem Bettchen schläft, hat keine so hohe Körpertemperatur wie dann, wenn es mit seinen Eltern in einem Bett schläft.[5] Aber die Mütter nahmen die Ratschläge dieser vierjährigen Untersuchung und anderer, die sich mit Ernährungsfragen und Hygiene befaßten, dankbar an. Bald ging die ganze Nation, arm und reich, dazu über, den Babys ein eigenes Bett zuzugestehen.

Zwischen 1915 und 1935 meldeten sich auch die Verhaltenspsychologen zu Wort. Sie waren der Meinung, daß man bereits Neugeborene zu sozialem Verhalten erziehen könne. Die Eltern vertrauten sich einem eindrucksvollen Kreis von Erziehungsexperten an, zu denen auch der führende amerikanische Behaviorist John B. Watson zählte. 1928 schrieb er:

«Es gibt einen vernünftigen Weg für die Behandlung von Kindern. Man behandle sie, als ob sie junge Erwachsene seien. Kleiden und baden Sie sie vorsichtig und behutsam. Ihr Verhalten sollte immer objektiv und auf freundliche Art bestimmt sein. Drücken und küssen Sie ein Kind niemals, und nehmen Sie es nie auf den Schoß. Falls es sich nicht umgehen läßt, sollten Sie das Kind einmal auf die Stirn küssen, bevor es zu Bett geht. Schütteln Sie ihm morgens die Hand. Streicheln Sie ihm einmal über den Kopf, wenn es eine schwierige Aufgabe besonders gut erledigt hat. Versuchen Sie es einmal mit diesen Ratschlägen. Innerhalb einer Woche werden Sie feststellen, wie leicht es ist, einem Kind gegenüber völlig objektiv zu sein und es gleichzeitig freundlich zu behandeln. Sie werden sich ihrer rührseligen und sentimentalen Art in der Vergangenheit sicherlich schämen.»

Psychological Care of Infant and Child

Es ist offensichtlich, warum Eltern dieses System nicht aufrechterhalten konnten: sie handelten gegen die eigenen Gefühle und bekämpften die natürlichen Eigenschaften ihrer Kinder. Der Behaviorismus war schnell wieder aus der Mode, aber sein bitterer Nachgeschmack ist noch in heutigen Ratgebern zu spüren. 1935 konnte man im *Motherhood Book* nachlesen, daß es nicht ratsam sei, ein Baby aus seinem Zimmer ins elterliche Schlafzimmer oder ein anderes Zimmer zu holen: «Von Anfang an sollte man Säuglinge an einen regelmäßigen Schlafrhythmus gewöhnen und sie nachts keinesfalls zu einer Mahlzeit wecken... Das Baby sollte von Geburt an sein eigenes Zimmer haben und abends nie ins Wohnzimmer geholt werden.»

Die abendliche Routine war wichtiger Bestandteil des mütterlichen Arbeitstages. Je strenger und regelmäßiger das Muster aussah, desto besser erfüllte die Mutter ihre Pflicht. In den dreißiger Jahren wurde in den gebräuchlichen Nachschlagewerken darauf hingewiesen, daß auch das Neugeborene nicht bei den Eltern schlafen solle. Das Kinderbett war fester Bestandteil des Lebens geworden:

«Nach dem Baden wird das Baby gefüttert und ins Bett gebracht. Von Anfang an sollte es in einem eigenen Bett schlafen, denn es ist gefährlich und unhygienisch, bei der Mutter oder der Amme zu schlafen. Es sollte auf einer festen Roßhaarmatratze liegen.»

The Concise Household Encyclopaedia

Die übereifrigen und gefühllosen Handbücher für die Kindererziehung wurden bis dahin nur von einem kleinen Teil der Bevölkerung gelesen. Zweifellos mochten viele Mütter den dogmatischen Stil und die teilnahmslosen Berichte nicht, die beschrieben, wie sich das perfekte Baby zu verhalten hätte. Einige Jahre später wurden Handbücher zur Kindererziehung jedoch so modern wie Nylonstrümpfe, als Dr. Benjamin Spock 1946 in den USA sein Buch zur Säuglings- und Kinderpflege veröffentlichte.

Anders als bei den meisten Autoren waren seine Ratschläge etwas gefühlvoller, und er gab zu, daß es für Mütter und Babys bei dem üblichen Erziehungsprogramm für Säuglinge Probleme gab. Die Neuausgabe von 1985, die unter Mitwirkung von Dr. Michael Rothenberg entstand, wird mit Recht als «größter Bestseller dieses Jahrhunderts» bezeichnet. Über dreißig Millionen Bücher wurden bisher weltweit verkauft, und das Werk wird immer noch regelmäßig überarbeitet.

Dr. Spock war beliebt, weil die Eltern bei seinen Ratschlägen – zumindest in einem gewissen Rahmen – auf ihre Kinder hören und viele ihrer Bedürfnisse erfüllen durften. Dennoch wurde er wegen seiner Ansichten von einigen Politikern angegriffen, und Kritiker bezeichneten ihn als «zu liberal». Dr. Spock glaubt jedoch keinesfalls an die sofortige Befriedigung aller Bedürfnisse. Er bezeichnet Babys bisweilen als Tyrannen und ist wie die früheren Behavioristen der Meinung, daß das Baby sich in den Schlaf weinen und keinesfalls von den Eltern mit in ihr Bett genommen werden sollte. Daß seine Ratschläge von politischen Kreisen genau überprüft wurden, ist verständlich: Wenn mehr als dreißig Millionen Mütter sich nach den Ratschlägen eines Mannes richten, bleibt dies nicht ohne Auswirkungen auf Generationen von Kindern.

Es ist bezeichnend, daß Spocks Ratschläge für junge Eltern den Politikern zu liberal erschienen. Als ich den folgenden Abschnitt über «anhaltenden Widerstand gegen das Schlafengehen» las, hätte ich am liebsten geweint:

«Man sollte es einem Baby nicht durchgehen lassen, jeden Abend eine solche Vorstellung zu geben. Die Erwachsenen wissen das und wissen doch nicht, was sie dagegen tun sollen. Und selbst das Baby, darf man wohl annehmen, hat irgendwie das Gefühl, daß man ihm solche Tyrannei nicht durchgehen lassen dürfte.
Sobald die Eltern sich nur einmal klargemacht haben, daß dieser Zustand für das Baby ebenso schädlich ist wie für sie selbst, ist es im Grunde gar nicht schwer, ihn zu ändern. Die Kur ist einfach: Man bringe das Baby zu einer vernünftigen Zeit ins Bett, sage liebevoll, aber bestimmt ‹Gute Nacht›, verlasse das Zimmer und gehe nicht wieder zurück. Die meisten Babys, die ihre armen Eltern in der so beschriebenen Weise tyrannisiert haben, werden am ersten Abend zwanzig bis dreißig Minuten lang wütend brüllen. Wenn sie aber merken, daß sie damit nichts erreichen, schlafen sie ein. Am zweiten Abend werden sie nur noch zehn Minuten brüllen, in der dritten Nacht haben sie sich bereits daran gewöhnt.»

*Spock und Rothenberg*, Säuglings- und Kinderpflege

Sie haben sich daran gewöhnt, und sie haben keinen Hoffnungsschimmer mehr. ‹Mission beendet›, wie der andere Spock mit den langen Ohren vom Raumschiff Enterprise sagen würde.

Dr. Spock rät, den Küchenwecker zu stellen, um verzweifelte Eltern, die der Meinung sind, ihr Kind habe bereits seit Stunden geschrien, zu beruhigen. Man kann das gefürchtete Gebrüll auch mit einem dicken Teppich im Kinderzimmer und einer Decke vor dem Fenster dämpfen, und noch ein letzter Ratschlag: Man entschuldige sich am besten im voraus bei «lärmempfindlichen Nachbarn».

Heutzutage sind Nachbarn jedoch meistens nicht so lärmempfindlich. Schließlich schreien alle Kinder nachts. Es gilt als «normales» Verhalten, und Freunde werden schon Verständnis zeigen, wenn man erklärt, man befolge die Ratschläge von Dr. Benjamin Spock.

Heute schelten die Experten in Erziehungsfragen nicht mehr mit den Müttern oder schütten wichtigtuerisch Perlen der Weisheit vor ihnen aus. Seit der Veröffentlichung von Spocks Buch wurden auch andere Bücher liberaler und informierter und verkauften sich damit ebenfalls gut. In Frankreich überarbeitet die bekannte Kinderärztin Laurance Pernoud ihr Buch *J'élève mon Enfant* jedes

Jahr neu. Sie schreibt, daß das nächtliche Drama mit dem Kind, das sich weigert, ins Bett zu gehen, in fünfzig Prozent der französischen Familien ein bekanntes Phänomen ist. Ihre Lösung sieht so aus:

> «Sollte man zur Kinderzimmertür schielen, wenn das Kind aufsteht und zu den Eltern ins Wohnzimmer kommen will? Nein... es ist besser, die leicht geöffnete Zimmertür mit einem Möbelstück zu versperren, so daß das Kind sie nicht weiter öffnen kann.»

Die viktorianischen Grenzen bestehen noch immer, auch wenn wir unsere Kinder nicht mit Wasser und Brot ins Bett schicken und den Schlüssel der Kinderzimmertür umdrehen. Das Ziel all dieser Methoden ist, das Baby aus unserem Gesichtsfeld ins Bett zu verbannen und, wenn möglich, auch außer Hörweite. Das *Good Housekeeping's Baby Book*, das von den vierziger bis in die siebziger Jahre hinein populär war, empfiehlt folgendes:

> «Manche Kinder, die in den frühen Morgenstunden aufwachen, sind zufrieden damit, still in ihrem Bett zu liegen und vor sich hinzugurgeln. Es besteht keine Notwendigkeit, an ihr Bett zu gehen. Ganz im Gegenteil – es wäre eine große Dummheit seitens der Eltern. Wenn Sie sich Sorgen machen, daß es dem Baby zu kalt ist, legen Sie es in einen Schlafsack, und wenn es mit seinem Bettchen schaukelt, sollten Sie es auspolstern und das rhythmische Geräusch als eine Art primitives Wiegenlied akzeptieren.»
>
> *Vosper*, Good Housekeeping's Baby Book

Irgendwie erinnert das Ganze an eine Anstalt für Geisteskranke. Der Patient wird ans Bett gefesselt oder in eine Gummizelle gesperrt, damit die Pfleger nicht gestört werden, wenn der Patient mit dem Kopf gegen die Wand läuft, weil man ihn sich selbst überläßt und seinen Protest ignoriert. «Sie kennen Ihr Kind am besten», sagt die Oberschwester, «und müssen selbst entscheiden, wann Sie es allein lassen können.» Man fragt sich, wer am nächsten Morgen in besserer Verfassung ist: die Mutter, die im ehelichen Bett versucht hat, ihre «dummen» Gefühle zu unterdrücken, oder das Kind, das einsam in seinem Zimmer liegt.

Jane Vosper, die «Oberschwester» des *Good Housekeeping's*, nahm in den sechziger und siebziger Jahren nur die Empfehlungen der Ärzte auf, als sie dazu riet, dem Baby nötigenfalls ein Schlafmittel zu geben. Babys, die nicht schlafen wollten, mit Medikamenten zu behandeln, war damals in Europa gängige Praxis:

«Am liebsten würde ich eine Nachtschwester auf Rezept verschreiben, die sich in den frühen Morgenstunden um das Baby kümmert, solange diese lästige Phase andauert. Manche Eltern wechseln sich auch bei dieser nächtlichen Pflicht ab... Aber wenn eine erschöpfte Mutter sich allein um das Kind kümmern muß, kann man ihm ab und zu für eine Woche ein Schlafmittel geben, damit sie sich wieder erholen kann.»

Die Vorstellung, es sei vernünftig, einem Baby solche Medikamente zu geben, hat sich auch unter den Eltern verbreitet. Auf dem Waschzettel, der dem Medikament beiliegt, fehlt jedoch der Hinweis, daß das Schlafmittel das Baby um den wichtigen REM-Schlaf bringt, der für Wachstum, Erinnerungsvermögen und Lernen nötig ist:

«...von den Eltern, die in einer 1980 veröffentlichten Untersuchung befragt wurden, erklärten 45 Prozent, daß sie die Ratschläge von Ärzten und Beratern im Gesundheitsamt in bezug auf die Probleme mit schlaflosen Kindern als wenig hilfreich empfanden. Es ist bedeutsam, daß eine andere Studie, die 1977 veröffentlicht wurde, deutlich machte, daß eine Gruppe von Erstgeborenen bis zum Alter von 18 Monaten bereits Schlafmittel erhalten hatte. Inoffiziell geben verzweifelte Mütter ihren Kindern Hustensaft, um sie ruhigzustellen.»

*Conder*, in: Midwife, HV and Community Nurse, *April 1988*

In den achtziger Jahren wurden die Kinder dann eher mechanisch als mit chemischen Mitteln kontrolliert. Es ging darum, welche technischen Spielereien man anstelle der Schlafmittel verwenden konnte. Der Schreibstil der Verfasser von Ratgebern ist oft karikierend und rauh, aber herzlich. Sie wollen den Kindern kein körperliches Leid zufügen, schreiben aber humorvoll so, als ob sie es tun wollten. Auch die Kinderärzte geben zu, daß sie nicht auf alle Fragen eine Antwort parat haben.

Dr. Christopher Green, ein Kinderarzt aus Australien, rät, den Griff der Kinderzimmertür festzubinden. Ich zitiere (da man es mir vielleicht sonst nicht glaubt): «Die Öffnung sollte etwa zwei bis drei Zentimeter weniger breit sein, als der Durchmesser des kindlichen Kopfes.»[6]

In seinem Buch über die Kindererziehung mit dem «witzigen» Titel *Toddler Taming* (Die Zähmung des Kleinkindes) verfolgt Dr. Green ein strikte Linie. Ein langes Kapitel befaßt sich mit Schlafproblemen und verspricht «endlich ein Heilmittel», aber letztendlich hilft auch Dr. Greens «Technik des kontrollierten Geschreis» nicht weiter. Das gibt er sogar selber zu, indem er schreibt, daß Eltern, «die keinen Ausweg mehr wissen», dem Kind mit einem Seil vor der Tür den Weg versperren sollen...

> «Eltern, die sich nicht überwinden können, ihrem Kind einen Klaps zu geben, aber keinen Ausweg mehr wissen, empfehle ich den ‹patenten Seiltrick›. Es handelt sich um eine meiner besseren Erfindungen, die auf dem Zeichenbrett entstand, als ich versuchte, die Entfesselungskünste meiner eigenen Kinder einzuschränken.»

Bücher über Kindererziehung mögen eine relativ neue Erfindung sein, aber Babys wurden immer nach der einen oder anderen Vorschrift großgezogen. Ich fragte die Historikern Diana Dick, die sich mit Erziehungsfragen beschäftigt, ob Eltern heute dogmatischer seien. «Nein», erklärte sie, «in jedem Jahrhundert gab es Menschen, die fest darauf bestanden, daß man es *so* und nicht anders machen solle.» Natürlich wird es immer wieder Menschen geben, die sich weigern, vorgegebene Theorien zu akzeptieren, die sich nicht von vorherrschenden Trends leiten lassen. Eine solche Autorität war Margaret Ribble, Verfasserin des Buches *Rights of Infants*, das 1943 erschien. Obwohl sie heute relativ unbekannt ist, hatte sie damals eine recht große Anhängerschaft, denn es gab innerhalb von zwei Jahren sechs Neuauflagen des Buches. Christina Hardyment faßt die Ansichten dieser erstaunlichen Frau zusammen:

> «Ribbles Ideen waren ihrer Zeit um vieles voraus, obwohl ihre Standpunkte bisweilen eigentümlich waren... Sie war der Meinung, daß es ideal sei, wenn das Baby nach der Geburt bei der Mutter bliebe und nicht ins Babyzimmer auf der Station gebracht würde. Ihre Auffassung basierte auf der schon damals bekannten Tatsache, daß eine zu geringe Sauerstoffzufuhr während der Geburt beim Kind zu Gehirnschädigungen führen kann. Diesen Grundsatz dehnte sie auf die ersten Lebensmonate aus und behauptete, daß vom Körper der Mutter Reize ausgingen, die das Baby stimulieren, so schnell einwie auszuatmen... Die Babys blieben im Bett der Mutter, damit ihre

Sauerstoffaufnahme erhöht würde. Sie lachte über ‹den alten Glauben, der noch immer vorhanden ist, daß Babys, die bei ihrer Mutter schlafen, Gefahr laufen, erdrückt zu werden›. Sie erkannte, daß das Gegenteil der Fall war: ‹Da der Kontakt und die Wärme eines anderen menschlichen Körpers eher ein Schutz ist denn eine Gefahr, schläft das Baby an der Seite seiner Mutter sicherer als in der reizfreien Atmosphäre des Kinderzimmers.»

*Hardyment*, Dream Babies

Die Idee, Mutter und Kind in einem Bett schlafen zu lassen, könnte sicherlich bei Frühgeborenen von Nutzen sein, um ihre Sauerstoffzufuhr zu erhöhen. Tatsächlich wird diese Hypothese zur Zeit in Forschungsprojekten in Stockholm, London und San Francisco untersucht.[7]

Die Mehrzahl der Ärzte lehnten Margaret Ribbles Ideen jedoch ab, und ihr Ruf nach längerer Stillzeit, körperlichem Kontakt und die Forderung, das Baby nachts mit in das elterliche Bett zu nehmen, verhallte größtenteils ungehört. Statt dessen hörte man immer wieder den Rat, das Kind solle in sein eigenes Bett gelegt und der nächtlichen Mahlzeit sobald wie möglich entwöhnt werden.

Auch moderne Lehrbücher betonen immer noch den Kampf zwischen Mutter und Baby, um das Kind so früh wie möglich zu «sozialem Verhalten» zu erziehen. So schreiben beispielsweise ein Erziehungsberater und ein Kinderarzt in einer kostenlosen Broschüre, die von einem Hersteller für Wegwerfwindeln gesponsort wird, daß man ein Baby nachts ruhig schreien lassen solle:

«Das Baby schreit möglicherweise länger und lauter als zuvor, aber diese scheinbare Verschlechterung der Situation ist die letzte Hürde, die genommen werden muß, bevor der Kampf um ruhige Nächte gewonnen ist und eine deutliche Besserung eintritt.»

*Dick und Pritchard*, Pampers First Years of Life, *1987*

Aus der Sicht der Fachleute fechten Mutter und Kind einen Kampf aus. Das Zeichen des Sieges ist die Stille. Briefkastentanten bestärken dieses Bild, indem sie den Säugling als «König Baby» darstellen, der «das Leben der Erwachsenen fest im Griff hat». «Nehmen wir einmal an», heißt es in einer Ausgabe von *Woman's Own*, «Sie haben einen kleinen Diktator, der nicht schlafen will...»

Betrachtet man das Baby als Tyrannen, König oder Diktator, so wird die Mutter sicherlich zum Angiff übergehen. Die Fachleute raten ihr, den Kampf mit diesem mächtigen Individuum aufzunehmen, bevor es ihr Leben ruiniert. Niemand käme auf die Idee, daß Mutter und Kind eigentlich auf derselben Seite stehen.

Eine Reaktion auf diese Härte war, daß einige Fachleute rieten, dem Kind ganz seinen Willen zu lassen. Aber diese sogenannte «permissive» Erziehung, bei der die Bedürfnisse des Kindes absoluten Vorrang vor denen der Mutter haben, kann ebenso Uneinigkeit stiften wie der Aufruf zum Kampf. Die Eltern können den Wünschen ihres Kindes nicht mehr zuvorkommen, weil seine Launen ihnen Befehl sind.

Genau wie der Behaviorismus in den zwanziger Jahren wurde die permissive Methode bei den Eltern schließlich unpopulär. Die Mütter bekamen Schuldgefühle, was niemandem nutzte. Die Eltern wollten nicht den ganzen Tag nach der Pfeife ihres Kindes tanzen und lehnten die Vorstellungen bestimmter Theoretiker ab, die das Kind absolut in den Mittelpunkt stellten. Autoren wie Libby Purves stellten Gleichgewicht und Vertrauen wieder her:

> «Dieser Leitfaden erklärt, wie normale, fehlbare Mütter den Alltag *wirklich* bewältigen können. Es gibt zahlreiche Handbücher über den Umgang mit Babys. Manche sind ausgezeichnet, andere erwecken den Eindruck, ein Baby zu baden wäre so kompliziert, wie den Motor eines Kampfflugzeugs auseinanderzunehmen. In der Tonart wirken sie alle perfektionistisch. Dieses Buch ist *nicht* perfektionistisch, und was die Tendenz betrifft, sich alles ein bißchen leichter zu machen, verspüre ich keinerlei Schuldgefühle.»
>
> *Purves*, Die Kunst, (k)eine perfekte Mutter zu sein

Aber es gibt immer noch Eltern, die sich zwischen den eigenen Bedürfnissen und denen ihrer Kinder hin- und hergerissen fühlen. Die Eheberaterin Penny Mansfield sieht es so: «Wir befinden uns in einer Zwickmühle. Wie stark sollen wir uns als Eltern einbringen, und wo stehen wir selbst und unsere Partner? Heute scheinen die Kinder nicht mehr unbedingt an erster Stelle zu stehen.»

Während die Mütter noch versuchen, sich durch all diese Theorien hindurchzuarbeiten, sind sie schon einem neuen, mächtigen Einfluß ausgesetzt, der sie zusätzlich verwirrt: Zeitungen, Zeitschriften und Fernsehen füttern sie mit Tausenden von Bildern und versuchen, ihnen alles Mögliche zu verkaufen. Oft versteckt sich die Werbung hinter angeblich professionellen Ratschlägen. Die Werbefachleute wissen, daß man ein Produkt für Babypflege mit Sicherheit verkauft, wenn man die Zustimmung eines Arztes zitiert.

Die junge Mutter ist gegenüber Ratschlägen, die nach Erfahrung aussehen, aufgeschlossen und läßt sich leicht davon überzeugen, daß der Gebrauch einer bestimmten Seifenmarke sie tatsächlich zu einer besseren Mutter macht oder daß sie das Beste für ihr Kind tut, wenn sie eine bestimmte Möbelmarke kauft. Sie wird einem Produkt eher vertrauen, wenn es den Aufkleber der «Stiftung Warentest» trägt oder wenn ein Wissenschaftler es empfiehlt.

Kindererziehung und Konsum bilden also ein glückliches Team. Geschäfte, die Designer-Kinderwagen und die dazu passenden Kinderschühchen anbieten, bringen jetzt auch Ratgeber für die Babyerziehung auf den Markt. *The Complete Mothercare Manual 1986* behauptet, «fachmännisch und nach dem neuesten Stand» geschrieben zu sein, die perfekte Kombination, um die Mutter von heute zu überzeugen.

Es ist verständlich, daß viele Eltern «fundierte» Ratschläge bevorzugen, egal woher sie stammen. Eine Mutter erzählte mir: «Irgendwie habe ich das Gefühl, daß ich immer etwas falsch mache, aber ich weiß nicht was.» Eine andere Freundin, die Hebamme ist, war durch all die Ratschläge nach der Geburt ihres Babys so verwirrt, daß sie mit ihrem Kind überhaupt nicht zurechtkam.

Der Instinkt sagt uns, daß mit der modernen Kindererziehung etwas im argen liegt, aber wir verstehen die Botschaft nicht. Viele Mütter sind für Anleitungen dankbar. Die Kindertherapeutin Dilys Daws erinnert sich an eine Situation, als sie einer jungen Mutter, die sich völlig verloren fühlte, einen strengen Rat erteilte:

> «Eine Mutter, die wegen ihres leicht untergewichtigen Babys sehr besorgt war, meinte, das Kind jedesmal auf den Arm nehmen zu müssen, wenn es weinte, was nachts bisweilen jede Stunde der Fall war. Sie war sich sicher, daß es etwas brauchte, wußte aber nicht, ob es nur nach körperlicher Zuwendung oder nach Nahrung verlangte. Ich erklärte, daß das Kind einmal eine Nacht durchschlafen müsse und sie ebenfalls. Diese Mutter wußte mit meinen sachlich vorgetragenen Bemerkungen etwas anzufangen...»
> 
> *Daws*, in: Journal of Child Psychotherapy, *1985*

Meine Gemeindeschwester erzählte mir, daß die meisten unerfahrenen Mütter, die sich nicht in der Lage fühlten, mit einem angeblich schwierigen Baby fertig zu werden, lieber einen strengen Befehl befolgen, als unter fünf Büchern, die sich mit Erziehung befassen, eines auszuwählen. Die Ironie dabei ist, daß Eltern heute größere Wahlmöglichkeiten haben als je zuvor. Sie müssen nicht nur fundamentale Entscheidungen in bezug auf Brust- oder Flaschenernährung treffen, sondern sich auch unter Hunderten von angebotenen Produkten zurechtfinden. Sollen sie eine Wiege oder ein Lammfell kaufen? Für welchen Kinderwagen sollen sie sich entscheiden? Welche Farbe sollten die Gardinen im Kinderzimmer haben?

Aber nur wenige Mütter sind ratlos, wenn es darum geht, sich zwischen zwei Marken von Kinderpflegeprodukten zu entscheiden. Wir werden dazu erzogen, derartige Entscheidungen zu treffen, und auch bei der Wahl der Windelmarke kommen wir ganz gut zurecht. Dennoch gibt es Bücher, die sich nur mit der Babyausstattung befassen. Kinder- und Sportwagen, Kindersitze für das Auto, Hochstühle, Spielzeug, Laufställe und Wippen werden alle genau untersucht.

«Wenn man sich auf die Ankunft eines Babys vorbereitet, heißt das nicht, daß man gleich losrennen muß, um alles, was man in den Fachgeschäften sieht, zu kaufen», erklärt Daphne Metland, Verfasserin des Buches *Getting Ready for Baby*. Hinter den meisten dieser Bücher steht jedoch die Auffassung, daß eine gute Mutter stets so viele Dinge für das Baby kaufen wird, wie sie nur kann. Die Liste der absolut notwendigen Dinge und nützlichen Extras ließe eine Mutter aus vergangener Zeit wahrscheinlich zusammenzucken: «Kinderbett, Tragetasche, Kinderwagen, Sportwagen, Körbchen, Lammfell, Matratze, Federbett, Laken, Bettbezüge, Gegensprechanlage...» Die Mutter von heute könnte wahrscheinlich ihre eigene Schlaflosigkeit bekämpfen, indem sie Lammfelle zählt statt Schäfchen.

Wenn wir schon nicht wissen, wie wir mit dem Baby umgehen sollen, dann gibt es zumindest Hunderte von Produkten, mit denen wir uns befassen können. Aus diesem Grund fällt es uns so schwer, uns vom Kinderbett zu trennen. Ohne Kinderbett oder Wiege wäre das Kinderzimmer seines Mittelpunkts, so wie die Werbung es suggeriert, beraubt.

Die Eltern werden aufgefordert, sich vorzustellen, wie das Baby nachts im eigenen Zimmer liegt, umgeben von Kuscheltieren und Stoffen in Pastellfarben. Wenn man dieses Bild abschaffen würde, wäre diese ganze schöne Vision von Mutterschaft zerstört. Die Einrichtung des Kinderzimmers ist genauso wichtig wie die Wahl des weißen Hochzeitskleids. Unsere Kultur billigt das Ritual des Kinderzimmers. Und wenn man schon ein Kinderzimmer und ein Kinderbett hat, müssen auch Schlafenszeiten und andere Regeln eingehalten, Kämpfe und gebrochene Herzen in Kauf genommen werden.

Es gibt jedoch auch andere Möglichkeiten. Niemand will zu der Armseligkeit und Verwahrlosung der Slums des letzten Jahrhunderts zurückkehren oder vergessen, was wir über Gesundheit, Kinderernährung und Hygiene gelernt haben. Trotzdem können wir manches von Müttern lernen, die noch nie ein Buch über Kindererziehung gelesen haben.

Babys brauchen unsere Liebe und Wärme Tag und Nacht. Wenn man eine Mutter sich selbst überläßt, kann sie ihrem Kind all diese Dinge bieten. Man sollte sie nicht mit gutgemeinten Ratschlägen dabei stören.

**Kapitel 4**
# Fühlung aufnehmen

«Wer nur genau hinsieht, wird feststellen, daß ein Baby seine Mutter in der Nacht noch mehr braucht als tagsüber, im Dunkeln noch mehr als im Hellen. Im Dunkeln ruht das Hauptsinnesorgan des Babys – das Sehen. Statt dessen ist es darauf angewiesen, seinen Tastsinn durch den Haut-zu-Haut-Kontakt und seinen Geruchssinn zu gebrauchen.»

*Odent, Von Geburt an gesund*

Das Sehvermögen mag bei Kindern und Erwachsenen der wichtigste Sinn sein, aber der Tastsinn ist unsere allererste Verbindung zur Welt. Der Fötus in der Gebärmutter und das Neugeborene verlassen sich auf körperlichen Kontakt, um Informationen aufzunehmen. Der Säugling hält seine Augen fast die ganze Zeit über geschlossen, und die Muster, die er wahrnimmt, können ihm eigentlich nicht viel bedeuten.

Maureen Blackman arbeitet seit fünfzehn Jahren als Krankenschwester in Scunthorpe in der Abteilung für Frühgeborene. In dieser Zeit hat sie gelernt, wie wichtig der menschliche Kontakt für Frühgeborene und kranke Babys ist, die in Brutkästen um ihr Leben kämpfen müssen:

«Vor Jahren erklärten wir den Eltern, die ihre Kinder durch das Glas betrachteten: ‹Bitte berühren Sie das Kind nicht, es ist zu krank.› Die Eltern akzeptierten dies, weil sie es nicht besser wußten. Heute fordern wir die Mütter auf, das Baby auf den Arm zu nehmen, ihm Körperwärme zu geben. Die Babys reagieren sehr positiv darauf. Ich habe solche Babys jahrelang gesehen, und heute denke ich: Wie können sie wissen, daß sie leben, wenn niemand sie berührt?»

Berührung ist keine Behandlungsmethode, die von den Krankenkassen anerkannt wird, aber sie ist bei vielen Therapien weltweit sehr wichtig. Massage und Glaubensheilung, die japanische Kunst des Raiki und die neuesten Rosen-Techniken aus Kalifornien setzen alle Berührung ein, um Heilung und Wohlgefühl zu fördern. Berührungstechniken helfen oft bei Patienten, bei denen andere Therapien versagt haben:

«...aus einem Krankenhaus in Schottland wird berichtet, daß Patienten, die unter Spannungs- und Angstsymptomen litten und die nicht auf die übliche psychiatrische und medikamentöse Therapie ansprachen, durch Reflexstimulation, eine Massage des Bindegewebes, behandelt wurden. ‹Alle Patienten zeigten bei einem oder mehreren psychophysiologischen Parametern eine starke Reaktion auf die Behandlung›, heißt es in dem Bericht. Die meisten Patienten, die trotz starker Medikamentengaben unter chronischer Schlaflosigkeit gelitten hatten, schliefen nach der Behandlung normal, und dieser Zustand hielt an.»[1]

*Chaitow*, Here's Health

Die Bedeutung der Berührung bei der Heilung und Gesundheitsvorsorge wurde in der westlichen Welt von der Hauptströmung der Medizin übersehen, sagt Norman Autton, Autor des Buches *Pain: An Exploration:*

«Berührung ist ein Medium, durch das Menschen wiederholt kommunizieren, und nur durch die Kommunikation wird das größte menschliche Bedürfnis, das Bedürfnis zu lieben und geliebt zu werden, erfüllt...
Die Hand zu halten, den Arm um den Patienten zu legen, sind Gesten von Zuneigung und Freundlichkeit. Kübler-Ross (1969) fand heraus, daß die ausdrucksstärkste Beziehung bei Krankheiten mit tödlichem Ausgang der sanfte Druck mit der Hand in Augenblicken der Stille war. Körperliche Handlungen symbolisieren, daß jemand da ist, der versteht, ermutigt und tröstet. Anna Freud (1952) beschrieb, wie die jüngsten Opfer der Bombenangriffe im Zweiten Weltkrieg ihre Moral inmitten all des Schutts und der Zerstörung aufrechterhielten, wenn man ihnen eine lebendige und helfende Hand reichte... Einem Patienten, der unter Schmerzen leidet, hilft die Berührung, sich in Zeit und Raum zurechtzufinden.»

*Autton*, Pain: An Exploration

Ähnlich wie mit Menschen, die unter Schmerzen leiden, verhält es sich mit dem Neugeborenen. Die menschliche Berührung ist möglicherweise die einzige stabilisierende Kraft in einer Welt, die ihm fremd ist und Angst einjagt. Körperlicher Kontakt und Bewegung beruhigen das Kind und geben ihm die Zusicherung, daß das Leben nicht nur feindselig ist. Durch die Berührung lernt es, sich selbst einzuschätzen. Psychologen erklären, daß ein Kind, das von den Eltern liebevoll berührt wird, im späteren Leben wahrscheinlich weniger unter Schmerzen und Krankheiten leidet:

> «Man könnte folgendes sagen: Wenn der Körper des Neugeborenen in den Armen der Mutter Freude erfährt und Freude bereitet, wird derselbe Körper in späteren Jahren von seinem Besitzer genauso freudvoll erfahren.»
>
> *English und Pearson*, Emotional Problems of Living

Die Eltern wissen selbst, daß ein Kind durch Streicheln und Schmusen beruhigt werden kann, wenn es krank oder erregt ist.

Martin Muchan, der die Alexander-Technik lehrt, behandelt mit dieser Methode das Asthma seines Sohnes. «Wenn Marty einen Asthmaanfall hat, nehme ich ihn in den Arm», erzählt Martin, «kraule ihm Schultern, Brust und Rücken so lange, bis der Anfall langsam nachläßt. Ich streiche ihm übers Haar, was ihn wirklich beruhigt. Er ist jetzt sieben Jahre alt, aber als er jünger war, hat er auch noch bei uns geschlafen, wenn er verstört war. Die Berührung war für uns bisher das wertvollste Lebenselement.»

Der Massage-Experte Gerry Purves ist der Meinung, daß sich besonders die Menschen in der westlichen Welt schwertun, wenn es darum geht, Babys zu berühren. Die Gebärmutter, die das Baby neun Monate lang vollständig umgibt, wird durch funktionalen Kontakt und flüchtige Küsse ersetzt. Dies reicht einfach nicht aus, um unser körperliches Bedürfnis nach Nähe zu befriedigen:

> «Sanfte Berührung ist für das gesamte Wohlbefinden wichtig. Wissenschaftliche Untersuchungen haben gezeigt, daß sich Herzerkrankungen bessern, wenn die Betroffenen Körperkontakt haben, selbst wenn es sich dabei nur um ein Haustier handelt. Aber vom Augenblick unserer Geburt an wird die Berührungsrate reduziert. Wurde das Baby in der Gebärmutter ständig berührt, so hat es nach der Geburt weniger engen Kontakt. Bisweilen ist er sogar auf das

Windelnwechseln beschränkt. Später gibt es dann nur noch bei kleinen Verletzungen körperliche Zuwendung, bis Berührungen gegenüber Jugendlichen schließlich schamvoll vermieden werden. Als Erwachsene sind wir dann auf die Sexualität als Hauptquelle für Berührungen angewiesen. Was die einfache liebevolle Berührung betrifft, läßt dies viel zu wünschen übrig (ganz im Gegensatz zu dem Bild, das die Werbung verbreitet).»

Cahoots, *Sommer 1988*

Eine wissenschaftliche Untersuchung von 150 Männern mittleren Alters in Schweden hat ergeben, daß Menschen, die allein leben, eher an Herzversagen sterben als Menschen, die eine Familie haben.[2] Menschlicher Kontakt war ein viel wichtigerer Faktor als beispielsweise Alkohol- oder Zigarettenverbrauch. Purves rät dazu, sich wöchentlich einmal eine Massage zu gönnen, um den Stress des modernen Lebens zu reduzieren. Der enge körperliche Kontakt zum Partner kann Leben retten.

Der Physiotherapeut Peter Walker hat viele Bücher über natürliche Elternschaft geschrieben. Er lehrt, wie die Berührungstherapie, die alte Kunst der Massage, für Kinder zum Vergnügen werden kann. Er ist der Meinung, daß die Berührung für das Baby ungeheuer wichtig ist.

«Art und Häufigkeit, mit denen Eltern ihr Kind berühren, wirken sich entscheidend auf die spätere Persönlichkeitsstruktur aus. Studien zufolge leiden Kinder, die mit einem Mangel an Zärtlichkeit aufgewachsen sind, öfter unter Ängsten und ähnlichen Störungen als andere. Im Spiel mit Kameraden verhalten sie sich plump, und als Erwachsene finden sie schwer Zugang zu anderen. Menschen aus Familien und Kulturen, in denen Berührung und Umarmung zum Alltag gehören, sind in der Regel selbstsicher und liebesfähig.»

*Walker*, Baby Massage

Ein anderer Wissenschaftler[3] hat nachgewiesen, daß Unregelmäßigkeiten bei der kindlichen Atmung reduziert werden, wenn man im Abstand von jeweils einer halben Stunde die Füße fünf Minuten lang reibt. Berührungen beruhigen nicht nur, sie erhalten das Kind auch gesund.

Eine Mutter, die ihr Baby trägt, bietet ihm eine Ganzkörpermassage, die mit einer Bewegung einhergeht, die ihm Spaß macht. Als ich die Psychotherapeutin Jean Liedloff während der Entstehung dieses Buches befragte, bat sie mich, mit Frances auf dem Arm durch ihre Wohnung zu joggen, wobei ich Zimmerpflanzen und Kissen ständig ausweichen mußte. Sie hatte beobachtet, daß die Yequana-Indianer ihre Kinder auf diese Weise trugen.

«Jetzt halten Sie sie an einem Fuß fest», sagte sie, «es wird ihr gefallen.» Ich unterdrückte meine Angst und ließ Frances an ihrem Knöchel herabhängen. Sie bekam einen Lachanfall – endlich hältst du mich richtig, Mutti, schien sie zu sagen.

«Behandeln Sie ein Baby nie wie ein rohes Ei», sagte Jean, «sonst wächst es in dem Glauben auf, daß es wirklich zerbrechlich ist.» In primitiven Stämmen tragen schon kleine Kinder ihre Geschwister mit sich herum. Niemand hält sie davon ab, und sie lassen die Babys nicht fallen.

Im Vergleich dazu sollte das Wickeln von Babys, das früher einmal in vielen Zivilisationen üblich war, nicht unerwähnt bleiben. In Großbritannien wickelten die Mütter im 18. Jahrhundert ihre Babys fest ein, damit sie ihnen nicht im Wege waren:

> «Der Kopf wurde ‹drei-, vier- oder fünffach umwickelt›, an einer Haube festgesteckt und weiter durch eine enge Halsbandage ruhiggestellt. Durch das Wickeln glaubte man zu verhindern, daß das Baby seine angeblich zerbrechlichen Knochen verletzte, wenn es zuviel herumstampelte. Auf diese Weise wurden die Kinder bei kaltem Wetter auch warmgehalten, zudem war es bequem. Während das halberstickte Baby in seiner Bandagierung an einem Nagel hing, konnte die Mutter ihren Tagesgeschäften nachgehen. Durch das Wickeln verlangsamte sich der Herzschlag des Kindes und verführte zu äußerster Passivität – zu mehr Schlaf und weniger Schreien. Ein Wickelkind stellte keine Forderungen an die Welt um sich herum.»
>
> *Hardyment*, Dream Babies

Auch heute werden Babys in vielen Gesellschaften noch gewickelt. Die Tradition existiert sogar noch in manchen britischen Krankenhäusern: Man präsentiert die Babys den Müttern fest gewickelt. Krankenschwestern in Staaten des Ostens handhaben Wickelbabys wie Fleischteller in einem Restaurant und berühren sie körperlich so wenig wie möglich.

Gewickelte Babys erfahren zwar den engen Kontakt, den sie

brauchen, aber nicht die Vorteile der menschlichen Berührung. In Gesellschaften, in denen Babys gewickelt werden, hat man das Bedürfnis des Säuglings nach Bindung erkannt, aber die Kinder werden an sich selbst gebunden und nicht an die Mutter. Es verhält sich damit ähnlich wie mit der Annahme zu Anfang dieses Jahrhunderts, daß Flaschenmilch für das Baby genausogut sei wie Muttermilch. Dabei ging man davon aus, daß beim Saugvorgang allein die Nahrungsaufnahme wichtig sei.

Erst in den letzten zwanzig Jahren haben die Wissenschaftler sich näher damit befaßt, wie wichtig es für das Baby ist, gewiegt, gestreichelt und gehalten zu werden. Eltern haben schon immer den Wert der rhythmischen Bewegung gekannt. Heute bestätigen Tests, daß Babys und andere Säugetierbabys auf ein hohes Maß an Berührungskontakten gut ansprechen.

So zeigte beispielsweise eine Studie[4], daß bei kleinen Katzen der REM-Schlaf erhöht wurde, wenn man sie wiegte. Ein Verlust an REM-Schlaf wirkt sich auf das Gedächtnis und die Lernfähigkeit negativ aus.[5] Durch Schlaftabletten wird die REM-Schlafmenge reduziert.

Andere Tests haben bewiesen, daß Teddybären, die mechanisch atmen und zu einem Baby ins Bett gelegt werden, mit dazu beitragen, daß sich das Atmungsmuster des Säuglings stabilisiert. Der Reiz durch die Teddys wirkt ähnlich wie das Schlafen auf der Brust der Eltern. Eine erste Untersuchung von Dr. James McKenna, der die Tests an Menschen vornahm, bestätigt diese Ergebnisse.[6] Diese Entdeckung hat möglicherweise direkte Folgen für die Forschung zur Verhinderung des plötzlichen Kindstodes. Ich werde später noch darauf zurückkommen.

Wenn schon Teddys so hilfreich sein können, sollte man sich einmal vor Augen führen, welche Vorteile der nächtliche Körperkontakt zur Mutter haben wird. Auch die motorischen Fähigkeiten von Babys (die Fähigkeit, sich in der Welt zurechtzufinden) werden durch Körperberührung und Gehaltenwerden verbessert.[7]

Ein weiterer Vorteil des menschlichen Kontakts ist der Wärmeaustausch zwischen Erwachsenem und Kind. Der Kinderarzt Dr. Harvey Marcovitch erklärt, warum ein Baby besonders nachts größere Aufmerksamkeit braucht:

«...obwohl das durchschnittliche Körpergewicht eines Babys nur ein Zwanzigstel des Gewichts eines Erwachsenen ausmacht, beträgt die Größe seiner Hautoberfläche ein Neuntel der Hautoberfläche eines Erwachsenen. Das Verhältnis der Hautoberfläche zu seiner Körpergröße ist also zweimal so groß. Aus diesem Grund verliert es Wärme sehr viel schneller.»

*Marcovitch*, in: Mother, *Februar 1988*

Als Mutter macht man sich oft Sorgen, ob das Kind friert, wenn es allein in seinem Bettchen liegt. Neuere Untersuchungen beweisen, daß die Körpertemperatur eines Babys, selbst wenn es noch so gut eingewickelt ist, nie so befriedigend aufrechterhalten werden kann, wenn es allein ist, als wenn es zu einem anderen Menschen Hautkontakt hat. Dr. James McKenna berichtet:

«Fardig (1980) fand heraus, daß bei siebzehn Müttern und Babys durch ein künstlich beheiztes Bett die mittlere Haut- und Körpertemperatur nicht so aufrechterhalten werden konnte wie bei Neugeborenen, die auf die Brust der Mutter gelegt wurden. Dies galt auch, wenn die Raumtemperatur gleich war.»

*McKenna*, in: Medical Anthropology, *1986*

Eine Erklärung für den Wärmeverlust ist vielleicht die Tatsache, daß ein Kind Stresshormone wie beispielsweise Cortisol produziert, wenn es von seiner Mutter getrennt wird. Dies führt zu einer Abnahme der Körpertemperatur.

Aber auch ohne physiologische Reaktion wird rein rechnerisch klar, daß «körperlicher Kontakt zwischen Eltern und Kind das Verhältnis zwischen Oberfläche und Volumen der Betroffenen reduziert und so Energie bewahrt» (McKenna). Zwei Menschen können sich gemeinsam wärmer halten als zwei einzelne Menschen. Konstante Wärme führt dazu, daß das Baby weiterschläft und regelmäßig atmet.[8] Der REM-Schlaf wird besonders gefördert.

Früher, als man noch keine Zentralheizung kannte, hatten Eltern keine Probleme, die Temperatur des Babys zur Nachtzeit zu regulieren – sie nahmen es einfach mit ins eigene Bett. Aber die Mutter von heute, die beispielsweise den Ratschlägen von Dr. Marcovitch folgt, hat Mühe, das Baby nachts warm zu halten:

«Drinnen fühlen sich Babys am wohlsten, wenn die Temperatur etwa 24° C beträgt – was meistens höher ist als die normale Heizungstemperatur... Diese Zahlen beruhen auf der Annahme, daß sich das Baby in einem zugfreien Raum aufhält und ein Wollhemd, eine Windel und ein langes Nachthemd oder einen Strampelanzug trägt und unter einer Flanelldecke und zwei Baumwolldecken liegt. Lassen Sie das Baby nachts im wärmsten Zimmer schlafen und decken Sie es zusätzlich mit weiteren Decken zu. Ziehen Sie ihm Fäustlinge, Socken und Mütze an. Denken Sie daran, daß das Baby zwei Decken mehr braucht, als Sie selbst.»

*Marcovitch*, in: Mother, *Februar 1988*

Die Ankunft des Kinderwagens in Großbritannien zur Zeit von Königin Victoria vergrößerte noch das Problem, die Körpertemperatur des Babys tagsüber aufrechtzuerhalten. Vorher hatten Mütter und Ammen die Kinder mit sich herumgetragen – der Kinderwagen war eine umstrittene Erfindung. Aber die Herausgeberin der Zeitschrift *Baby* befürwortete sie:

«Senex schreibt an das *British Medical Journal* und protestiert gegen die Verwendung eines Kinderwagens bei kaltem Wetter. Er ist der Meinung, daß Kinder, die noch nicht laufen können, von der Kinderfrau auf dem Arm getragen werden sollten. Dem kann ich nicht zustimmen... Wenn ein Kind warm und geschützt im Kinderwagen liegt, ist die Gefahr durch Kälte nicht größer, als wenn es getragen wird. An sehr kalten Tagen kann man eine Wärmflasche unter das Kissen legen, und bei sehr kaltem und windigem Wetter sollte das kleine Gesicht durch einen dicken, aber nicht flauschigen Schleier geschützt werden.»

*Ballin*, in: Baby, *Dezember 1887*

Man kann ein Baby so gut einpacken, wie man will, trotzdem sinkt seine Körpertemperatur – ähnlich wie bei einem Gericht, das man aus dem Backofen nimmt. Frances wurde im Winter geboren, aber ich mußte mir wegen zusätzlicher Decken oder Wärmflaschen im Kinderwagen keine Gedanken machen. Ich setzte sie einfach in ihren Tragesack und bot ihr unter meinem Mantel Schutz, wenn wir spazierengingen. Es klingt unglaublich, aber wenn wir wieder nach Hause kamen, fühlte sie sich wärmer an als zu Beginn unseres Spaziergangs.

Es gab viele Gründe für die hohe Säuglingssterblichkeit in den letzten Jahrhunderten, aber eines war wirklich völlig unnötig:

Babys in der Kälte leiden zu lassen. In der Arktis war es bei den Inuit beispielsweise Tradition, daß die Eltern im Iglu nackt neben ihren Kindern schliefen, aber trotzdem erfroren sie nicht. Wenn Unterkühlung droht, gibt es keine bessere Lösung:

> «Die Experten sind unterschiedlicher Meinung darüber, wie man ein unterkühltes Baby behandeln soll. Wenn es schnell abgekühlt ist, kann es schnell wieder erwärmt werden, ohne Schaden zu nehmen. Dies geschieht am besten durch Körperkontakt zur Mutter unter ihrer Kleidung in einem warmen, trockenen Raum.»
>
> *Marcovitch*, in: Mother, *Februar 1988*

Heute besteht wahrscheinlich eher die Gefahr, daß Babys, die unter einem Federbett in einem zentralgeheizten Zimmer liegen, sich überhitzen statt erfrieren. Eine Untersuchung, die in Nordengland durchgeführt wurde, ergab, daß «die Babys nachts zu stark zugedeckt waren. Einige Babys lagen sogar unter viel zu vielen Decken.»[9]

Überhitzung ist ein Problem, denn sie gilt als einer der Faktoren, die zum plötzlichen Kindstod führen. Es ist nicht ratsam, ein Baby nachts zu stark einzupacken. Wenn es neben der Mutter liegt, wird es durch ihre Körperwärme gewärmt. Wenn dem Kind unter der Bettdecke zu warm wird, wird die Mutter dies selbst feststellen und die Decke zurückschlagen. Auf diese Weise wird für das Baby die ideale Körpertemperatur aufrechterhalten.

Welche Bedeutung die Sinnesreizung für das Kind tatsächlich hat, kann wahrscheinlich gar nicht genau gemessen und eingeschätzt werden. Aber wenn der Gesundheitsthermostat im Gehirn während der ersten Lebenswochen eingestellt wird, wie Michel Odent sagt, kann fehlende Berührung wahrhaftig zur Qual für das unschuldige Wesen werden:

> «In den östlichen Traditionen ist seit jeher bekannt, daß durch die Stimulierung der Sinne das Gehirn mit Energie versorgt wird. Die westliche Wissenschaft ist jetzt in der Lage, dies auch zu beweisen. Es verhält sich mit dem Gehirn etwa so wie mit einer Batterie, die wieder aufgeladen werden muß...
> Wenn man die Haut eines Babys streichelt, führt man dem Gehirn in einer wichtigen Phase seiner Entwicklung Energie zu.»
>
> *Odent*, Von Geburt an gesund

Die technischen Gründe, warum ein Baby es liebt, berührt zu werden, müssen wir nicht unbedingt verstehen, um sein offenbar vorhandenes Bedürfnis zu erfüllen. Das Wunderbare an der Kommunikation durch Berührung ist, daß die Vorteile wechselseitig sind. Der menschliche Kontakt hat auf den Erwachsenen *und* das Kind eine beruhigende Wirkung. Es bereitet nicht nur dem Baby Vergnügen, gehalten zu werden, sondern auch die Mutter hat Freude daran.

Statt Mutter und Kind nachts zu trennen, sollten die gegenseitigen Vorteile, die der Körperkontakt hat, herausgestellt werden. Die Babypflege würde dann zu einer positiven, vereinigenden Kraft werden. Nervöse Mütter könnten durch den körperlichen Kontakt zum Baby beruhigt werden. Die Mutter-Kind-Bindung, ein Thema, mit dem sich viele Autoren befassen, würde ganz natürlich und zur rechten Zeit erfolgen. Mutter und Kind würden eine Einheit bilden, sich ihre Bedürfnisse gegenseitig erfüllen und den Kontakt genießen.

Ein Bericht in der Zeitschrift Th*e Lancet* bezeugt, welchen Wert der Körperkontakt für das Sicherheitsgefühl des kleinen Kindes hat und daß die Bindung an die Bezugsperson verbessert wird:

«Eine Gruppe von Frauen erhielt einen Babytragesack, die andere eine Babywippe, die man auf den Boden stellt, als sie das Krankenhaus mit dem Neugeborenen verließen. Auf diese Weise wollte man herausfinden, welche Gruppe nach etwa einem Jahr zufriedener schien: die Kinder, die lange von der Mutter herumgetragen wurden und engen Körperkontakt zu ihr hatten... oder jene, die in ihrem Sitz sanft wippen konnten...

Die Untersuchung, die in New York durchgeführt wurde, zeigte, daß die Babys, die engen Kontakt zu der Mutter gehabt hatten, zufriedener schienen, wenn sie im Alter von 13 Monaten von ihr kurzzeitig getrennt wurden. Sie weinten und nörgelten weniger, wenn sie mit einem fremden Menschen zusammen waren und schienen sich insgesamt sicherer zu fühlen.»

*Timbs*, in: The Lancet, *Januar 1988)*

Oft hört man, daß man Babys für gewisse Zeit allein lassen sollte, damit sie lernen, unabhängig zu werden. Genau das Gegenteil trifft zu. Man biete einem Kind Sicherheit, und es wird später ein größeres Gefühl von Sicherheit haben.

Es hat etwas Magisches, ein Kind im Arm zu halten. Es ist das angenehme Gefühl von Wärme beim Hautkontakt, der süße Geruch von Milch in seinem Atem und die seltene Erfahrung von Sinnlichkeit und Unschuld zusammen. Beim Körperkontakt zu einem Baby wird nichts versteckt. Das Baby lebt und teilt sich durch sinnliche Empfindung mit.

Aber nicht alle Babys lassen sich eine Umarmung ohne weiteres gefallen. Wenn sie ein paar Monate alt sind, winden sie sich in den Armen der Eltern und versuchen, den Umarmungen zu entkommen. Wahrscheinlich ist dies darauf zurückzuführen, daß sie zu Anfang ihres Lebens zuviel Zeit allein im Kinderwagen oder Bettchen verbringen mußten. Ein Baby, das ständig gehalten wird und auch in der Nacht den Kontakt zu anderen Menschen hat, ist immer weich und anschmiegsam. Es läßt sich so leicht halten, daß man es kaum bemerkt.

Einer Mutter, die ihr Kind von Geburt an hält, fällt dies mit der Zeit immer leichter. Außenstehende sind völlig entgeistert, weil sie glauben, das Kind sei viel zu schwer. Es ist tatsächlich schwer, aber das empfindet man nur so, wenn man das Kind vom Kinderwagen zum Sitz und vom Badezimmer ins Kinderzimmer trägt. Wenn man sein Baby immer trägt, gewöhnen sich die Arme an das Gewicht, das über die Monate hinweg fast unmerklich zunimmt. Bei Frances hatte ich das Gefühl, daß sie im Alter von acht Monaten leichter war als mit acht Tagen.

Menschen, die ein Kind nicht ständig gehalten und dies auch noch nicht bei anderen beobachtet haben, sind meistens der Meinung, daß es unmöglich sei.

Babys sind keine Mehlsäcke – aber fünf Pfund Mehl wiegen immer fünf Pfund, weil sie ohne Reaktion bewegungslos im Arm liegen.

Menschen, die sich darüber wundern, wie ich Frances herumtrage, halten sie wahrscheinlich für einen unruhigen, schweren Kloß. Aber ein Baby, das im Arm liegt, ist weich und anpassungsfähig, warm und lebenspendend. Wenn unsere ganze Familie zusammen spazierengeht, sind es die Erwachsenen, die sich darum reißen, Frances zu tragen.

Es ist traurig, daß viele Menschen Angst davor haben, ein Baby zu halten. Auch dies ist wieder ein Problem von Erfahrung und Gewöhnung. In unserer Kindheit hören wir immer wieder, daß

Babys zerbrechlich seien. Man warnt uns davor, sie fallen zu lassen, und daher nähern wir uns Babys mit Angst und Vorsicht. Es ist ein Teufelskreis, denn auch das Baby lernt, vor Kontakt mit anderen Mitgliedern seiner Rasse zurückzuschrecken.

Dieser Kreis kann unterbrochen werden. Ein gesundes Kind hängt zufrieden im Tragetuch an der Hüfte der Mutter und lernt all die Dinge, die es zum Überleben braucht. Wenn die Mutter das Baby nicht mit zur Arbeit nehmen kann, sollte sie darauf bestehen, daß auch die Kinderfrau es mit sich herumträgt.

Nachts bleibt die körperliche Nähe bestehen, wenn Kind und Eltern sich aneinanderschmiegen. Es schläft zufrieden ein, weil es sich in der Gegenwart seiner Eltern sicherer fühlt. Es wacht auf, wenn es Hunger hat, bleibt einige Minuten lang wach und schläft dann tief und fest weiter. Der Körperkontakt zum Kind erlaubt es auch der Mutter, entspannter und gelöster zu sein.

Man sollte einfach das Leben fortsetzen, das man vor der Geburt des Kindes geführt hat, und das Baby bei allem, was man tut, miteinbeziehen. Natürlich spielt der Schlaf dabei auch eine wichtige Rolle. Es ist bekannt, wie wichtig der tägliche Körperkontakt zu einem geliebten Menschen ist, und das trifft erst recht zu, wenn man mit dem Baby in einem Bett schläft.

Mütter, die ihre Kinder bei jeder sich bietenden Gelegenheit absetzen, machen sich nur unnötige Arbeit. Wie wir bereits gesehen haben, durchlebt das verlassene Kind eine Reihe von physiologischen Veränderungen – im Stoffwechsel, bei den Hormonen, bei der Enzymproduktion, bei Temperatur, Herzschlag, Atmung und Schlafmuster.[10]

Selbst ein Baby, das nur für kurze Zeit allein gelassen wird, strampelt voller Frustration wild mit den Beinen. Normalerweise entledigt sich das Kind seiner Frustrationen, wenn es von der Mutter gehalten wird. Auf diese Weise bekommen Babys, die sich noch nicht selbst weiterbewegen können, ihre Körperübung. Ein strampelndes Baby bewegt sich mit angespannter Energie, so wie ein Erwachsener, der ans Bett gefesselt ist oder den ganzen Tag am Schreibtisch arbeitet. Das Kind macht keine echten Körperübungen, sondern steigert sich in ein hektisches Treiben hinein. Wenn die Mutter das Kind dann wieder aufnimmt, ist es steifer, kälter und weniger entspannt, als wenn sie es die ganze Zeit über bei sich gehabt hätte. Für die kurze Zeit, die es jetzt getragen wird, wird das

Gleichgewicht wiederhergestellt. Die Temperatur erhöht sich, die Atmung wird ruhiger, es beginnt, sich zu entspannen. Durch ihre Verbundenheit bilden Mutter und Kind eine Energieeinheit, indem der Erwachsene die überschüssige Energie des Kindes abbaut.

Wenn die Mutter ihr Kind nicht ständig hält und den Körperkontakt genießt, fällt es ihr unglaublich schwer, das Kind aufzunehmen, wenn es sein muß. Es verhält sich wie mit einem Wagen, dessen Motor man immer wieder anläßt, statt ihn ruhig laufen zu lassen.

Das Baby im Bett neben sich zu spüren, ist ein wunderbares und erhebendes Gefühl, wie viele Eltern sicherlich bestätigen werden. Es kann sogar als Ausgleich bei Depressionen nach der Geburt wirken, eine Reaktion, die in der westlichen Welt so häufig ist, daß sie physiologisch als normal betrachtet wird. Möglicherweise helfen Zinkgaben und bessere soziale Unterstützung bei postnatalen Depressionen, aber noch niemand scheint die nächtliche Trennung von Mutter und Kind als Auslöser der mütterlichen Depressionen in Betracht gezogen zu haben.

Müttern, die unter starken Depressionen leiden, rät man oft, sich eine Weile nicht um das Baby zu kümmern und diese Aufgabe einem anderen zu überlassen. In Ausnahmefällen mag dies nötig sein, aber es ist eine Strategie, die dazu führt, daß das Selbstvertrauen der Mutter, mit dem Baby umgehen zu können, abnimmt. Wenn man das Baby zu einem Zeitpunkt wegnimmt, an dem die Mutter durch die Hormonausschüttung, die Teil des natürlichen Bindungsprozesses ist, darauf programmiert ist, bei ihrem Baby zu sein, werden der Schmerz und die Enttäuschung, die viele Mütter nach der Geburt fühlen, nur noch größer.

Werden Frauen in der westlichen Welt, die sich durch die Hormone und ihren Instinkt belebt fühlen, möglicherweise depressiv, weil sie nicht ausgefüllt sind? Viele Mütter, die im Krankenhaus liegen und das Baby in einem Bettchen am Fußende bei sich haben, fühlen, daß irgend etwas nicht stimmt. «Depressionen?» fragte Brigid McConville. «Das ist doch ‹normal›...»:

> «...mehr als eine weltanschauliche Denkrichtung glaubt, daß Dreiviertel aller Frauen in Großbritannien und Amerika nach der Geburt unter Depressionen oder akuten Angstzuständen leiden.»
> *McConville*, Mad to be a Mother

Frau McConville analysiert den sozialen Druck, der hinter langanhaltenden mütterlichen Depressionen steckt. Auch Ernährungs- und Umweltfaktoren spielen eine große Rolle für den Stress, unter dem Mütter in der westlichen Welt leiden. Aber vielleicht ist auch ein biologischer Faktor vorhanden. Falls dem so ist, heißt das Heilmittel dennoch nicht, das Baby unter Kontrolle zu halten, indem man es in seinem Kinderwagen oder im Bettchen festgurtet – man sollte es lieber fest an sich drücken.

Wenn einige Leser immer noch der Meinung sind, daß ein Baby im Bett zu sehr stört, sollten sie einmal die durchschnittliche Störung, die durch ein Kind im Nebenzimmer verursacht wird, mit der eines Babys im Elternbett vergleichen. Alle Babys wachen nachts irgendwann einmal auf, ob sich die Eltern dessen bewußt sind oder nicht.[11] Ein Baby kann nachts mehrmals aufwachen und wieder einschlafen. Aber Menschen müssen mindestens fünfzehn Sekunden lang wach sein, um sich bewußt zu werden, daß sie gestört wurden.[12] Weder Eltern noch Kind müssen sich durch die

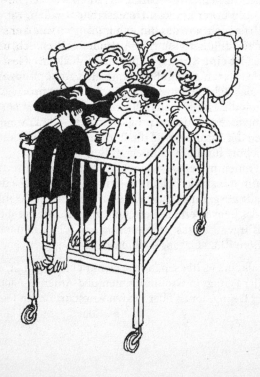

leichten Bewegungen und Stellungsänderungen des anderen in der Nacht stören lassen.

Babys wachen einfach häufiger auf als Erwachsene, da der durchschnittliche Schlafzyklus (die Stufen eins bis vier und der anschließende REM-Schlaf) nur fünf Minuten beträgt, während der erwachsene Schläfer neunzig Minuten dafür braucht.[13]

Immer wenn der Mensch die leichteste Schlafphase erreicht, besteht die Möglichkeit, daß er aufwacht. Er kann schon durch einen leichten Reiz oder ungünstige Bedingungen aufgeweckt werden. Bei Säuglingen zählt dazu der Hunger, die Abnahme der Temperatur oder die Abgabe von Stresshormonen, weil die Mutter oder eine andere Bezugsperson nicht anwesend ist.

Nur wenige Mütter wissen, daß sie die vierte oder tiefste Schlafphase nicht erreichen, wenn sie stillen.[14] Dieses Phänomen wird durch Hormonveränderungen in der Schwangerschaft hervorgerufen. Es spielt keine Rolle, ob das Baby bei ihr schläft oder nicht – trotzdem wird sie stärker als zuvor auf Störungen reagieren. Wenn Mutter und Kind beide einen so leichten Schlaf haben, muß es zu Störungen kommen, wenn sie nachts getrennt werden.

Der Säugling kann nachts immer aufwachen, wenn er sich gerade in einer Periode leichten Schlafs befindet. Er regt sich, und wenn er nicht den Trost findet, den er sucht, oder nicht die Gesellschaft, nach der er verlangt, beginnt er wahrscheinlich zu weinen. Mit jeder Sekunde, die vergeht, wird er wacher. Eine Mutter, die ihr Kind stillt, wacht – auch in einem anderen Zimmer – sofort auf, da sie auf die Meldung des Babys vorbereitet ist. Sie wird noch viele durchwachte Nächte vor sich haben, bis das Kind schließlich gelernt hat, in seinem eigenen Bett durchzuschlafen.

Wenn die Eltern aber gerade eine Tiefschlafphase durchmachen (weil das Baby mit der Flasche ernährt wird), kann es zehn Minuten dauern, bis sie aufwachen, und noch länger, bis sie hinhören und entscheiden, ob sie das Weinen beachten sollen oder nicht. Wenn Vater oder Mutter sich schließlich ins Kinderzimmer begeben, ist er/sie hellwach (und gereizt), während das Kind ganz außer sich ist. Die Chance, daß alle sich einfach wieder umdrehen und weiterschlafen, ist vertan.

Einmal wachte ich morgens um fünf auf, als die Haustür klingelte. Ich schleppte mich aus dem Bett, um zu öffnen, und als ich mich wieder hinlegte, war ich hellwach. Frances, die damals sechs

Monate alt war, hatte mich nie so wachgerüttelt, und verärgert mußte ich feststellen, daß es über eine halbe Stunde lang dauerte, bis ich wieder einschlafen konnte.

Viele Eltern im Westen machen diese Art Störung – und Schlimmeres – monatelang durch. Daher überrascht es nicht, daß sie verzweifelt versuchen, das Kind, das in seinem eigenen Bett schläft, zum Durchschlafen zu überreden.

Im Vergleich dazu sieht das nächtliche Verhalten eines Yequana-Babys, das bei seiner Mutter schläft, folgendermaßen aus. Jean Liedloff hat es beschrieben:

«Wenn ein Fest im Gange ist, während es schläft, wird es ziemlich heftig geschüttelt, da seine Mutter im Takt der Musik hüpft und stampft. Im Schlaf untertags stoßen ihm ähnliche Abenteuer zu. Nachts schläft seine Mutter an seiner Seite, ihre Haut wie immer an der seinen, während sie atmet und sich bewegt und manchmal ein bißchen schnarcht. Sie wacht in der Nacht des öfteren auf, um das Feuer zu schüren; dabei hält sie es dicht an sich, rollt sich aus der Hängematte und gleitet zu Boden, wo sie das Baby zwischen Oberschenkel und Körper einklemmt, während sie die Scheite umschichtet. Erwacht es hungrig in der Nacht, gibt es vielleicht einen Ton von sich, wenn es die Brust nicht gleich findet: dann gibt sie ihm die Brust und sein Wohlbefinden ist schnell wiederhergestellt...»
*Liedloff*, Auf der Suche nach dem verlorenen Glück

Wenn man mit einem Säugling zusammen in einem Bett schläft, fällt es leichter, sich in der Elternrolle zurechtzufinden. Man hat buchstäblich Berührungspunkte zum Kind, es ist einem nicht fremd. Befriedigung und Zärtlichkeit steigen genau wie die Fähigkeit und das Gefühl, das «Richtige» zu tun. Bei beiden Eltern stellen sich verstärkt Gefühle von Zuneigung ein, die sie dem Kind entgegenbringen.

Janine Sternberg, Psychotherapeutin und Mutter von drei Kindern, beschreibt es so: «Mit unserer jüngsten Tochter Sarah schliefen wir von der ersten Nacht an zusammen. Mike, mein Mann, war glücklich darüber, Sie wissen schon, Babys riechen so gut und fühlen sich weich an... Das Baby in unserer Mitte zu haben ist ein fühlbarer Ausdruck unserer Liebe.» Und sorgt für guten Schlaf, sollte man hinzufügen.

Die Erfahrung, mit einem Neugeborenen in einem Bett zu schlafen, läßt sich merkwürdigerweise mit der Erfahrung vergleichen, wenn man am Bett eines Sterbenden Wache hält. Aber statt einem Menschen den Übergang in den Tod zu erleichtern, wozu sich viele bereitfinden, hält man die Hand eines Menschen, dessen Leben gerade erst beginnt. Interessanterweise verbinden die Trobriander, ein Stamm aus Neuguinea, in ihrer Sprache das Konzept von Geburt und Tod:

> «Kopoi, das Wort, das die Dorfbewohner verwenden, wenn sie sich um einen Toten vor der Beerdigung kümmern, bedeutet auch ‹füttern› oder ‹ein Kind stillen›. Eine Frau stillt (kopoi) ihr Kind etwa eineinhalb Jahre lang.»
> 
> *Weiner*, The Trobrianders of Papua New Guinea

Geburt und Tod sind Ereignisse, bei denen jene, die für uns sorgen, gefordert sind. Es sind die Augenblicke im Leben, in denen man am verwundbarsten ist, und keine Gesellschaft, die sich wirklich um ihre Mitglieder kümmert, würde sie zu Beginn und am Ende des Lebens allein lassen. Der Erwachsene, der das Neugeborene mit in sein Bett nimmt, gibt ihm genau die Zärtlichkeit, die es braucht. Diese Erfahrung läßt sich mit der vergleichen, die eine Krankenschwester machte:

> «Etwas passiert mit dir, wenn du mit Patienten zusammen bist, die dir viel bedeuten. Es läßt sich mit einem Gefühl von Güte und Zärtlichkeit vergleichen. Du fühlst es, wenn ein Mensch dir etwas bedeutet. Ich drücke es wahrscheinlich mit meiner Stimme und meinen Händen aus. Ich weiß, daß ich mich in meinem Innern warm und zärtlich fühle, und sicherlich zeige ich dieses Gefühl irgendwie.»
> 
> *Davitz und Davitz*, in: American Journal of Nursing, 1975)

Das Baby zu tragen, mit ihm in einem Bett zu schlafen und sich um seine Bedürfnisse zu kümmern, ist an sich der Lohn der Mutterschaft. Wenn man den Kontakt zum Kind aufrechterhält, geht die Fähigkeit des Kindes zu Ruhe und körperlicher Leichtigkeit in den eigenen Körper über. Die Sorgen der Eltern verringern sich, man hat mehr Zeit, sich um eigene Bedürfnisse zu kümmern, wenn das Baby dabei ist.

Aber der soziale Druck, das Baby ins Kinderbettchen zu legen, ist so groß, daß viele Eltern wahrscheinlich gar nicht zugeben, daß sie das Baby in ihrem Bett schlafen lassen. Viele bemühen sich sehr, zwischen sich und den Kindern eine Mauer zu errichten – selbst wenn ihr Instinkt ihnen sagt, daß man es anders machen sollte.

Jane Asher, Schauspielerin und Buchautorin, sagt: «Es ist wunderbar, ein warmes, kuscheliges Baby im Bett neben sich liegen zu haben.» Sie fügt hinzu, daß «es zweifellos natürlich ist, das Baby mit ins Bett zu nehmen». Aber schließlich mußte Alexander, ihr kleiner Sohn, doch allein in seinem Bett schlafen:

> «Ich mußte ihn in ein Bett an der gegenüberliegenden Wand im Schlafzimmer legen, so daß ich nun gezwungen bin, jedesmal aufzustehen, wenn er aufwacht. Wenn ich an sein Bett komme, bin ich schon fast wach und entschlossen, ihn wieder zu mir ins Bett zu nehmen.»
>
> *Asher*, Silent Nights

Eltern werden nachts lieber aufgeweckt, statt schwachen Willen zu zeigen und das Baby mit in ihr Bett zu nehmen. Es ist unglaublich, aber Frau Ashers Strategie sollte «nachts eine gewisse Menge ununterbrochenen Schlaf gewährleisten». Es überrascht nicht, daß in der Zeitschrift *Mother* ein Artikel abgedruckt wurde, der sich mit der Farce befaßte, Kinder abends zum Schlafen zu bewegen. Eine Mutter schrieb:

> «Ich bin erleichtert zu hören, daß ich nicht die einzige bin, die jeden Abend lächerliche Geschichten erfinden muß, um dem Kinderzimmer zu entfliehen, wenn das Kind sich nur zögernd zum Schlafen überreden läßt.
> Natürlich könnten wir einfach die Tür zumachen und die Kinder spielen oder weinen lassen, bis sie einschlafen. Aber wie würden wir unsere Abende dann ausfüllen?»
>
> *Amanda Ferguson, Cardiff*, in: *Mother*, September 1987

Die vielen kleinen Tricks, die wir anwenden, um unsere Kinder ins Traumland zu befördern, zeigen, daß uns ihr Wohlbefinden eigentlich unwichtig ist. Wir sagen uns, es sei lebenswichtig, daß sie genug Schlaf bekommen – aber noch wichtiger scheint, daß sie ihn zu unseren Bedingungen bekommen. Wenn die Vorstellung, das Kind mit ins Elternbett zu nehmen, nicht mit einem solchen sozialen Stigma behaftet wäre, könnten wir es aufgeben, diese Spielchen zu treiben. Kinder lernen von Anfang an, daß die Eltern jede Nacht versuchen, sie in einem falschen Gefühl von Sicherheit zu wiegen.

In unserer konsumorientierten Gesellschaft gibt es viele Angebote, die angeblich die Bedürfnisse unserer Kinder nach Berührung und nächtlicher Sicherheit erfüllen. Das Kinderbett wird massenproduziert und die Hersteller bieten diverse Ausrüstungen an, die die Mutter ersetzen sollen. Diese kann sich wohl auch kaum durch die Gitterstäbe zwängen, um ihr Kind zu beruhigen.

Viele Produkte sind speziell als nächtliche Trostspender gedacht. Lammfelle, die warm und kuschelig sind, sollen das Baby beruhigen. Babywippen ahmen das wunderbare Gefühl nach, auf dem Arm der Mutter getragen zu werden. Gegensprechanlagen übertragen die Atemzüge des Babys, während die Eltern im Wohnzimmer am anderen Ende des Hauses sitzen.

Aber diese Produkte erfüllen ihren Zweck nicht. Kein noch so kuscheliger Teddybär, keine noch so ausgetüftelte Wiege kann den Körper der Mutter ersetzen. Dr. McKenna erklärt dazu, daß «der Biorhythmus der Mutter das Kind vor und nach der Geburt physiologisch lenkt». Ein Baby braucht die Mutter, nicht irgendeine Maschine.

Einige der Geräte, die es zu kaufen gibt, sind absolut lächerlich. Jane Asher beschrieb die Gegensprechanlage für ihr Kind so:

«Das Gerät hat einen Schalter, so daß man zu dem Baby sprechen kann, damit es durch den Klang der Stimme beruhigt wird. Aber das einzige Mal, als ich dies versuchte, sprang Katie vor Schreck fast aus dem Bett. Es muß wahrlich etwas merkwürdig sein, wenn die Stimme der Mutter plötzlich aus einem kleinen Kasten ertönt.»

*Asher*, Silent Nights

Andere wenig durchdachte Erfindungen weisen auf das große Bedürfnis des Säuglings nach Gesellschaft in der Nacht hin. In den Babyzimmern der Krankenhäuser hat man entdeckt, daß der mütterliche Herzschlag, über einen Lautsprecher im Zimmer abgespielt, schreiende Säuglinge beruhigt. Mütter in den USA können ein Gerät kaufen, das das Geräusch und die Bewegung eines Autos simuliert, das ja für seine einschläfernde Wirkung bekannt ist. Auf diese Weise muß das Kind nicht mehr um mehrere Häuserblocks gefahren werden, bis es einschläft.

In Krankenhäusern, in denen derartiges Spielzeug gern erprobt wird, experimentiert man mit elektronisch gesteuerten Wiegen, um Frühgeburten und Babys, die unter Koliken leiden, zu beruhigen. Ich führte ein Gespräch mit der Firma Cradlecraft, die unterschiedliche Ausführungen dieser Bettchen für Krankenhäuser und den Privatgebrauch produziert. Durch diese automatische Wiege wird es den Eltern sogar erspart, das Kind in den Schlaf zu wiegen. Das Gerät von Cradlecraft, das nach dem «Pendelprinzip» arbeitet und £ 450 kostet[15], wiege auch das aufsässigste Kind in den Schlaf, erklärt die Firma. Der Vertreter Tony Urry erklärte mir auch, daß Kinderärzte der Meinung seien, die Erfindung helfe Frühgeborenen bei der Gewichtszunahme.

Wenn schon eine automatische Maschine das Wachstum bei kleinen Kindern anregen kann, bedenke man einmal, welchen Vorteil es für ein Frühgeborenes bedeuten würde, wenn seine Mutter es Tag und Nacht bei sich trüge.

Alle Babys brauchen und erwarten eine Art Kontakt und Trost, der sie für den Rest ihres Lebens wirklich befriedigen kann. Wenn man einem Kind genug mütterliche Pflege angedeihen läßt – auch eine andere Bezugsperson kann diese Rolle übernehmen –, wird es zu einem Erwachsenen ohne Neurosen und Komplexe heranwachsen. Es wird nicht so sehr nach Geld oder Drogen oder den vielen anderen glücksversprechenden Objekten streben, die letztlich doch keine wahre Befriedigung verschaffen. Es wird wissen, daß Seelenruhe aus dem Inneren kommt, nicht aus äußerlichen Quellen.

Als der Psychologe John Bowlby 1953 das Buch *Mutterliebe und kindliche Entwicklung* schrieb, machte er sich Gedanken über die Deprivation bei Heimkindern. Seine Worte klingen heute noch eindringlicher, während immer mehr Mütter versuchen, zu ihren Kindern auf Distanz zu gehen und trostspendende Objekte zwischen sich und die Kinder zu schieben:

> «Es ist genau die Art von Fürsorge, die eine Mutter gibt, ohne viel darüber nachzudenken, was diese Kinder entbehrt haben. Es sind all jene zärtlichen Spiele, all die mit dem Stillen verbundenen Intimitäten, durch die ein Kind mütterliche Nähe und Geborgenheit erlebt, all die Vorgänge beim Waschen und An- und Auskleiden, bei denen es die stolze Zärtlichkeit der Mutter bei der Berührung seiner kleinen Glieder spürt und durch die es den Wert seiner Person erkennt. All dies hat den beschriebenen Kindern immer gefehlt. Die

einem Kind normalerweise entgegengebrachte Liebe und Freude der Mutter sind Nahrung für seine Seele... Nur wenn die Gabe der Natur fehlt, muß die Wissenschaft erforschen, wie die Milch zusammengesetzt ist, um das beste Resultat für die künstliche Ernährung zu erhalten.»

*Bowlby*, Mutterliebe und kindliche Entwicklung

Babys brauchen menschliche Berührung, damit sie gedeihen können. Wenn ein Kind im Bett der Eltern schläft, hat es Vorteile, die ein Leben lang anhalten. Der amerikanische Romanschriftsteller William Wharton hat dies auf sehr schöne Weise beschrieben:

«Ben liegt ganz entspannt in seinem Bett neben dem Kamin. Die Arme hängen an den Seiten herunter. Er schläft tief und fest. Er wirft sich nicht unruhig herum, knirscht nicht mit den Zähnen, hat keine schrecklichen Alpträume, lutscht nicht am Daumen oder an den Fingern. Wahrscheinlich liegt es daran, daß wir nie zulassen, daß er sich in den Schlaf weint. Wir lassen ihn nie allein, wenn es dunkel ist und er unsere Nähe sucht. Bis er sieben Jahre alt war, hat er mindestens die halbe Nacht in unserem Bett verbracht. Meistens kuschelte er sich dabei an mich. Es störte mich nicht, ja, ich habe es sogar genossen. Ich glaube nicht, daß es natürlich ist, allein zu schlafen. Bei unseren ersten drei Kindern waren wir jung und dumm genug, darauf zu bestehen, daß die Kinder in ihrem eigenen Bett schliefen, weil es die starren Theorien damals so verlangten. Es führte dazu, daß alle drei heute sehr unruhige Schläfer sind. Mir selbst gelang es erst mit vierzig Jahren, tief und fest zu schlafen, so daß ich erfrischt aufwachte. Zur Zeit gelingt es mir nicht immer, auch nicht mit Hilfe von Meditation oder Valium, aber es ging in letzter Zeit recht unruhig zu.»

*Wharton*, Tidings

Valium ist einer der Trostspender für Erwachsene. Jim Horne, Direktor des Schlaflabors in Loughborough, beschreibt die Placebo-Wirkung von hypnotischen Medikamenten bei Menschen, die eine psychologische Stütze brauchen, bevor sie schlafen können. Eine Schmusedecke enthält etwa so viele medizinische Wirkstoffe wie diese Tabletten:

«Das einzige, was die Leidtragenden brauchen... ist irgendeine Garantie, daß sie in dieser Nacht gut schlafen können. Die abendliche Tabletteneinnahme gibt ihnen diese Garantie, selbst wenn es möglicherweise gar nicht erforderlich wäre. Deshalb ist wahrscheinlich jene Schlaftablette, die nie eingenommen wird, aber auf dem Nachttisch liegt, die beste. Zu wissen, daß sie da liegt und, falls nötig, eingenommen werden kann, kann sehr beruhigend sein.»

*Horne*, in: The Practitioner, *Oktober 1985)*

Wenn wir unseren Kindern mehr echten Trost spendeten – ihnen die Freude durch Berührung, die Sicherheit nächtlichen Kontakts bieten würden, könnten vielleicht die uralten Wünsche befriedigt werden, die uns unser Leben lang motivieren. Ein Kind wünscht sich von seinen Eltern totale Annahme. Wenn ihm dieser Wunsch erfüllt wird, kann es sich anderen Dingen zuwenden.

**Kapitel 5**
# Wird es dem Kind in der Nacht gutgehen?

Aufgrund der medizinischen Fortschritte überleben heute mehr Babys als je zuvor. Heute können Kinder Monate zu früh auf die Welt kommen, eine schwere Geburt überleben, eine Gelbsucht erfolgreich überstehen und Infektionen überleben, die vor zehn Jahren den sicheren Tod bedeutet hätten. Verbesserte hygienische Bedingungen und neue Kenntnisse über Ernährung haben dazu geführt, daß die Säuglingssterblichkeit in den entwickelten Ländern relativ niedrig ist. Aber es gibt eine tödliche Erkrankung, durch die jedes Jahr 1500 bis 2000 Kinder in Großbritannien umkommen[1] – und man weiß nicht einmal genau warum. Viel Geld geht in die Forschung, um die möglichen Gründe für den plötzlichen Kindstod zu untersuchen. Dieses Syndrom, das die Kinder meistens in ihrem Bettchen ereilt, ist für die Hälfte der Todesfälle von Kindern im Alter zwischen einer Woche und zwei Jahren in Großbritannien verantwortlich.[2] Neunzig Prozent der betroffenen Kinder sterben, bevor sie neun Monate alt sind.

Abgesehen von Hinweisen darauf, daß gestillte Babys wahrscheinlich weniger vom plötzlichen Kindstod betroffen sind, daß es im Winter häufiger zu Todesfällen draußen kommt und daß in Schweden mehr Babys an einem Samstag in ihrem Bettchen sterben[3], weiß eigentlich niemand so recht, wann es zum plötzlichen Kindstod kommt. Es ist unwahrscheinlich, daß ein einzelner Faktor dafür verantwortlich ist, und scheinbar können die Eltern nur sehr wenig dagegen tun.

Berichte darüber, wie Säuglinge, die eigentlich völlig gesund sind, plötzlich unbemerkt aufhören zu atmen, während sie in ihrem Bettchen oder Kinderwagen liegen, verstärken die Ängste von jungen Eltern. Der folgende Bericht in einer monatlich erscheinenden Zeitschrift ist für die Erfahrung der Eltern typisch. Laura war gerade dreieinhalb Monate alt.

> «Die Nacht, bevor sie starb, verlief eigentlich ganz normal. Frühmorgens, so gegen 4 Uhr 30, wachte sie auf. Jacqueline schmuste ein bißchen mit ihr und legte sie dann wieder in ihr Bettchen, das neben unserem stand.
> Um sieben Uhr wachten wir auf und wunderten uns sofort, warum unser ‹kleiner Wecker› uns nicht schon um 6 Uhr 30, zur üblichen Zeit, geweckt hatte. Ein Blick genügte: Sie lag kalt und leblos in ihrem Bett. Ich telefonierte nach einem Krankenwagen und versuchte eine Mund-zu-Mund-Beatmung, aber es war zu spät. Sie war bereits über eine Stunde tot, und es gab keine Hoffnung mehr.
> Wir konnten es einfach nicht glauben, daß ausgerechnet uns das passiert war. Wir waren zornig, fühlten uns schuldig, waren verwirrt... warum ausgerechnet wir? Wenn wir wach gewesen wären, wäre sie vielleicht nicht gestorben.»
>
> Practical Parenting, *Juni 1988*

Schuld und Verwirrung sind typische Reaktionen auf einen Tod, für den es keine befriedigende Erklärung gibt. Die Kinderpsychologin Dilys Daws hat die Erfahrung gemacht, daß viele Eltern mit gesunden Kindern über das Thema nachdenken, sehr zum Nachteil ihres eigenen Glücks und dem ihrer Familie. Die Ängste einer Mutter können schon dazu beitragen, daß ein Säugling unter Schlafstörungen leidet.

> «Bei Schlafproblemen habe ich häufig das Gefühl, daß ich im Grunde die Ängste der Mutter bändige, so daß sie wiederum die Ängste des Babys unter Kontrolle bringen kann. Oft gibt es einen echten äußerlichen Grund für die Angst der Mutter, beispielsweise Schwierigkeiten bei der Geburt oder in den ersten Wochen, von denen sie sich noch nicht erholt und die sie nicht richtig verarbeitet hat. Mütter machen sich Sorgen, daß das Baby nachts plötzlich sterben könnte, und diese Art Angst basiert auf wirklichen Vorfällen. Jeder hat schon einmal von einem solchen tragischen Fall gehört oder in der Zeitung darüber gelesen.»
>
> *Daws,* in: Journal of Child Psychotherapy, *1985*

Die Ängste einer Mutter um ihr Kind können in der Nacht ungeheure Ausmaße annehmen, wenn das Baby in seinem Bettchen im Zimmer nebenan schläft und sie in ihrem großen Bett nur einen leichten Schlaf hat, wie es bei Müttern normal ist.

Eine Szene am Anfang des Films *Terms of Endearment* verdeutlicht dieses Gefühl sehr schön: Die junge Mutter (Shirley McLaine) schleicht sich auf Zehenspitzen ins Kinderzimmer, voll panischer Angst, daß ihr Baby nicht mehr atmet. Sie stößt die kleine, schlafende Tochter so lange an, bis diese schreiend aufwacht. Jetzt ist die Mutter glücklich. Solange sie das Geschrei hört, weiß sie, daß ihr Kind lebt.

Bei all dieser Panik und den Geheimnissen, die den plötzlichen Kindstod umgeben, ist das nächtliche Wachen der Eltern scheinbar der einzige Schutz dagegen. In vielen Teilen der Welt ist der Krippentod die dritthäufigste Todesursache bei Säuglingen und steht damit gleich hinter angeborenen Anomalien und Frühgeburten.[4] Heute kann man Geräte zur Überwachung der Atemtätigkeit kaufen, die angeblich Alarm geben, wenn das Baby in seinem Bettchen aufhört zu atmen – aber die Foundation for the Study of Infant Deaths, eine Stiftung, die sich in Großbritannien mit der Untersuchung des plötzlichen Kindstods befaßt, warnt vor dem Kauf dieser teuren Geräte. Die Hersteller übertreiben angeblich die Erfolgsrate der Geräte. Die einzige Botschaft, die die Stiftung trauernden Eltern oder jenen, die den Krippentod fürchten, geben kann, ist, Ruhe zu bewahren und das Geschehene zu akzeptieren. Obwohl man in der Erforschung der kindlichen Atemmuster und in der Diagnose gefährdeter Babys Fortschritte gemacht hat, verändert sich die jährliche Sterblichkeitsrate kaum. Die Statistik für das Jahr 1986 zeigt sogar einen leichten Anstieg der Todesfälle bei Babys unter einem Jahr.[5]

Eine Broschüre der FSID, die den Eltern helfen soll, klingt, wenn die Fakten aufgeführt werden, resigniert:

«Babys können aus vielen Gründen unerwartet sterben. In einigen Fällen wird die Ursache bei der Obduktion gefunden, aber in vielen anderen Fällen, in denen frühe Zeichen von Krankheiten nicht vorhanden oder unerheblich waren, findet man die Todesursache nicht... diese Tragödie spielt sich weltweit ab.»
*S*upport for Parents Bereaved by an Unexpected Infant Death,
*September 1985*

«Weltweit» mag vielleicht zutreffen, aber dennoch gibt es derartige Fälle nicht überall. In vielen Teilen der Welt sterben Kinder weiterhin unerwartet und ohne erkennbare Ursache. Andererseits scheinen Kinder in einigen Gesellschaften viel weniger von diesem Syndrom betroffen als in anderen. Neue Untersuchungen deuten darauf hin, daß der plötzliche Kindstod in manchen Ländern und in bestimmten ethnischen Gruppen nur selten auftritt. Diese Informationen sollten dazu genutzt werden, die Ursachen neu zu überdenken. Möglicherweise können sie sogar helfen, ihn zu verhindern.

Michel Odent, der französische Pionier in Geburtsfragen, reiste 1977 nach China und fragte dort Mediziner nach dem Phänomen des plötzlichen Kindstods. Niemand wußte, wovon er sprach. In einem späteren Briefwechsel mit der Zeitschrift The *Lancet* berichtete Dr. Odent von seinen Untersuchungsergebnissen. Selbst die chinesischen Dolmetscher, die mit den Gegebenheiten der westlichen Welt am ehesten vertraut waren, wußten mit seiner Beschreibung eines Säuglings, der ohne erkennbaren Grund plötzlich stirbt, nichts anzufangen:

«Niemand verstand meine Fragen; das Konzept des plötzlichen Kindstods war den Akademikern und Laien in so verschiedenen Orten wie Beijing, Hsian, Loyang, Nanking, Schanghai und Kanton scheinbar unbekannt. Zudem erfuhr ich, daß chinesische Babys bei ihren Müttern schlafen, auch in so westlich ausgerichteten Familien wie denen der Dolmetscher. Seitdem bin ich der Ansicht, daß der plötzliche Kindstod, selbst wenn er tagsüber eintreten sollte, eine Krankheit von Kindern ist, die die Nächte in einer Atmosphäre von Einsamkeit verbringen müssen, und daß der plötzliche Kindstod eine Krankheit in Gesellschaften ist, in denen die Kleinfamilie vorherrscht.»

*Odent*, in: The Lancet, *25. Januar 1986*

Die Theorie, daß eine «Atmosphäre von Einsamkeit» vorherrscht, wird durch Forschungsergebnisse aus Scarborough und Sutton Coldfield unterstützt. Die Ärzte Stanton und Oakley untersuchten die Fälle von Kindern, die im Anschluß an eine Krankheit plötzlich und unerklärlich starben. Sie fanden heraus, daß ein beträchtlicher Anteil der Babys, die am Krippentod gestorben waren, vorher einen langen Krankenhausaufenthalt hinter sich gehabt hatten:

«Diese Untersuchung deutet darauf hin, daß die Einweisung ins Krankenhaus für die Babys, die dann später unerwartet sterben, ein wichtiges Ereignis ist. Auch wenn nur bei 16 Prozent ein solcher Krankenhausaufenthalt vorlag, ist das doch eine weitaus höhere Rate als in der Kontrollgruppe. Außerdem blieben sie im Schnitt doppelt so lange im Krankenhaus und wurden zu späteren Gelegenheiten eher noch einmal eingewiesen. Der häufigste Grund für die Einweisung war eine Infektion, die jedoch in den seltensten Fällen lebensbedrohlich war.»

*Stanton und Oakley*, in: Archives of Diseases in Childhood, *1983*

Die Forscher fanden heraus, daß Babys, die durch den plötzlichen Kindstod starben, häufig deshalb wieder ins Krankenhaus eingewiesen worden waren, weil ihre Eltern zu Hause nicht mit der Krankheit fertig wurden. Annahmen, denen zufolge die Babys zu früh aus dem Krankenhaus entlassen wurden, schlossen sie aus. Sie waren auch nicht an der leichten Infektion gestorben, die ursprünglich zu der Krankenhauseinweisung geführt hatte. Die Wissenschaftler kamen zu folgendem Schluß:

«Eine wichtigere Folge dieser Einweisung war möglicherweise die Störung des Bindungsmechanismus innerhalb der Familie aufgrund der längeren Trennung des Babys von den Eltern.»

Jeder, der einmal eine Zeitlang in der Kinderabteilung eines Krankenhauses verbracht hat, wird das schreckliche Leid kennen, das die zurückgelassenen Babys erleben. Viele Säuglinge kommen ohne die Mutter oder eine andere Bezugsperson ins Krankenhaus, und die überarbeiteten Schwestern können sich nicht allen Kindern einzeln widmen, so daß diese den größten Teil des Tages und der Nacht schreiend in ihren Bettchen verbringen.

Ein längerer Krankenhausaufenthalt während des zweiten Lebenshalbjahres kann das Kind stark schwächen. Auf Tage, an denen es nur schreit, folgen Tage der stillen Trauer und Apathie. Wenn das Kind weiterhin über mehrere Wochen hinweg keine Aufmerksamkeit von einer bestimmten Bezugsperson erhält, nimmt es den Gesichtsausdruck und die Gesten an, die man von erwachsenen Psychotikern kennt. Ohne die Liebe und Aufmerksamkeit einer «Mutter» kann ein Baby für den Rest seines Lebens geistig zurückbleiben.

In den meisten herkömmlichen Krankenhäusern ist die Vereinsamung der Babys nicht zu verhindern. Aber Isolation ist nur dort möglich, wo Menschen genug Raum und Zimmer haben, in denen die Babys untergebracht werden können. In Städten mit hoher Bevölkerungsdichte wie Hongkong, wo Familien sich in Wohnungen in Wolkenkratzern drängen, sind Babys nur selten allein. Professor D. P. Davies, der als Kinderarzt im Prince of Wales Hospital in Hongkong arbeitet, ist der Autor einer Untersuchung, die zeigt, daß der plötzliche Kindstod in der dort lebenden chinesischen Gemeinde sehr selten ist. Er berichtet:

«In den fünf Jahren von 1980 bis 1984 wurden nur fünfzehn Fälle von plötzlichem Kindstod von Gerichtsmedizinern dokumentiert, was ungefähr 0,036 Prozent von 1000 Lebendgeburten entspricht. Wenn die Häufigkeit so hoch wie in westlichen Ländern gewesen wäre (zwei bis drei Prozent von 1000 Geburten), hätte man über diesen Zeitraum 800–1200 Fälle von plötzlichem Kindstod erwarten müssen.»

*Davies*, in: The Lancet, *14. Dezember 1986*

Bei den angesprochenen fünfzehn Fällen handelte es sich bei elf Kindern um chinesische Babys, drei waren britischer und eins japanischer Abstammung – also ein höherer Anteil westlicher Babys, als man bei der Rassenmischung auf der Insel erwarten würde (neunzig Prozent der Bevölkerung gehören der chinesischen Volksgruppe an).

Die offensichtlichste Erklärung für das geringe Auftreten des Krippentodes könnte sein, daß derartige Todesfälle nicht aufgezeichnet werden. Dr. Davies glaubt jedoch nicht, daß dies der Fall ist. Er sagt, daß der plötzliche Kindstod in Hongkong tatsächlich selten ist:

«...in diesem kleinen Territorium mit einer der höchsten Bevölkerungsdichten weltweit sind Großfamilien mit starkem Zusammengehörigkeitsgefühl üblich, und die illegale Beseitigung einer Leiche ist so gut wie unmöglich. Das System für die Sammlung von Daten bei Todesfällen ist sehr effizient...»

Professor Davies kommt zu dem Schluß, daß das Zusammenleben auf engstem Raum, wie es unter der chinesischen Bevölkerung Hongkongs üblich ist, möglicherweise eine wichtige Rolle dabei spielt, die Rate des plötzlichen Kindstodes niedrig zu halten. Seine Forschungsergebnisse sind besonders überraschend, wenn man bedenkt, daß die meisten Babys in Hongkong mit der Flasche ernährt werden, daß es in dem heißen und feuchten Klima häufig zu Überhitzung kommt und viele Kinder an Erkrankungen der Atemwege leiden. Von all diesen Faktoren wird traditionell angenommen, daß sie die Wahrscheinlichkeit des plötzlichen Kindstodes steigern.

Dr. Davies beobachtete zudem folgendes im Leben der chinesischen Gemeinde in Hongkong:

«Die soziale Stabilität ist größer als in vielen westlichen Ländern. Es gibt weniger sehr jung verheiratete Paare und weniger ungewollte Schwangerschaften, dazu eine starke, unterstützende Großfamilie...
Wenn ich weiter über die Lebensbedingungen in Hongkong nachdenke, frage ich mich, ob eine solch hohe Bevölkerungsdichte nicht bestimmte Vorteile hat. Babys werden viel weniger allein gelassen. Die Schlafmuster können anders sein, was feine Anpassungen an physiologische Reaktionen bewirken kann, die bei der Kontrolle der Luftzufuhr eine Rolle spielen. Die Frage, wann das Baby in seinem eigenen Zimmer schlafen könne, wird fast nie gestellt. Könnte der allgemein engere Kontakt mit dem schlafenden Baby möglicherweise die Risiken des plötzlichen Kindstodes verringern?»

Hongkong ist nicht die einzige Insel in diesem Meer der Tragödie, aber vielleicht die am besten dokumentierte. Man weiß beispielsweise, daß der plötzliche Kindstod auch in Malaysia und unter der asiatischen Bevölkerung Nordamerikas wenig verbreitet ist. Aus der Kinderabteilung des Leicester General Hospital bestätigt Peter Swift diese Beweise:

«In Leicester wurde ich während der vergangenen fünfeinhalb Jahre offiziell über alle Fälle von plötzlichem Kindstod in dieser Stadt informiert. Es starben sechs asiatische Babys im Vergleich zu 49 weißen Babys und sieben Mischlingsbabys weißer oder schwarzer Abstammung. Da mehr als 30 Prozent der Geburten in Leicester in asiatischen Familien erfolgen, könnten diese Zahlen möglicherweise zu der Annahme führen, daß diese Todesart bei unserer asiatischen Bevölkerung weniger häufig auftritt. Die Zahlen aus Leicester sind jedoch möglicherweise nicht repräsentativ, weil bei bestimmten religiösen Gruppen nicht alle Fälle bekannt werden, um eine offizielle Autopsie zu vermeiden.»

*Swift*, in: The Lancet, *1. März 1986*

Robert Tseng, der als Kinderarzt in Großbritannien und Hongkong gearbeitet hat, ist überzeugt, daß der chinesische Lebensstil dazu beiträgt, daß der plötzliche Kindstod nur sehr selten auftritt. Dr. Tseng zeichnet ein sehr lebendiges Bild des Alptraums, ein sterbendes Baby retten zu wollen:

«Ein Säugling, der plötzlich gestorben ist und mit seinen Eltern in die Notaufnahme kommt, wo eine Wiederbelebung versucht wird, ist eine Erfahrung, die man nicht so schnell vergißt. Ich habe innerhalb der neun Monate, in denen ich als Oberarzt in einem Bezirkskrankenhaus in Kingston-on-Thames in Großbritannien gearbeitet habe, sechs solcher Fälle miterlebt. Während der letzten achtzehn Monate, in denen ich in einem allgemeinen Krankenhaus in Hongkong auch im Bereitschaftsdienst der Notaufnahme gearbeitet habe, hatte ich kein einziges Mal ein derart traumatisches Erlebnis...
Vielleicht gibt es auf die Frage, wodurch der plötzliche Kindstod verursacht wird, eine holistische Antwort, die man nicht durch große Forschungsbemühungen in isolierten medizinischen Disziplinen oder anhand von isolierten Fällen plötzlichen Kindstodes findet. Ich möchte Dr. Odents Ansicht unterstreichen, daß der plötzliche Kindstod größtenteils die Krankheit von Gesellschaften mit bestimmten kulturellen Praktiken in der Kindererziehung ist... Wenn man diese kulturellen Unterschiede vorurteilslos und genauer untersuchen würde, käme man wahrscheinlich zu ganz anderen Schlußfolgerungen.»

*Tseng*, in: The Lancet, *1. März 1986*

Der Anthropologe James McKenna, der am Ponoma College in Claremont arbeitet, sucht bei der Erforschung des plötzlichen Kindstodes nach einer holistischen (ganzheitlichen) Antwort. Er berichtet, daß Zahlen über das Auftreten des plötzlichen Kindstodes in nichtindustrialisierten Ländern nur schwer zu erhalten sind.

In vielen dieser Länder wird bei Säuglingen keine gründliche

Autopsie durchgeführt oder die Diagnose eines plötzlichen, unerwarteten, aber erklärlichen Todesfalls nicht aufgezeichnet.

«Vergleiche von urbanen Gesellschaften, die in Berichten und Diagnosen des plötzlichen Kindstodes gewisse Normen einhalten, sind eher möglich, aber auch hier können Schwierigkeiten auftreten. So liegen die Zahlen in Schweden, in den Niederlanden, in der Schweiz und Israel niedriger. Hier schlafen in einigen Teilen der Bevölkerung Säuglinge bei ihren Eltern im selben Zimmer. Zudem sind die Sterblichkeitsraten bei Kindern im allgemeinen (nicht nur beim plötzlichen Kindstod) in Japan extrem niedrig. Es ist eine urbane Gesellschaft, in der man mit Kindern zusammen in einem Raum schläft...»

*McKenna*, in: Medical Anthropology, *1986*

Die Unbestimmtheit von Daten aus der dritten Welt macht Dr. Davies' Bericht aus Hongkong noch wichtiger, wie Dr. McKenna erklärt.

Asiatischen, chinesischen und malaysischen Familien sind bei der Kindererziehung viele Dinge gemein. So schlafen sie beispielsweise mit den Kindern in einem Bett, solange diese klein sind. Wie Dr. Odent erklärt, ist dies meistens die letzte natürliche Praxis, die aufgegeben wird, selbst wenn die Kinder mit der Flasche ernährt werden und bei der Geburt hochtechnologische Praktiken eingeführt wurden. Viele asiatische Familien in der westlichen Welt leben unter extrem beengten Bedingungen, aber in diesem Fall scheint die Armut auf ihrer Seite zu stehen. Für Kinder und Babys gibt es einfach keine andere Möglichkeit, als das Bett mit den übrigen Familienmitgliedern zu teilen.

Was könnte also die Verbindung zwischen dem Schlafen im Kinderbett und dem plötzlichen Kindstod sein? Susan Brand, die für die Foundation for the Study of Infant Death arbeitet, sagt, daß der plötzliche Kindstod genauso wahrscheinlich ist, wenn das Kinderbett im Elternschlafzimmer steht statt im Kinderzimmer. In beiden Fällen hat das Kind über längere Zeit keinen Kontakt zu einem anderen Menschen. Somit könnte das Kinderbett selbst ein Faktor für den plötzlichen Kindstod sein.

In seinem Thesenpapier *An Anthropological Perspective on SIDS* sammelt James McKenna eine Unmenge an Beweisen, die diese These unterstützen. Diese Diskussion ist sehr akademisch und wurde für Fachärzte und Wissenschaftler geschrieben, aber man sollte die wichtigsten Punkte einmal genauer untersuchen.

Der Fötus in der Gebärmutter kann schon drei Monate vor der Geburt rhythmisch zu atmen beginnen. Untersuchungen haben gezeigt, daß sensorische Reizung (beispielsweise der wiegende Gang der Mutter und die Geräusche, die sie macht) dazu führt, daß das Ungeborene regelmäßig atmet. All diese Reize werden vom Fötus wahrgenommen, denn selbst in der Gebärmutter ist das Gehör schon sehr gut ausgebildet.

Bei und kurz nach der Geburt besitzt das Neugeborene noch eine natürliche Immunität gegenüber dem plötzlichen Kindstod. Sie mag von einem natürlichen Atmungsreflex herrühren, der das Baby nach Luft schnappen läßt, wenn es in Gefahr ist zu ersticken. Dieser Reflex geht jedoch nach einigen Wochen verloren, da das Gehirn in den Vordergrund tritt und die Entwicklung des Kindes zu kontrollieren beginnt. Während dies geschieht, stellt sich das Baby wieder auf die Mutter ein und wird abhängiger von ihr. Während die Verschiebung vom Reflexverhalten zum kontrollierten Verhalten stattfindet, ist das Kind gegenüber Fehlern in den durch das Gehirn kontrollierten Funktionen (zu denen auch das Atmen zählt) verletzlich.

Ein Arzt berichtet, daß der Herzschlag eines normalen, gesunden Babys, das allein schläft, sehr unregelmäßig ist:

«Geräte, die den Herzschlag einer großen Zahl normaler Säuglinge über einen Zeitraum von 24 Stunden aufgezeichnet hatten, zeigten an, daß gelegentliche Rhythmus-Abnormitäten unerwartet häufig auftraten. Man kam daher zu dem Schluß, daß die Unreife des Herzschlags und der Atmungsregulierung unter Umständen, in denen dies normalerweise nicht geschehen würde, zu einem Stillstand des Herzens oder der Atmung führen kann.»

*Evans*, in: Nursery World, *31. Juli 1980*

Eine der wichtigsten Veränderungen, die ein Menschenbaby durchmacht, betrifft die Atmung, damit es zur Sprachentwicklung kommen kann. Hier liegt einer der Hauptunterschiede zwischen dem Menschen und anderen Säugetieren, die keine Sprache besitzen und deren Jungen nicht vom plötzlichen Tod betroffen sind.

Ein Baby muß lernen, zielgerichtete Laute zu bilden, die sich vom Weinen unterscheiden, bevor es eine Sprache überhaupt erlernen kann. Im ersten Lebensjahr verlangsamt sich die Atmung von etwa 87 auf 17 Atemzüge pro Minute. Im Alter von zwei bis vier Monaten, wenn diese Veränderung des Atmungsmusters stattfindet, sind Babys am häufigsten vom plötzlichen Kindstod betroffen. Gleichzeitig reagiert es in dieser Zeit am stärksten auf zärtliche Berührungen.[6]

Ich habe bereits im vorigen Kapitel beschrieben, wie die regelmäßige Atmung eines Babys gefördert wird, wenn es neben einem Erwachsenen schläft. Dr. McKenna arbeitet an der Theorie, daß ein Neugeborenes durch die Eltern, die neben ihm schlafen, auf ähnliche Weise angeregt wird wie das Baby in der Gebärmutter, das durch die Bewegungen der Mutter zum Atmen angeregt wird. Wir gehören nun einmal zu einer Gattung, die Kinder normalerweise mit sich herumträgt, und das Kind erwartet, daß es immer bei seiner Mutter oder Bezugsperson ist.

McKenna zeigt, daß die vestibuläre Stimulation (d. h. die Atembewegung der Brust des Erwachsenen im Schlaf), Wiegen, Berührung und Wärmeaustausch dazu dienen, die Gesundheit und die Atmung des Säuglings zu fördern. Ein Baby, das bei den Eltern schläft, atmet wahrscheinlich Kohlendioxid ein, ein chemischer Reiz, den nächsten Atemzug zu machen.

> «Wenn die Eltern bei ihrem Kind oder in seiner Nähe schlafen, ist es wahrscheinlich, daß nachts über einen längeren Zeitraum die Körperwärme ausgetauscht wird, aber auch die ausgeatmeten Kohlendioxidgase. Kürzlich hat Sullivan (1984) erklärt, daß Säuglinge während des REM-Schlafs das Kohlendioxid riechen können... Wenn dies zutrifft, könnte der Säugling in dem Mikroenvironment, das durch die Eltern (in ihrem Bett) geschaffen wird, auf das ausgeatmete Kohlendioxid der Eltern reagieren, indem er einen Teil davon einatmet. Das heißt, die Chemo-Rezeptoren im oberen Teil der Nase des Säuglings würden genug $CO_2$ der Eltern erhalten, um die Möglichkeit einer vom Hirnstamm angeregten Einatmung zu erhöhen.»
>
> *McKenna*, in: Medical Anthropology, *1986*

Ironischerweise war es eben dieser Gasaustausch, der die Menschen früherer Zeit dazu veranlaßte zu glauben, daß Mutter und Kind *nicht* zusammen schlafen sollten. Erinnern wir uns an die Worte in der Zeitschrift *Baby*:

«Während der ersten Lebenswochen wird die Körperwärme aufrechterhalten, indem das Kind bei der Mutter schläft; aber ein älteres Kind sollte keinesfalls zwischen zwei Erwachsenen schlafen, da es sonst die Ausdünstungen ihrer Körper einatmen würde.»

Baby, *1888*

Der Verfasser dieses Artikels riet also dazu, das Kind genau zu dem Zeitpunkt in sein eigenes Bett zu verfrachten, wenn es für die äußere Stimulation der Atmung besonders abhängig von der Mutter ist.

Aber vielleicht erinnert die regelmäßige Brustbewegung des schlafenden Elternteils, zusammen mit dem rhythmischen Luftstrom, das verletzbare Baby daran, weiterzuatmen. Treten Probleme auf, ist das Baby nach Meinung der Autorin Dr. Penny Stanway in den Armen seiner Mutter sicherer aufgehoben als im eigenen Zimmer.

«Wenn ein Baby zu Herzstillstand neigt, wird es anfangen herumzuzappeln», erklärte sie mir. «Die Mutter wacht dann auf und stillt das Baby, was zu einer Reizung seines Systems führt. Das ist viel besser, als sich auf ein Alarmsystem im Kinderzimmer zu verlassen.»

Dr. Stanway weist außerdem darauf hin, daß die übliche Position beim nächtlichen Stillen, bei der der Kopf des Babys in der Armbeuge der Mutter liegt, die Gefahr reduziert, daß das Kind möglicherweise an Erbrochenem erstickt. Selbst bei ganz grundlegenden Sicherheitserwägungen hat ein Baby im Bett seiner Eltern mehr Sicherheit als im eigenen Bett.

Wir wissen, daß gestillte Babys statistisch gesehen ein geringeres Risiko haben, durch den plötzlichen Kindstod zu sterben als Säuglinge, die mit der Flasche ernährt werden. Man weiß nicht, ob die Zusammensetzung der Milch selbst etwas damit zu tun hat, aber ein gestilltes Baby hat wahrscheinlich mehr zusätzlichen Kontakt zu seiner Mutter, so daß es seinen regelmäßigen Atemrhythmus besonders nachts beibehält.

Dr. McKenna ist nicht der Meinung, daß der plötzliche Kindstod völlig verhindert werden kann, wenn ein Kind bei den Eltern schläft, wie auch das Kinderbett nicht seine Ursache im engeren Sinn ist. Er sagt jedoch, daß die Abhängigkeit eines Babys von seiner Mutter Grund genug sei, die beiden nachts nicht voneinander zu trennen. Wenn bei einem Baby das Risiko besteht, dem Krippentod zum Opfer zu fallen, erhöhen möglicherweise seine anlagebedingten Schwächen zusammen mit der Tatsache, daß es allein schläft, das Risiko.

«Meiner Ansicht nach atmen allein schlafende Säuglinge anders (weniger stabil) als Säuglinge, die bei den Eltern schlafen, und natürlich sind auch die Eltern besser in der Lage, auf Veränderungen beim Kind zu reagieren, beispielsweise bei ernster Apnoe (Atemlähmung) oder Atemstillstand.»

*McKenna*, in: Medical Anthropology, *1986*

Dr. McKenna hat untersucht, wie sich die Atmungsmuster unterscheiden, wenn die Babys bei den Müttern und wenn sie allein schliefen. Die vorläufigen Ergebnisse legen nahe, daß der Atemrhythmus des Babys dem der Mutter folgt. Dies bekräftigt McKennas Auffassung, daß Mutter und Kind dazu geschaffen sind, miteinander in Harmonie zu atmen.

«Vielleicht gibt es keine fundamentalere Form von Wechselbeziehung und Gleichlauf zwischen Eltern und Kind als die Reaktionen von Eltern und Säuglingen auf die Atmung des jeweils anderen. Sie kann sich beim gemeinsamen Schlaf in einem Bett zu einer Form der ergänzenden Atmung entwickeln.»

*McKenna*, in: Medical Anthropology, *1986*

Erst wenn weitere Untersuchungen in diesem Bereich angestellt werden, können wir über das Wesen und die Implikationen der ergänzenden Atmung spekulieren. Wenn wir sie ganz verstehen, könnte unsere Auffassung von der Beziehung zwischen Mutter und Kind revolutioniert werden. Unsere Annahme über das Maß der Unabhängigkeit, die ein Säugling tolerieren kann, könnte sich völlig ändern. Vorerst muß man feststellen, daß es dem Kind nicht schadet, bei seinen Eltern im Bett zu schlafen. Ganz im Gegenteil: Ärzte haben festgestellt, daß sich diese Praxis in Familien, in denen man vor dem plötzlichen Kindstod Angst hat, positiv ausgewirkt hat.

Eltern, die ihr Kind mit zu sich ins Bett nehmen, müssen sich keine Gedanken machen, ob das Kind noch lebt, denn durch die gegenseitige Körperberührung spüren sie dies. Wenn das Baby aufhört zu atmen, können innerhalb kürzester Zeit Gegenmaßnahmen ergriffen werden. Das Baby aufzunehmen, es zu wiegen oder zu stillen sind alles bekannte Maßnahmen, um es nach einem Atemstillstand wiederzubeleben.

Manchmal wird der plötzliche Kindstod mit mechanischer Erstickung verwechselt. Oft hört man von Eltern, daß sie Angst haben, das Baby mit zu sich ins Bett zu nehmen, weil sie es nachts erdrücken könnten.

Zu Beginn dieses Jahrhunderts suchten die Ärzte nach einleuchtenden Ursachen für den Tod bei Säuglingen, um die Sterblichkeitsrate zu verringern. Wenn ein Baby plötzlich starb und zufälligerweise bei den Eltern im Bett gelegen hatte, wurde als Todesursache meistens Tod durch Erdrücken angegeben. Daher sagten die Ärzte, daß «es der beste Schutz für das Kind ist, wenn es in einem eigenen Bett von den Eltern getrennt schläft».[7] Fälschlicherweise glaubte man, daß das Erdrücken die Ursache des plötzlichen, unerwarteten und sonst nicht erklärbaren Kindstodes war.

Unzählige Untersuchungen haben seitdem gezeigt, daß zwischen dem plötzlichen Kindstod und dem Erdrücken keine Beziehung besteht. Dr. David Haslam, Verfasser des Buches *Schlaflose Kinder – unruhige Nächte*, erklärt, daß die Vorstellung, Eltern könnten ihre Kinder im Bett erdrücken, «Unsinn» sei. Dr. Hugh Jolly sieht ebenfalls keine Verbindung zwischen dem plötzlichen Kindstod und mechanischem Ersticken:

> «Ersticken wurde zum Sündenbock für viele plötzliche Todesfälle von Säuglingen gemacht. Die Eltern machten sich Vorwürfe, daß sie das ‹falsche› Bettzeug angeschafft hatten oder, noch schlimmer, weil sie das Kind in ihrem Bett hatten schlafen lassen. Im schlimmsten Fall tauchte sogar der Verdacht auf, sie hätten es absichtlich ersticken lassen. Doch in dem Alter, in dem Todesfälle von Säuglingen am häufigsten sind – zwei bis sechs Monate –, kann ein normaler Säugling den Kopf heben und seine Lage verändern, wenn er nicht richtig atmen kann.»
>
> *Jolly*, Das gesunde Kind

Die BBC veranschaulichte dies 1987 in ihrem Programm *Tomorrow's World* in einem Zeitraffer-Film[8] von zwei Erwachsenen, die mit ihrem Baby in einem Bett schliefen. Jedesmal, wenn das Baby im Schlaf auf die Eltern zurollte, nahmen diese eine andere Position ein. Ein gesundes Baby kann nachts seine Position verändern, vorausgesetzt, es ist nicht zu straff gewickelt und liegt nicht in einem Korsett.

Der Annahme, daß die Atmung für das Baby schwieriger werde, wenn es im Schlaf an der Brust saugt, stehen neue Forschungsergebnisse des John Radcliffe Hospital in Oxford entgegen. Dr. Paul Johnson, der dort als Physiologe arbeitet, berichtet in einem Rundschreiben der FSID vom August 1986, daß die Senkung des Kehlkopfes dem Baby im frühen Säuglingsalter keinerlei Schwierigkeiten bereite: «Das Neugeborene kann also wirkungsvoll atmen und gleichzeitig drei- bis viermal pro Sekunde schlucken – ein Reflex, der bei den meisten Erwachsenen nicht mehr vorhanden ist.»

Immer noch herrscht der Glaube vor, daß Babys nicht durch den Mund atmen können und daß sich aus diesem Grund die Gefahr des Erstickens erhöhe. Dr. Johnson zeigt, daß Babys durchaus in der Lage sind, nach Belieben durch den Mund zu atmen:

«...das menschliche Neugeborene atmet (wie es auch bei den meisten Säugetieren der Fall ist) entgegen verschiedenen Veröffentlichungen nicht zwangsweise durch die Nase. Dies war einst eine populäre, aber nicht bewiesene Ansicht, die auf ‹Tests› zurückzuführen war, in denen man Babys die Nase verstopft hatte. Man beobachtete, daß die Säuglinge versuchten zu atmen, ohne dabei den Mund zu öffnen. Aber aus ethischen und nicht so sehr physiologischen Gründen verstopfte man die Nase nur einige Atemzüge lang. Mittlerweile haben zwei unabhängige Gruppen in Belgien und den USA gezeigt, daß es für einige Neugeborene nicht nur normal ist, auch durch den Mund zu atmen, sondern daß sie auch zur Mundatmung übergehen, wenn die Nase irgendwie verstopft ist. Dabei wachen sie nicht einmal auf.»

Eine Mutter wird dies selbst feststellen, wenn das Baby einen Schnupfen hat. Es wird versuchen, durch die Nase zu atmen, aber, da dies nicht klappt, seinen Mund öffnen. Dr. McKenna sagt zudem, daß sogar ein Baby, das gerade erst geboren wurde, sich beklagt, wenn es beim Atmen Schwierigkeiten hat:

«Es ist natürlich möglich, daß ein Kind im Bett erdrückt wird, aber es ist unwahrscheinlich. Auch Tod durch Erhängen kommt in ei-

nem schadhaften Kinderbett bisweilen vor, aber nicht sehr häufig...
weiche Matratzen anstelle von harten können die allgemeine Sicherheit bei Eltern und Kindern, die zusammen schlafen, zwar verringern. Trotzdem wehrt sich selbst ein Säugling, der erst wenige Tage alt ist, lautstark, wenn die Atemwege behindert werden.»

*McKenna*, in: Medical Anthropology, *1986*

Fälle von zufälligem mechanischem Ersticken sind in der Tat äußerst selten. Zahlen des Statistischen Bundesamtes aus dem Jahr 1985 belegen, daß es in Großbritannien bei Babys, die noch kein Jahr alt waren, 6141 Todesfälle gab. Bei 1165 Fällen wurde die Todesursache mit plötzlichem Kindstod angegeben. Nur sechs Kinder erstickten in diesem Jahr – vier im Bett der Eltern und zwei in ihrem eigenen Bett.

Ein Beispiel für einen Erstickungstod aus neuerer Zeit gelangte landesweit in die Zeitungen. Ein einjähriges Kind aus Wiltshire erstickte unter der Bettdecke der Eltern, nachdem die Mutter es mit zu sich ins Bett genommen hatte, «damit es einschlafen würde». In dem Zeitungsbericht heißt es:

«Der Tod von Leon Forsey aus Bishops Cannings, Devizes, war ein Unglücksfall. Ein Sprecher für die Königliche Gesellschaft für die Verhütung von Unfällen sagte hinterher: ‹Wir raten dazu, Kinder in diesem Alter im eigenen Bett schlafen zu lassen. Wir sind nicht der Meinung, daß sie allein oder mit Erwachsenen im Elternbett schlafen sollten.›»

Daily Telegraph, *1. Oktober 1988*

Ohne die genauen Umstände zu kennen, ist es unmöglich herauszufinden, warum ein gesunder Einjähriger sich in der Nacht nicht von einem Oberbett befreien konnte. Aber ein Baby, das im Bett seiner Mutter gefährdet ist, wäre in seinem eigenen Bett in noch größerer Gefahr. Es könnte unter seiner Decke ersticken, ohne daß irgend jemand seinen Kampf bemerkt. Berichte über derartige Unfälle findet man immer wieder in den Zeitungen, gerade weil sie so selten sind, während man vom plötzlichen Kindstod viel seltener liest. Unglückliche Ausnahmen von der Regel sind kein Grund, Babys nachts allein zu lassen.

Die Foundation for Sudden Infant Deaths selbst hat kürzlich über Fälle berichtet, in denen Babys plötzlich und unerklärlich starben, als sie im Bett ihrer Eltern schliefen – diese Fälle sind selten, kommen aber bisweilen vor. Aufgrund von Daten, die der Stiftung vorliegen, bestätigte ihre Sprecherin Tracy Curds, daß «in den sehr wenigen Fällen, in denen man Babys tot im Bett der Eltern fand (und bei denen die Todesursache als plötzlicher Kindstod diagnostiziert wurde), die Kinder NICHT erdrückt worden waren».[9]

Dieselben Forscher fanden eine interessante Tatsache heraus: Die Familien, in denen die Todesfälle aufgetreten waren, waren vor dem Tod des Kindes zweimal so häufig umgezogen wie die Kontrollfamilien. Dies unterstützt die Annahme, daß Störung und Trennung – die möglichen Folgen eines Traumas durch den Umzug – für das Leben eines Babys kritisch sind.

Wenn ein Baby bei seinen Eltern schläft, sind nur wenige, einfache Vorsichtsmaßnahmen zu beachten, damit die Gefahr durch Ersticken vermieden wird. Das Baby sollte Bewegungsfreiheit haben. Die Eltern, die mit ihm im Bett schlafen, sollten gesund sein. Sie sollten nicht betrunken sein, Medikamente eingenommen haben oder unter starkem Übergewicht leiden. Wasserbetten oder sehr weiche Betten sind nicht geeignet, und die Kissen sollten so angeordnet sein, daß sie nicht auf das Kind fallen und es ersticken können.

Eltern neigen heute dazu, bei ihren Kindern übervorsichtig zu sein und nicht umgekehrt. Diese wichtigen Vorbereitungen scheinen einleuchtend und logisch. In den armen Haushalten gegen Ende des letzten Jahrhunderts waren nicht alle Eltern so umsichtig. An Wochenenden starben mehr Babys im Bett der Eltern durch Ersticken – wahrscheinlich weil Mutter oder Vater dann betrunken nach Hause kamen.

Seit 1908 gibt es ein Gesetz in Großbritannien, das verhindern soll, daß Eltern ihre Kinder mit zu sich ins Bett nehmen, wenn sie betrunken sind. Die Vorschrift wurde in das Gesetz für Kinder und Jugendliche von 1933 übernommen und ist heute noch in Kraft. Sie lautet:

«...wenn bewiesen wird, daß der Tod eines Kindes unter drei Jahren durch Ersticken verursacht wurde (wobei das Ersticken nicht durch Krankheit oder Vorhandensein eines Fremdkörpers im Hals oder in den Atemwegen verursacht wurde), während das Kind mit einer anderen Person im Alter von über sechzehn Jahren im Bett lag, so kann der Betreffende wegen Vernachlässigung, die der Gesundheit des Kindes Schaden zufügen konnte, angeklagt werden, wenn er beim Zubettgehen unter Alkoholeinfluß stand.»[10]

Dr. Hugh Jolly fand bei eigenen Untersuchungen heraus, daß alle Todesfälle von Säuglingen, die bei ihren Eltern schliefen, auf Alkoholkonsum, Medikamente, Übergewicht oder Krankheit zurückgeführt werden konnten.

Vom plötzlichen Kindstod ist eins von 500 Babys betroffen. Die Zahlen haben sich kaum verändert, seitdem diese Diagnose oder «Tod aus unbekannter Ursache» zum erstenmal auf einem Totenschein in Großbritannien vermerkt wurde (dies geschah im Jahre 1971, als die FSID gegründet wurde). Dr. Pam Davies, die für die Stiftung arbeitet, erklärt, daß es möglicherweise eine höhere Zahl ungeklärter Todesfälle gibt, als die offiziellen Zahlen belegen. Ärzte in einigen Teilen Großbritanniens vermeiden die Diagnose «plötzlicher Kindstod» und schreiben statt dessen «Tod durch Atemstillstand» in den Totenschein, weil dies ihrer Meinung nach den Eltern weniger Kummer bereitet. Diese Todesursache wird bei der jährlichen Gesamtzahl des Krippentodes nicht mitgezählt.

Die jährliche Zahl von Todesfällen durch Ersticken kann dagegen vernachlässigt werden. Diese Todesart ist zweihundertmal weniger wahrscheinlich als der plötzliche Kindstod. Zudem kann sie völlig vermieden werden, was beim plötzlichen Kindstod nicht der Fall ist.

McKenna kommt zu dem Schluß, daß «die Möglichkeit des Todes durch Ersticken nicht die Vorteile verringert, die sich ergeben, wenn ein Kind bei seinen Eltern schläft. Wenn das Erdrücken von Kindern tatsächlich ein ernstes Problem wäre, würde der Mensch heute nicht mehr existieren, um diese Möglichkeit überhaupt zu untersuchen.»

Unsere Kinder allein schlafen zu lassen ist ein Risiko, das wir nicht eingehen sollten.

**Kapitel 6**
# Festessen um Mitternacht

Als meine Großmutter ihr Baby stillen wollte, erklärte ihr die Hebamme: «Sie möchten doch mitten in der Nacht auch kein Beefsteak essen, warum sollte Ihr Baby also Hunger auf Milch haben?» Meine Großmutter befolgte den Rat und stillte ihr Baby nur tagsüber mit den vorgeschriebenen Pausen von vier Stunden zwischen den Mahlzeiten. Innerhalb weniger Wochen verlor ihre Tochter an Gewicht, und meine Großmutter gab auf. Ihr wurde wie so vielen Müttern dieser Zeit gesagt, daß sie nicht genug Milch für ihr Kind habe. Der Fehler wurde ihr zugeschrieben.

Tausende von Frauen können heute ähnliche Geschichten erzählen. Bücher über Kinderpflege stellen das Stillen als eine besondere, nur schwer erlernbare Kunst dar. Freundinnen erzählen vom Stillen wie von einem anstrengenden Kampf. Viele geben auf, weil sie angeblich nicht genug Milch haben. Anstatt stillende Mütter zu ermutigen, werben Hersteller von Fertignahrung für künstliche Milch und unterstützen den frühen Übergang zu fester Nahrung.

Ein Regierungsausschuß, der sich mit den medizinischen Aspekten der Lebensmittelpolitik beschäftigt, hält Muttermilch für die beste Babynahrung und plädiert dafür, Kinder mindestens ein Jahr lang zu stillen. Doch eben dieser Ausschuß nahm unwidersprochen hin, daß die meisten Babys in Großbritannien schon im Alter von vier Wochen mit der Flasche ernährt werden.[1] Unbeeindruckt von den Fachleuten, die die Vorteile des Stillens immer wieder betonen, liegt heute noch die Flaschennahrung im Trend.

Bekanntlich werden Babys seit Millionen von Jahren gestillt, entweder direkt von ihrer Mutter oder von einer Amme. Bei vielen Stämmen und Kulturen, auch der unseren, hielt sich lange Zeit die Vorstellung, daß die Vormilch, das Kolostrum, schlecht oder schmutzig sei, und so wurden Mutter und Kind während der ersten Tage nach der Geburt getrennt. Kolostrum wurde als «Hexenmilch» bezeichnet, bis der englische Arzt William Cadogan in der Mitte des 18. Jahrhunderts seine Vorzüge erkannte. Cadogan war ein Befürworter des uneingeschränkten Stillens.

Muttermilch war das naheliegende Nahrungsmittel für das Kind, und ohne sie wäre das Baby wahrscheinlich verhungert.

In der Mitte des 19. Jahrhunderts wurde in Kleinanzeigen neben Tinkturen für Kahlköpfigkeit und anderen Heilmitteln regelrecht für Alternativen zur Muttermilch geworben. Babys konnten nun mit dem Löffel gefüttert oder mit Flaschen, die mit Ledersaugern versehen waren, ernährt werden. Etwa um 1880 begannen Ärzte und andere Experten, Methoden und Rezepte für die Säuglingsernährung zu entwickeln. Zunächst versuchten sie lediglich, mit ihren Empfehlungen Ordnung in die zufällige Methode zu bringen, nach der die meisten Mütter ihre Babys fütterten. Ständiges Stillen am Tag und in der Nacht wurde als unordentliches (und unmedizinisches) Vorgehen betrachtet:

«Der Zeitpunkt der Nahrungsaufnahme ist kein belangloser Gegenstand. Da sehr junge Säuglinge wesentlich mehr vitale Kraft verbrauchen, stellen sie eine Ausnahme dar und dürfen häufiger mit Nahrungsmitteln versorgt werden.

Es ist jedoch ratsam, auch sie an eine gewisse Regelmäßigkeit zu gewöhnen. So sollen ihnen die Mahlzeiten zu bestimmten Tageszeiten gewährt werden. Denn man hat beobachtet, daß jene Kinder, die wahllos den ganzen Tag über gefüttert werden, unter Schwäche und Krankheit leiden.»

Enquire Within Upon Everything, *1882*

Die «kritische» Mutter führte also bei ihrer Stilltechnik ein System ein. Die mütterliche Pflege sollte nicht länger den Launen von Mutter und Kind gehorchen, nun stellten Ärzte Regeln für die Säuglingspflege auf, die auf neuen, wissenschaftlichen Ernährungstheorien beruhten.

Die Gemeindehebamme Chloe Fisher hat sich mit vielen alten Lehrbüchern befaßt, um herauszufinden, wie uns die Kunst des

Stillens verlorengehen konnte. Sie kam zu dem Schluß, daß die Ärzte stillenden Müttern verschiedene Einschränkungen auferlegt haben: (1) das Bestehen auf regelmäßigen Fütterzeiten, (2) die Kontrolle der Häufigkeit des Stillens, (3) eine Begrenzung der Zeitdauer beim ersten Anlegen an die Brust, (4) eine Beschränkung bei der Gesamtdauer jeder Mahlzeit und schließlich (5) das völlige Verbot, nachts zu stillen.[2]

Zudem ist auf den sozialen Druck hinzuweisen, so früh wie möglich abzustillen. Der Trend geht dahin, dem Baby im Alter von drei Monaten neue Nahrungsmittel anzubieten – oder sogar noch früher, wenn das Baby besonders hungrig scheint und ständig an der Brust saugt. Die meisten Frauen geben es nach wenigen Monaten wieder auf, zu stillen. Die häufigsten Gründe dafür sind die zu geringe Milchproduktion, körperliche Beschwerden der Mutter, sozialer Druck und die Rückkehr an den Arbeitsplatz – nicht die Ablehnung der Brust durch das Baby.

In den zwanziger Jahren haben Pioniere wie der Neuseeländer Truby King eine ganze Generation von Medizinern beeinflußt. Obwohl King zweifellos in der ehrenhaften Absicht handelte, wohlgenährte Babys aufzuziehen und den Ausbildungsstand der Frauen in hygienischen Dingen zu verbessern, führten seine Empfehlungen zu einem ausgesprochen strikten Stundenplan beim Stillen.

Viktorianische Ärzte hielten dazu an, Neugeborene alle eineinhalb Stunden zu stillen. Diese Empfehlung beruhte im Grunde auf der Beobachtung der allgemein üblichen Methoden. So schlug etwa Edmund Owen in den achtziger Jahren des letzten Jahrhunderts folgendes vor:

«Während des ersten Monats sollte ein Baby alle zwei Stunden gefüttert werden, und wenn es einen gesunden Schlaf hat, kann man es zu den Mahlzeiten wecken. Auf keinen Fall sollte es eine dritte Stunde ohne Nahrung verbringen. Wenn man ihm erlaubt weiterzuschlafen, wacht es schließlich mit so großem Hunger auf, daß es zuviel ißt und durch plötzliches Erbrechen ein großer Teil seiner Mahlzeit verschwendet wird... Regelmäßiges und häufiges Füttern ist eine gute Sache für kleine Kinder.»

*Owen, in: Baby, 1888*

Doch glaubte man in den zwanziger Jahren, so auch Truby King und seine Anhänger, daß das Neugeborene aus härterem Holz geschnitzt sei. Sie führten die Regel ein, im Abstand von vier Stunden zu füttern. Mabel Liddiard, eine begeisterte Anhängerin Kings, schrieb:

> «Die öffentliche Meinung zu diesem Thema hat sich sehr schnell geändert – vor nicht allzu vielen Jahren wurde die Mutter aufgefordert, alle zwei Stunden zu stillen, Tag und Nacht. Kein Wunder, daß das Stillen altmodisch wurde! Dann hielt man den dreistündigen Abstand für das beste, während man heute dem vierstündigen Rhythmus zustimmt.»
>
> *Liddiard*, The Mothercraft Manual *[1924–1948]*

Über die Schrecken des Stillens konnte man in jedem Handbuch für Mütter nachlesen. Die Worte der viktorianischen Autorität Mrs. Jane Ellen Panton waren für Ratschläge zum Stillen hundert Jahre tonangebend: «Keine Mutter sollte sich dazu verurteilen, eine einfache oder gewöhnliche ‹Kuh› abzugeben, es sei denn, sie hat das echte Verlangen zu stillen...»[3]

Die Botschaft an Mütter und Hebammen war klar – das Stillen war eine unangenehme Aufgabe. Damals erkannte man nicht, daß diese Unannehmlichkeit im wesentlichen erst durch die Vorschriften entstand, die den Stillenden auferlegt wurden. Aber die tatsächlichen Erfahrungen widersprachen der Theorie. Erst in den langen Pausen, die heute zwischen den Fütterzeiten üblich sind, kommt es zum Milchstau und möglichen Nachteilen. Kurze Mahlzeiten mit Unterbrechungen schaden bei einem Baby, das ständig an der Brust liegt, weder Mutter noch Kind – die Brust braucht keine Zeit zur Erholung.

In vielen modernen Krankenhäusern, in denen die meisten jungen Mütter ihre ersten Erfahrungen mit dem Stillen machen, finden solche restriktiven Methoden noch heute Anwendung. Der Zeitschrift *Mother*[4] zufolge erhält ein Neugeborenes durchschnittlich sechsmal am Tag Nahrung – das heißt, daß Fütterzeiten im Abstand von vier Stunden üblich sind.

Frances wog bei ihrer Geburt 2800 Gramm und galt daher als kleines Baby. Man riet mir, sie im Abstand von drei statt der üblichen vier Stunden zu stillen.

Obwohl ich mich dafür entschied, sie statt dessen fast ständig anzulegen, führte ich eine Zeitlang über die Pausen zwischen den einzelnen Mahlzeiten Protokoll. Dann war ich es leid zu notieren, ob zwanzig, zehn oder dreißig Minuten zwischen den einzelnen Mahlzeiten vergangen waren. Einer jungen Hebamme, die noch in der Ausbildung war, fiel auf, daß ich aufgrund des ständigen Stillens nicht unter rissigen Brustwarzen, Milchstau, Bläschen oder Schmerzen litt. Doch läuft diese Beobachtung üblichen Ratschlägen zuwider.

Es gab ein kleines Problem, als Frances vor unserer Entlassung aus dem Krankenhaus gewogen werden sollte. Bevor ich sie auf die Waage legte, sollte ich mindestens eine Stunde nach der Mahlzeit verstreichen lassen. Da ich sie aber immer im Arm hielt und sie häufig an der Brust saugte, kam eine solche Pause gar nicht zustande. Wir gingen unbekümmert nach Hause. Drei Wochen später hatte sie bereits zweieinhalb Pfund zugenommen.

Neue Ergebnisse aus Thailand zeigen, daß Babys durch ständiges Wiegen in der Nacht weniger gut Muttermilch aufnehmen.[5] (Das gilt für die Fälle, in denen Babys bei ihrer Mutter schlafen.) Auch wenn es üblich ist, ein Baby während der ersten Tage, wenn die Milch einschießt, zu wiegen, ist diese Sitte bei der Etablierung eines Stillrhythmus hinderlich.

Es gibt viele Gründe, warum Frauen ihren Nachwuchs nicht stillen. Oftmals nehmen die jungen Mütter den Mißerfolg schon vorweg, da sie ständig mit den Erfahrungen von Frauen konfrontiert werden, denen es nicht gelang, zu stillen.

Von den ersten Stunden an, in denen die Hebamme den Mund des Babys an die Brustwarze zwingt, bis zum Schlußakt drei Wochen später, wenn die Frau, zerschlagen und wund, schließlich aufgibt, sind unsere Stillerfahrungen ein einziger Scherbenhaufen. Die Frauen, die diese geheimnisvolle Kunst beherrschen und genießen, werden als sonderbare Erdmütter betrachtet, die sich auf «ungesunde Art» an ihre Babys klammern.

In den relativ armen Tälern von Südwales ist das soziale Stigma die größte Schranke beim Stillen. Abends ein abwechslungsreiches Freizeitleben zu führen, ist für die meisten jungen Frauen wichtig – das heißt, Pubs und Clubs zu besuchen und nicht mit einem unruhigen Baby im Arm auf und ab zu gehen.

Die Hebamme Gail Pritchard aus Rhondda Valley in Südwales hat zusammen mit ihren beiden Töchtern in einem Bett geschlafen und sie auch gestillt. Sie hält Vorträge zu diesem Thema. Ihre schwierigste Zuhörergruppe ist eine Klasse Teenager aus dem Tal: «Im Rhondda-Tal», sagt sie, «stillt von hundert Frauen nur eine einzige. Ein Baby länger als vier Monate zu stillen, ist völlig undenkbar. Keins der vierzehn- und fünfzehnjährigen Mädchen, mit denen ich gesprochen habe, möchte später stillen, weil das bedeutete, daß es abends nicht ausgehen könnte.»

Denselben Einspruch hörte ich in Manchester, als ein junger Arzt mich während einer Grippe behandelte. Er war sichtlich erstaunt, daß ich ein zehn Monate altes Baby noch stillte, da seine Frau ihr Neugeborenes schon nach zehn Tagen nicht mehr stillen wollte. Als er hörte, daß ich Frances ohne Einschränkungen anlegte, fragte er mich nach wissenschaftlichen Beweisen für meine Methode und sagte dann: «Sie waren also sechs Monate lang ans Haus gefesselt?» Ich erzählte ihm, daß wir mit Frances von Anfang an ins Theater und in Restaurants gegangen und sogar ins Ausland gereist sind, ohne großes Theater, ganz so, als ob das Bündel im Cordtragesack eine Puppe wäre.

«Es ist normal, daß es zu einem Milchstau kommt, oder?» riskierte der Arzt zu fragen. Er hatte keine Ahnung, daß es durchaus möglich ist, geschwollenen Brüsten, wunden Brustwarzen und den Schmerzen beim Festsaugen des kindlichen Gaumens an der Brustwarze zu entgehen. Glücklicherweise konnte ich ihn auf eine neue Veröffentlichung hinweisen, *Successful Breastfeeding*, die von einer Gruppe Hebammen und Gemeindeschwestern (keinen Ärzten) für das Royal College of Midwives, einen englischen Hebammenverband, produziert worden war. Nach wie vor vertrauen viele Fachleute für Säuglings- und Kinderpflege nicht den Erfahrungen von Müttern, sondern orientieren sich lieber an wissenschaftlichen Beweisen in der medizinischen Fachliteratur.

*Successful Breastfeeding* ist ein praktischer Ratgeber, der frei an die 32 000 Mitglieder des Royal College of Midwives verteilt wird. «In der Zukunft», sagte Chloe Fisher, eine der Mitverfasserinnen der Dokumentation, «werden sich Hebammen, die nicht nach den in diesem Buch niedergelegten Regeln praktizieren, rechtfertigen müssen.»

Dieses Buch stellt keine neuen Regeln für Mütter und Hebammen auf, sondern versucht in erster Linie, das unübersichtliche Durcheinander an verschiedenen Ratschlägen für das Stillen zu entwirren. Es entlarvt viele der Mythen über die Einschränkungen beim Stillen. So geht es unter anderem um den Milchstau, das häufigste Problem am Anfang:

> «Die Milchproduktion ist nachts genauso leistungsstark wie tagsüber, und wenn die Milch nicht wieder entfernt wird, sobald sie sich gebildet hat (dies reguliert sich durch das Bedürfnis des Babys zu saugen), überschreitet das Milchvolumen in der Brust schnell die Kapazität der Alveolen (der milchproduzierenden Drüsen in der Brust). Der resultierende Milchstau ist nicht nur für die Mutter unangenehm, er führt auch zur Unterdrückung der Milchproduktion. Wenn das Baby nachts gestillt wird, wird die potentielle Gefahr des Milchstaus vermindert oder ganz verhindert.»

Mein Arzt schwor sich übrigens, seine Frau davon zu überzeugen, daß sie ihren kleinen Sohn mit sich ins Bett nehmen sollte, um ihn dort zu stillen.

Die Fachleute scheinen genauso hilflos zu sein wie die Mütter. Da es kaum erfolgreiche Beispiele gibt, sind sich selbst die Ärzte nicht sicher, wie die normale Erfahrung einer stillenden Mutter und ihres Babys aussieht. Chloe Fisher glaubt, daß unsere heutigen Vorstellungen von «Normalität» stark gelitten haben: Unsere Vorstellungen sind geprägt von den Erfahrungen zweier Generationen von Frauen, die erlebt haben, wie das Stillen zur überholten und untauglichen Form der Säuglingsernährung abgestempelt und von der Flaschennahrung verdrängt wurde. Nach Chloe Fisher ist es vor diesem Hintergrund verständlich, daß Mütter und Hebammen die Brustwarze fälschlicherweise wie einen Gummisauger behandeln, wenn sie einem Baby das Saugen beibringen wollen.

Fachleute betrachten bei Vorsorge- und Kontrolluntersuchungen den Gewichtsverlust oder die starke Gewichtszunahme Neugeborener stets mit Sorge, sie sehen hierin Anzeichen für Krankheiten oder Krisen. Alle Mütter wissen aus Erfahrung, wie leicht es ist, sowohl vom eigenen Gewicht als auch dem des Kindes besessen zu sein. Bei jedem Arztbesuch dreht sich alles um die Waage. («Er hat nicht zugenommen, Mrs. Jones» – hinaus geht eine Mutter, der «Versagen» ins Herz tätowiert ist.)

Eine Freundin stillte ihr Kind. Es sah gesund und wohlgenährt aus, trotzdem tadelte die Beraterin im Gesundheitsamt die Mutter, weil das Baby schwerer war, als die Tabelle es vorschrieb. Man riet ihr bei dem fünf Monate alten Kind zu einer Diät und ignorierte die Tatsache, daß die ausschließliche Ernährung mit Brustmilch die beste Versicherung gegen Übergewicht im Erwachsenenalter ist.

Auch ich wurde oft beschuldigt, meine Tochter zu «überfüttern», obwohl ich sie nie zu einer Mahlzeit zwang. Bisweilen hatte ich das Gefühl, daß man damit eigentlich ausdrücken wollte, ich bemuttere oder «verwöhne» sie zu stark. Auch diese Auffassung läßt sich auf den Anfang unseres Jahrhunderts zurückführen:

«Die Idee, die Stilldauer zu begrenzen, nachdem der Milchfluß sich etabliert hat, ging ursprünglich auf die Angst zurück, daß durch ein ‹Überfüttern› so ernste Probleme wie Entwicklungsstörungen und Durchfälle verursacht werden könnten. Diese Auffassung war unter Ärzten zu jener Zeit weit verbreitet. Ein französischer Mediziner schrieb: ‹Mir liegt nichts ferner, als das Überfüttern zu befürworten.› Dann beschrieb er, daß Mütter ihre Babys häufig fütterten und daß er durch probeweises Wiegen feststellte, daß die Babys ‹... viel zuviel tranken. Wir sind gezwungen, sie von ihren Müttern fernzuhalten.› (Budin, 1907)»

*Fisher*, in: Midwifery, Bd. I, *1985*

Im Gegensatz dazu erzählte Jean Liedloff mir, daß die Babys des Yequana-Stammes in Südamerika viel dicker und weicher seien als das durchschnittliche europäische Baby. Die Babys dort trinken ständig an der Brust, Tag und Nacht. Da sie von den Müttern getragen werden, sind sie von ihrer Nahrungsquelle nie weit entfernt. Es ist unmöglich, ein Kind zu überfüttern, wenn es nur von Muttermilch ernährt wird.

Auf der ganzen Welt werden Kinder erfolgreich gestillt, besonders in Regionen, die von der westlichen Kultur noch nicht berührt sind. Aber Armeen, Missionare und multinationale Konzerne haben über die Jahre hinweg ihr Bestes getan, um der dafür empfänglichen dritten Welt die westlichen Methoden aufzuzwingen. Nicht zufrieden damit, die Beziehung zwischen Mutter und Kind zu zerstören, haben wir auch unsere restriktiven Stillvorschriften exportiert, was oft zu schrecklichen Ergebnissen geführt hat.

Eine Freundin, die in Malawi in Zentralafrika gearbeitet hatte, erzählte mir, wie die Frauen dort das wenige Geld, das sie haben, zusammenkratzen, um dafür Flaschenmilch zu kaufen. Sie sind der Meinung, daß dies modern sei, weil es westliche Praxis ist. Als in den siebziger Jahren weltweit mit dem Werbespruch «Coke is good for you» geworben wurde, gab es sogar Mütter in Afrika, die die Milchflaschen mit Coca Cola füllten und ihre Kinder damit fütterten. Die Mitarbeiter der Gesundheitsorganisationen versuchen noch heute verzweifelt, den Schaden wiedergutzumachen, der durch die Methoden und Botschaften der hochentwickelten, industrialisierten Welt angerichtet wurde.

In Indien haben nur dreizehn Prozent der Haushalte fließend Wasser, und viele Babys werden krank oder sterben sogar, weil es durch die Flaschennahrung zu Komplikationen kommt. Chloe Fisher beklagt sich bitterlich über die Rolle der Briten bei der Verbreitung von unzuverlässigen Ratschlägen:

«In der industrialisierten Welt führte das sklavische Festhalten an überkommenen Theorien fast zu ebenso vielen Problemen beim Stillen wie die Werbung für künstliche Kindernahrung. Wir sollten uns ernstlich Gedanken machen, denn wir tragen die Schuld daran, daß diese Ideen auch in den unterentwickelten Ländern Einzug gehalten haben. Dort kann die künstliche Nahrung zu starken Mangelerscheinungen führen und in vielen Fällen sogar zum Tod der Kinder.»

*Fisher*, in: Oxford Medical School Gazette, *1982*

Ein Baby, das ganz nach Bedarf gestillt wird, saugt im Verlauf von 24 Stunden im Durchschnitt etwa drei Stunden lang[6] – unter der Voraussetzung, daß es nachts bei der Mutter schläft. Der uneingeschränkte Zugang zur mütterlichen Brust hat für Mutter und Kind viele Vorteile, wie wir später noch sehen werden.

Trotzdem raten Hebammen den Müttern noch immer dazu, das Baby nachts ins Säuglingszimmer zu geben. Andere Praktiken im Krankenhaus – beispielsweise die Gabe von Medikamenten während der Wehen – können kurzfristige Auswirkungen auf die Saugfähigkeit des Kindes haben. Wir wissen jedoch, daß gerade die ersten Tage ungeheuer wichtig sind, um einen Stillrhythmus zu etablieren. Außerdem erhält das Baby in dieser Zeit die größte Menge Kolostrum.

Sally Inch, Verfasserin des Buches *Birthrights*, beleuchtet die Probleme, die bisweilen durch den Einsatz von Pethidin während der Geburt verursacht werden. (Dieses Medikament wird in britischen Krankenhäusern sehr häufig eingesetzt.)

«Das Baby ist benommen, schläfrig, atmet langsamer. Die Auswirkungen auf das Stillen können bis zu zwei Wochen anhalten. Pethidin verzögert die Entwicklung der Gewöhnungsfähigkeit des Kindes für mindestens zwei Monate. Die Gesamtauswirkung von Pethidin auf das Neugeborene führt häufig zu folgendem Anblick in der gynäkologischen Abteilung der Krankenhäuser, der leider nicht selten ist: Das Baby ist nervös und gleichzeitig schläfrig und saugt zudem schlecht!»

*Inch*, Birthrights

Mein Arzt in Manchester beklagte sich darüber, daß sein Sohn ständig schlief und kein Verlangen zeigte zu saugen. Er verstand daher gar nicht, was ich mit «Stillen nach Bedarf» meinte oder wie es sich in die Praxis umsetzen ließ. Ein Baby, das viel schreit, kann also seine Bedürfnisse viel besser mitteilen als ein Baby, das fast die ganze Zeit über schläft. Zumindest weiß die Mutter des weinenden Babys, daß sie es beruhigen kann, indem sie es herumträgt und häufig saugen läßt. Das Kind meines Arztes stellte fast gar keine Ansprüche.

Die Antwort auf dieses Problem lautet, daß man Mutter und Kind Tag und Nacht zusammenlassen sollte. Das Baby, das bei seiner Mutter schläft und freien Zugang zur Brust hat, saugt auch im Schlaf. Während des REM-Schlafs bewegt sich sein Kiefer so, als ob es saugt – jede Mutter wird dies schon einmal beobachtet haben. Wenn das Baby an der Brust liegt, fördert dies den Milchfluß. Das Baby erhält seine Nahrung, ohne überhaupt aufzuwachen. Auf diese Weise wird die Brust zwischen den längeren Mahlzeiten auch nicht zu schwer, und sie wird zu ständiger und langandauernder Milchproduktion angeregt.

Das unbegrenzte Stillen ist nicht nur eine Sache des «Bedarfs» (wenn das Baby aufwacht und schreit), es ist vielmehr eine Symbiose – die «Verbindung zweier unterschiedlicher Organismen, die zu ihrem gemeinsamen Vorteil zusammenleben».[7]

Es ist offensichtlich, daß die Gegenwart der Mutter auch nachts von größter Bedeutung für den Erfolg dieser symbiotischen Beziehung ist. Nach derartigen Freiheiten stand den Erziehern in der viktorianischen Zeit der Sinn aber nicht:

«Es gehört sich nicht und ist zudem schädlich, Säuglinge ständig an die Brust zu legen; es wäre weniger nachteilig, ja sogar vernünftig, sie einige Nächte lang schreien zu lassen, statt sie ständig mit Milch zu füttern, die im Magen gleich sauer wird. Dies schwächt die Verdauungsorgane und führt schließlich zu skrofulösen Erkrankungen (Formen der Tuberkulose).»

Enquire Within Upon Everything, *1882*

Heute wissen wir, daß saure Milch im Magen nicht die Ursache von Tuberkulose ist. Das Verbot, Kinder nachts zu füttern, war ein wichtiger Teil der Vorschriften, die man stillenden Müttern machte. Wenn schon das häufige Stillen tagsüber ein Ärgernis war, wie sah es dann mit dem Baby aus, das nachts sein Recht forderte? Aber jetzt waren die Wohnhäuser größer, und die Kinder konnten in luftigen Kinderzimmern weit entfernt von den Eltern untergebracht und dazu erzogen werden, «durchzuschlafen».

Man kann Kinder daran gewöhnen, nachts durchzuschlafen, aber eigentlich ist es für ein Kind nicht normal, von Anfang an regelmäßig etwa zehn Stunden lang an einem Stück zu schlafen. Störungen für die Eltern lassen sich nur vermeiden, wenn ein Kind, das gestillt wird, bei seiner Mutter schläft. Auf diese Weise werden Lärm und Aufregung so gering wie möglich gehalten, und auch die Mutter verlebt eine ruhigere Nacht, wie neue Untersuchungen belegen:

«Die Schlafqualität der Frau, die gerade ein Kind geboren hat, kann verbessert werden, indem sie nachts stillt. Obwohl es keine direkten Beweise durch Experimente gibt, die belegen, daß das Oxytocin bei der Kontrolle der Gehirnaktivität eine Rolle spielt, gibt es Hinweise, daß Dopaminrezeptoren im Gehirn den Vermittler für Beruhigung und Schlaf spielen und daß Dopamin beim Mechanismus der Oxytocinabgabe beteiligt ist. Falls dies der Fall ist, ließe sich damit die oft beschriebene und beobachtete Schläfrigkeit erklären, die Frauen beim Stillen überkommt. Dies erleichtert nachts ein schnelles Wiedereinschlafen.»

Successful Breastfeeding

Diese natürliche Schläfrigkeit führt dazu, daß viele Babys schließlich im Bett ihrer Eltern schlafen. Denn auch wenn die Mutter dies ursprünglich gar nicht vorhatte, schläft sie beim Stillen ein.

Die Kinderpsychotherapeutin Janine Sternberg erlebte dies bei ihren beiden ältesten Kindern selbst, bis sie – bei der Geburt ihres dritten Kindes – erkannte, daß es sich nicht lohnt, sich jede Nacht aus dem Bett zu schleppen: «Nachts passierte es häufig, daß ich das Baby stillte. Es schien beim Saugen wieder einzuschlafen, aber immer dann, wenn ich ganz vorsichtig aufstand und es zurück in sein Bettchen legte, wachte es wieder auf.

Schließlich dämmerte es mir – wozu eigentlich das Ganze? Bisweilen blieb das Baby einfach aus Versehen in unserem Bett oder ganz einfach, weil ich zu erschöpft war. Gerade hatte ich noch gestillt, und im nächsten Moment schlief ich schon wieder. Wenn ich dann wieder aufwachte, merkte ich, daß das Baby die ganze Zeit über bei mir geschlafen hatte.»

Immer mehr Fachleute für Kindererziehung, beispielsweise Chloe Fisher und ihre Kollegen am John Radcliffe Hospital in Oxford, gehen dazu über, Eltern zu ermutigen, das Kind mit in ihr Bett zu nehmen. Der verstorbene Arzt Dr. Hugh Jolly änderte seine Meinung, als er diese Praxis aus erster Hand miterlebte. Im Charing Cross Hospital, in dem Dr. Jolly als Kinderarzt arbeitete, durften die Kinder bei ihren Müttern schlafen:

«Ich habe Eltern immer davon abgeraten, das Kind mit in ihr Bett zu nehmen, aber ich habe meine Meinung geändert ... Alles ist viel einfacher, wenn [das Baby] im Schlaf an der Brust saugen darf, das heißt, es schläft bei der Mutter und trinkt, ohne sie aufzuwecken. Diese Praxis ist in Großbritannien und in den USA umstritten, aber sie ist völlig sicher, vorausgesetzt, die Mutter hat kein Beruhigungsmittel eingenommen. In dem Krankenhaus, in dem ich arbeite, praktizieren wir diese Methode schon seit Jahren ohne Probleme. Viele Mütter haben mir erklärt, daß sie nicht schlafen können, wenn sie ihr Baby nicht bei sich haben. Viele haben jahrelang mit ihren Kindern zusammen in einem Bett geschlafen, haben aber erst jetzt den Mut bekommen, darüber zu sprechen, nachdem man ihnen versichert hatte, daß diese Praxis sicher sei.»

*Jolly*, Das gesunde Kind, *überarbeitete Ausgabe 1985*

Das nächtliche Stillen kann sogar gemütlicher und weniger belastend sein als das Stillen tagsüber, besonders wenn die Mutter noch keine Erfahrung hat und nervös ist. Die Hebammen in den Krankenhäusern, die meistens darauf bestehen, daß das Neugeborene im eigenen Bettchen schläft, sollten es lieber im Arm seiner

Mutter lassen, wo es nachts ganz natürlich den Weg zur Brust findet, wenn der Druck des Tages weicht.

Mike Woolridge, Physiologe an der Universität von Bristol, beschäftigt sich speziell mit der Laktation. Er ist der Ansicht, daß das Stillen in der Nacht für Mutter und Kind oft ungetrübter verläuft als tagsüber. Er schreibt:

> «Es ist interessant zu beobachten, daß bei vielen Müttern, die die Stillberatung aufsuchen und die über Schwierigkeiten beim Stillen (z. B. über die Ablehnung der Brust durch das Kind während der Stillzeiten tagsüber) klagen, die nächtlichen Stillperioden ohne Störung verlaufen.»
>
> *Woolridge und Jones,* in: Bristol NCT newsletter, *Juni 1988*

Eine meiner Freundinnen, die ihr Baby nie zu sich ins Bett nahm, weil Experten davon abgeraten hatten, stillte das Kind vier Monate lang unter heftigen Schmerzen, bis sie schließlich gar keine Milch mehr hatte. Die ersten Erfahrungen mit dem Stillen machte sie auf der hellen und lauten Krankenhausstation, deren Atmosphäre so ganz anders war als zu Hause. Während der Stillzeiten versuchten zwei Hebammen ständig, das Baby zum Ansaugen zu bewegen. Das Kind schrie, und meiner Freundin war ebenfalls zum Weinen zumute. Sie fand keinen Gefallen am Stillen, weil sie sich nicht so stark entspannen konnte, daß sie sich zum Stillen hinlegte oder mit dem Baby an der Brust herumlaufen konnte. Sie dachte immer an den ersten, schmerzhaften Biß des kindlichen Kiefers in die Brustwarze. Wenn sie in der Lage gewesen wäre, das Kind gemütlich im Bett zu stillen oder wenn sie es ständig bei sich gehabt und gestillt hätte, hätte der Schmerz, die Verlegenheit oder das Gefühl, versagt zu haben, ihre entschlossenen Bemühungen nicht zunichte gemacht. Selbst als sie das Stillen aufgab, bedauerte sie es bitterlich, daß sie nicht weitermachen konnte.

Die Selbstlosigkeit, mit der viele Frauen in der westlichen Welt mit dem Stillen fertig werden, weil sie glauben, daß es das beste für ihr Kind ist, kann man nur bewundern. Wenn es jedoch von Anfang an bessere Beratungsmöglichkeiten und mehr Unterstützung gäbe, wären ihre Leiden unnötig.

Es ist völlig unnötig, daß eine Hebamme sich aufdringlich zwischen Mutter und Kind schiebt, um dem Kind beim Ansaugen zu «helfen», wenn die beiden noch gar keine Gelegenheit hatten, sich kennenzulernen. Nur wenn es offensichtlich Schwierigkeiten gibt, sollte sie ihre Ratschläge anbieten, und selbst in diesem Fall sollte sie der Mutter helfen, sich zu entspannen, statt den Ansaugmechanismus des Kindes zu dirigieren.

In den neuesten Diskussionen um das Stillen ging es ironischerweise um die Vorbereitung der Brustwarzen, eine Sache, die an sich völlig unnötig ist, wenn Mutter und Kind ständig zusammen sind.

Ratschläge, die Brustwarzen abzuhärten oder Kohlblätter in den Büstenhalter zu stecken, lassen viele Frauen zusammenschrecken – und das mit Recht. Die Brust muß nicht abgehärtet werden, bevor man stillen kann. Das ständige Saugen des Babys, besonders nachts, hält den Warzenhof feucht und geschmeidig. Wird dem Baby die Brust ganz nach Bedarf angeboten, wird es nicht wie ein kleiner Hai über sie herfallen, immer bereit zuzubeißen..

Viele Mütter beklagen sich über die Heftigkeit, mit der das Baby ansaugt. Möglicherweise ist dies auf die langen Pausen zwischen den einzelnen Mahlzeiten zurückzuführen. Edmund Owen erklärte bereits in den achtziger Jahren des letzten Jahrhunderts, daß das Neugeborene nach einer dreistündigen Pause vor Hunger fast umkommt.[8] Das unwissende Kind meint, es werde mehr Milch bekommen, je stärker es saugt – besonders wenn es die Erfahrung gemacht hat, daß es schnell wieder von der Brust abgenommen wird, bevor es sich überhaupt satt getrunken hat.

Chloe Fisher rät allen Müttern, das Baby selbst entscheiden zu lassen, wann es nicht mehr saugen möchte, egal, wie lange die Mahlzeit dauert.

Die sonst üblichen Ratschläge haben für die Mutter nur negative Auswirkungen: Die Brust ist geschwollen, das Baby kann die Brustwarze nicht richtig fassen, die Brustwarzen werden rissig, das Stillen bereitet Schmerzen, die Mutter verkürzt die Stillzeiten noch mehr, um Schmerzen zu vermeiden, das Baby beißt beim nächstenmal noch kräftiger zu...

Es wäre für meine Freundin von Vorteil gewesen, wenn die Hebammen, die sich um sie kümmerten, den folgenden Abschnitt über das nächtliche Stillen gelesen hätten:

«...die Mutter muß nachts das Kind an die Brust legen dürfen, damit der Milchfluß angeregt wird, aber auch, um zu ‹üben›, das Baby ansaugen zu lassen, wenn die Brust noch weich ist. Dies ist eine Vorbereitung für eine effektive Entleerung der Brust. Außerdem sollte eine Mutter, die im Krankenhaus entbindet, sich an den Essensrhythmus ihres Kindes ‹rund um die Uhr› gewöhnen (eine Mutter, die zu Hause entbindet, wird dies automatisch tun), so daß sie volles Zutrauen zu sich hat, wenn sie nach Hause entlassen wird.»

Successful Breastfeeding

Die sofortige Wirkung ständigen Saugens in den ersten Lebensstunden und in den darauffolgenden Tagen offenbart die Symbiose zwischen Mutter und Kind: Ich hatte bereits eine Woche nach der Geburt wieder mein normales Gewicht, und die Gebärmutter hatte sich innerhalb von zwei Tagen zusammengezogen – mein Arzt wollte es kaum glauben. Frances erhielt die größtmögliche Menge der wertvollen Vormilch (Kolostrum), die besonders reich an Eiweiß und Antikörpern ist.

Auch wenn ein Baby in den ersten vierundzwanzig Stunden nicht an der Brust seiner Mutter saugt, wird die Muttermilch einschießen[9], aber das bedeutet nicht, daß die ersten Tage für das Stillen ohne Wert seien. Sie gestatten es Mutter und Kind, einen Rhythmus zu finden, der sie auf das Stillen in den nächsten Monaten vorbereitet, das – je nachdem – angenehm oder schmerzhaft sein kann.

Zum Milchstau kommt es häufig gegen Ende der ersten Woche, wenn das Baby nicht nach Bedarf saugen durfte. Geschwollene, schmerzhafte Brüste sind ein Zeichen dafür, daß das Baby nicht genug trinkt, und es ist nur ein Schritt bis zur Verringerung des Milchangebots. Mütter, die ihrem Kind von Anfang an die Brust ohne Einschränkungen gewähren, leiden später viel weniger unter Stillproblemen. Die ersten Tage, in denen nur die Vormilch vorhanden ist, erlauben es ihnen, ein Stillmuster zu etablieren, bevor die Milch einschießt.

Dr. Michel Odent ist der Meinung, daß Babys vom ersten Tag an zunehmen, wenn es in der frühen Phase des Stillens keine Unterbrechung gibt. Er stellt die übliche Annahme, daß ein Neugeborenes «normalerweise» nach der Geburt an Gewicht verliert, in Frage. Seine Erkenntnisse basieren auf Untersuchungen an Frauen, denen er in Großbritannien während der letzten drei Jahre bei

Hausgeburten beigestanden hat. Neunzig Prozent dieser Frauen nehmen das Baby mit zu sich ins Bett.

Dr. Odent zufolge ermöglicht eine instinktive Stillmethode zusammen mit der entspannten Atmosphäre einer Hausgeburt es den Frauen, die Bedürfnisse ihres Babys zu befriedigen. Krankenhäuser (zu denen er auch sein eigenes in Pithiviers in der Nähe von Paris zählt) können seiner Meinung nach die beruhigende Atmosphäre einer Hausentbindung nicht völlig nachahmen. Die Gewichtskurven von Babys, die zu Hause geboren wurden und ohne Einschränkungen Tag und Nacht gestillt werden, gehen nicht nach unten, wie man es eigentlich erwarten würde, sondern steigen von Geburt an gleichmäßig an.

Auch eine amerikanische Studie aus den siebziger Jahren belegt, wie wichtig es ist, Mutter und Kind gleich von Anfang an zusammenzulassen:

«Zweitens führen Klaus und Kennell eine amerikanische Studie mit zwei Gruppen von Müttern an, die den Wunsch geäußert hatten, ihre Kinder zu stillen. Eine Gruppe durfte ihre Babys kurz nach der Geburt säugen, die andere kam mit ihren Kindern erst sechzehn Stunden später in Kontakt. In keiner Gruppe mußte eine Mutter das Stillen aus physischen Gründen beenden. Doch zwei Monate danach gaben die Mütter, die ihre Babys gleich nach der Geburt selbst genährt hatten, den Kleinen nach wie vor die Brust, während in der anderen Gruppe fünf von sechs Müttern damit aufgehört hatten.»

*Macfarlane*, The Psychology of Childbirth

Jacquie, eine Mutter aus Südwales, die ihr Kind stillen wollte, hatte eine besonders lange und schwierige Geburt im Krankenhaus. Eine Stunde nach der Geburt ihres Sohnes stillte sie ihn. Anschließend sollte sie sich ausruhen. Sie schlief sich aus, um sich von den Strapazen der letzten beiden Nächte und der Epiduralanästhesie zu erholen. Acht Stunden später kam eine Hebamme und fragte, wann sie ihr Kind zum letztenmal gestillt hatte.

Niemand hatte ihr vorher gesagt, daß das Kind gestillt werden mußte oder daß sie ihren geschwollenen Brüsten Erleichterung verschaffen sollte. Jacquie hatte Bücher über das Stillen gelesen, in denen stand, daß die Milch erst nach drei Tagen einschießen und daß das Baby sowieso erst nach vierundzwanzig Stunden hungrig sein würde. Sie litt schrecklich unter wunden Brustwarzen und starkem Milchstau. Nur aufgrund ihres großen Durchhaltevermögens konnte sie ihren Sohn schließlich stillen.

Wenn der Stillrhythmus erst einmal etabliert ist, brauchen Mutter und Kind sich gegenseitig, um das Muster des symbiotischen Säugens aufrechtzuerhalten. Daher ist es eigentlich logisch, daß das Baby nicht nur tagsüber, sondern auch nachts die größtmögliche Milchmenge erhalten sollte:

«Wenn die Laktation sich etabliert hat, machen die nächtlichen Mahlzeiten einen wichtigen Anteil an der Nahrungsaufnahme innerhalb von 24 Stunden aus. Je jünger das Baby ist, desto wahrscheinlicher ist es, daß es in den zwölf Stunden zwischen fünf Uhr nachmittags und fünf Uhr morgens dieselbe Milchmenge zu sich nimmt wie zwischen fünf Uhr morgens und fünf Uhr nachmittags, d. h. im Durchschnitt 50 Prozent. Man kann also davon ausgehen, daß das Baby nachts hungrig wird...»

Successful Breastfeeding

Frances trank immer so viel, wie sie brauchte, und regte durch ihr Saugen meine Brust an, genau die richtige Menge zu produzieren – nicht mehr und nicht weniger. Ich war nicht von der Schwierigkeit betroffen, mit der meine Mutter, meine Schwiegermutter, meine Großmutter und meine Freundinnen zu kämpfen hatten – dem Problem, nicht genug Milch zu haben. Aber ich produzierte auch nicht zuviel.

Bevor Frances geboren wurde, hatte ich mir eine große Packung Stilleinlagen gekauft, um austretende Milch aufzufangen, und außerdem ein Paar Brustschalen aus Kunststoff, mit denen ich Milch sammeln wollte, um sie in Flaschen für jene «wichtigen» Nächte einzufrieren, wenn wir einmal ausgehen wollten. Als in der ersten Woche klar war, daß ich genug Milch für mein Baby hatte, bat die Gemeindehebamme mich aufgeregt, Milch, die ich übrig hatte, für die Milchbank des Krankenhauses zu spenden. Aber es waren immer nur ein paar Tropfen, die einfach so herausliefen, und auch dieses Problem hörte innerhalb von zwei Wochen auf.

Am Anfang saugte Frances viel, aber nicht ständig. Sie brauchte keinen Schnuller und lutschte auch nicht am Daumen, abgesehen von den ersten Lebenstagen. Das war dann immer ein Zeichen, daß sie die Brust wollte. Da ich Frances Tag und Nacht stillte, hatten wir uns bald aufeinander eingespielt.

Ein Baby, dessen Bedürfnisse an der Brust ganz erfüllt werden, braucht nichts anderes zum Saugen. Für die zarten Babygaumen ist das eine gute Nachricht.

Man sollte annehmen, daß unsere Zähne normalerweise ohne Hilfe von dentalen Regulierungen und Metallklammern im Kiefer gerade stehen. Wenn ein Kind jedoch schon im Babyalter wie wild auf etwas Hartem herumbeißt, wird es sein Leben lang Zahnprobleme haben. Die menschliche Brust ist die einzige Vorrichtung zum Saugen, mit der die Form des kindlichen Gaumens nicht deformiert wird. Die Brustwarzen sind weich und dehnbar und können keinen Schaden anrichten.

Wenn ich Frances nachts stillte, war das meine Art, ihre Bedürfnisse zu befriedigen. Ich brauchte dazu keinen Rat von Fachleuten oder wissenschaftliche Beweise. Viele andere Mütter schlafen nachts bei ihren Kindern, damit sie sie ohne Schwierigkeiten stillen können. Ein Jahr nach der Geburt unseres Kindes bestätigte das Buch *Successful Breastfeeding* unsere Erfahrungen und nannte weitere Gründe, warum man ein Kind nachts zu sich ins Bett nehmen sollte. Durch das nächtliche Stillen wird nicht nur der kindliche Hunger gestillt, es führt auch zu einem höheren Prolaktinspiegel, der für die Milchproduktion auf lange Sicht verantwortlich ist:

«Eine neue Untersuchung hat erwiesen, daß die Prolaktinabgabe als Reaktion auf das nächtliche Saugen höher ist als tagsüber; die Milchproduktion erhält also wahrscheinlich ihren größten ‹Auftrieb›, wenn das Kind nachts gestillt wird.»

Successful Breastfeeding

Eine langandauernde Milchproduktion erreicht man nicht mit Fütterungszeiten im Vier-Stunden-Rhythmus. Der Brustwarzenhof braucht häufige und regelmäßige Stimulation. Wenn dies gewährleistet ist, kann fast jede Frau ein Kind stillen, selbst wenn sie es nicht selbst geboren hat. Viele Experten[10] zitieren Beispiele von Frauen, die adoptierte Babys gestillt haben.

Die Frauen des Stammes der Pitjandjara, eines Wüstenvolkes in Australien, stillen ihre Kinder mindestens zwei Jahre lang. Die erwachsenen Frauen produzieren, solange sie fruchtbar sind, ständig Milch und können gegenseitig ihre Kinder stillen.[11] Eine Großmutter kann einen Säugling der dritten Generation stillen, wenn seine Mutter krank oder abwesend ist.

Ein weiterer Vorteil des nächtlichen Stillens ist die Rolle, die es bei der Unterdrückung des Eisprungs spielt. Das Stillen rund um die Uhr ist unerläßlich für Frauen, die sich auf die empfängnisverhütenden Eigenschaften des Stillens verlassen. Die Hebamme Sheila Kitzinger erklärt dazu:

«Stillen führt zwar meistens zu einer geringeren Fruchtbarkeit, doch ist es keine wirksame Empfängnisverhütung, es sei denn, Ihr Baby saugt fast den ganzen Tag über und kriegt keine andere Nahrung.»

*Kitzinger*, Schwangerschaft und Geburt

*Successful Breastfeeding* stellt eine Verbindung her zwischen der Fruchtbarkeit der Frau und dem Hormon Prolaktin, das die Milchabgabe reguliert:

«Häufiges Saugen, das zu einem erhöhten Prolaktinspiegel führt, unterdrückt auch den Eisprung – der genaue Mechanismus muß jedoch noch untersucht werden. Die empfängnisverhütende Wirkung des Stillens, auf die man sich jedoch nicht hundertprozentig verlassen kann, kann für Frauen, die aus persönlichen oder religiösen Gründen die konventionellen (westlichen) Methoden nicht anwenden wollen, von großer Bedeutung sein. Es ist daher gerade für diese Frauen von großer Bedeutung, daß man sie nicht am Stillen hindert. Dies gilt besonders für das nächtliche Stillen.»

Wir sollten also auch an die Auswirkungen denken, die die moderne Handhabung des Stillens für Millionen von Familien in der nichtindustrialisierten Welt hat. Viele Menschen, die auf natürliche Methoden bei der Familienplanung angewiesen sind, hatten plötzlich und unerwartet Familienzuwachs, weil sie zu schnell wieder fruchtbar waren. Wenn eine Frau ungehindert stillen kann, kann es ein Jahr und länger dauern, bis ihre Periode wieder einsetzt.

In der westlichen Welt dagegen stillen Frauen ihre Babys nach so festen Regeln, daß sich die Menstruation schon bald wieder einstellt. In diesem Fall kann es zu zufälligen Schwangerschaften kommen, und die Mutter muß dann zwei Babys versorgen, zwischen denen nur ein Altersunterschied von neun oder zehn Monaten besteht. Die schnelle Rückkehr der Menstruation hat direkt damit zu tun, daß Frauen im allgemeinen das Stillen aufgeben oder nicht lange genug stillen.

Eine Untersuchung in Schottland[12] ergab, daß das Beifüttern beim Stillen und die Verringerung der Muttermilch durch festgelegte Stillzeiten und Stilldauer einen direkten Einfluß auf den Monatszyklus der Frau haben. Die Wissenschaftler erklärten, daß bei dieser Untersuchung keine Mutter einen Eisprung hatte, wenn das Kind ausschließlich mit Muttermilch ernährt wurde, obwohl die Frauen wohlgenährt waren.

Es verwundert kaum, daß die Frauen in der westlichen Welt häufig unter Anämie leiden, da sie nur wenige Kinder und kaum eine Pause bei den monatlichen Blutungen haben. Noch beunruhigender sind Untersuchungen, die zeigen, daß die monatliche Überanstrengung des Fortpflanzungssystems über viele Jahre hinweg die Frauen Krankheiten gegenüber, beispielsweise Krebs, anfälliger macht. Das nächtliche Stillen könnte dazu beitragen, daß die Menstruation monatelang unterdrückt wird.

Wenn eine Mutter ihr Kind zu sich ins Bett nimmt, stillt sie tatsächlich nach Bedarf, weil das Baby genau die Menge Nahrung aufnimmt, die es braucht. Selbst wenn die Mutter tagsüber die Initiative übernimmt und das Kind anlegt, übernimmt das Baby nachts das Kommando. Da Mutter und Kind beide schlafen, steht das Baby nicht unter dem emotionalen Druck, für kürzere oder längere Zeit zu saugen.

Das Baby, das nachts gestillt wird, nimmt über einen Zeitraum von zwölf Monaten jede Nacht gleichmäßig dieselbe Menge Milch zu sich. Dieser wichtige Zeitraum wurde in einem Bericht der britischen Regierung aus dem Jahre 1988 besonders hervorgehoben. Das nächtliche Stillen erlaubt es der Natur, die Kontrolle zu übernehmen:

«Die Daten zeigen, daß das nächtliche Stillen zu keiner Zeit behindert wurde. Als zusätzliche Nahrungsmittel eingeführt wurden, wurde das Stillen tagsüber reduziert, aber die nächtliche Nahrungsaufnahme war davon nicht betroffen. Ältere Säuglinge nahmen zu dieser Zeit einen höheren Anteil der Gesamtmilchmenge über 24 Stunden zu sich.

...die Milchmenge, die nachts getrunken wurde, stand in keiner

Relation zum Alter des Kindes und blieb während des ersten Lebensjahres konstant.»

*Imong u.a.,* in: Proc. 5th Asian Congress of Nutrition, Oktober 1987

Wenn sich der Stillrhythmus eingependelt hat und auch nachts gestillt wird, ist dieses Muster nur schwer aus dem Gleichgewicht zu bringen. Einmal, allerdings ganz am Anfang, brachte ich den Rhythmus, der sich zwischen Frances und mir entwickelt hatte, fast durcheinander.

Eine Freundin hatte mir eine Milchpumpe geliehen, damit ich Milch zum Einfrieren abpumpen konnte, so wie sie es getan hatte. Eine halbe Stunde lang versuchte ich mit wenig Erfolg, Milch abzupumpen. Bald schmerzten die Brustwarzen, und zwei Tage später produzierte ich zuviel Milch. Diese eine Störung bedeutete eine Menge Arbeit, um den normalen Rhythmus wiederherzustellen.

Bald merkte ich, daß ich unser Baby abends mitnehmen konnte, wenn wir ausgingen, und «freie Abende» schienen nicht mehr so attraktiv wie früher. Die seltenen Gelegenheiten, an denen ich Frances während der ersten Monate einem Babysitter anvertraute, machten mir keine rechte Freude. Ich sehnte mich vielmehr danach, sie wieder im Arm zu halten.

Eine landesweite Untersuchung[13] zeigte, daß vierzig Prozent der Mütter in Großbritannien ihr Baby stillten, weil es «bequem» ist. Und tatsächlich macht es das Leben einfacher – die genau auf das Baby abgestimmte Nahrung läßt sich leicht transportieren, sie hat immer die richtige Temperatur und sie ist überall vorhanden, wo man mit dem Baby hingeht. Aber die Gesellschaft hat sich verschworen, stillenden Müttern das Leben schwer zu machen.

Eine stillende Mutter wird häufig mißtrauisch beäugt, wenn sie in der Öffentlichkeit stillt, und gerade andere Frauen sind oft die größten Kritiker. (Mütter, die zur Zeit König Edwards lebten, konnten ein «Gerät gegen Verlegenheit» kaufen. Über ein Röhrchen, das in der Kleidung versteckt war, konnte das Baby gestillt werden.) Auch heute noch wird es als normal betrachtet, das Kind abends in einem anderen Zimmer zu stillen.

Ein Baby, das in seinem eigenen Bettchen schläft und sich in den Schlaf weint, erfährt, daß es sinnlos ist, eigene Bedürfnisse kundzutun, oder es lernt, wie es die Eltern dazu bringen kann, nach seiner Pfeife zu tanzen. Das Baby hingegen, das bei seinen Eltern schläft, lernt, daß es Hoffnung gibt. Die Brust steht ihm immer zur Verfügung. Das Baby saugt, und zu Anfang passiert nichts. Aber es weiß, daß *durch seine eigenen Bemühungen* Milch kommt, wenn es kräftig weitersaugt.

Es muß nicht weinen oder wütend werden und so den Schlaf der Eltern ruinieren. Und es wird belohnt: mit genau der Milchmenge, die es braucht und will – denn in den ersten Lebenstagen sind Bedürfnis und Wunsch dasselbe. Der Vergleich der nächtlichen Mahlzeit mit einem Beefsteak hält nicht stand. Wenn der Fötus sich noch in der Gebärmutter befindet, wird er ständig über die Plazenta ernährt, und das Neugeborene muß dieser ununterbrochenen Nahrungszufuhr langsam entwöhnt werden. Bei seinem Bedürfnis nach Nahrung unterscheidet es sicherlich nicht zwischen Tag und Nacht.

Wir nähern uns dem Ende des 20. Jahrhunderts, und wir wissen mehr über Ernährung und Geburtshilfe als je zuvor. Wir haben die technischen Mittel, um den Fötus schon in der Gebärmutter zu beobachten, und winzige Babys, die zu früh geboren wurden, werden am Leben erhalten. Dennoch sind wir nicht fähig, den Frauen ihr Selbstvertrauen soweit zurückzugeben, daß sie ihre Kinder selbst stillen können. Tausende sind dazu nicht in der Lage.

Ein alarmierender Bericht, der im Juli 1988 von der britischen Regierung veröffentlicht wurde, bestätigt die schlimmsten Befürchtungen: Das Stillen wird immer unbeliebter. Eine Untersuchung, die zwischen 1980 und 1985 mit 7000 Müttern durchgeführt wurde, ergab, daß nur die Hälfte zwei Wochen lang oder länger stillte und nur fünfundzwanzig Prozent das Kind länger als vier Monate stillte. In einem Zeitungsbericht, der zum selben Zeitpunkt veröffentlicht wurde, wird Jean Robinson, Mitglied des General Medical Council, zitiert: «Die Frauen erklären durchweg, daß sie im Krankenhaus nicht genug unterstützt werden und daß man ihnen oft die falschen Ratschläge erteilt.»[14]

Einsame Rufer haben sich in diesem Jahrhundert schon immer dagegen aufgelehnt, daß das Stillen medizinisch gehandhabt wurde. Sie wurden größtenteils nicht beachtet. Schon 1953 erklärte ein Autor die Vorteile des instinktiven Stillens:

«Wenn dieses System, wie anzunehmen ist, allgemein übernommen wird, ist das letzte Kapitel in der Geschichte der Säuglingsernährung abgeschlossen.»

*Wickes*, A History of Infant Feeding

Einige unter uns haben das Gefühl, daß es viel zu lange dauert, dieses letzte Kapitel zu schreiben.

**Kapitel 7**
# Nomaden und Kindermädchen

Es ist an der Zeit, den Menschen einmal in die richtige Perspektive zu rücken. Babys, die nachts schreien, Brustentzündungen aufgrund falscher Stillmethoden und elektronische Alarmgeräte für Babys sind charakteristisch für die moderne Kindererziehung in der industrialisierten Welt. Geschichte und Anthropologie zeigen uns jedoch, daß andere Gesellschaften durch ihre Kinder nicht so litten oder leiden.

Es wäre falsch anzunehmen, daß jede nichtindustrialisierte Kultur Methoden der Kindererziehung hat, die den unsrigen überlegen sind. Der folgende Überblick über andere Jahrhunderte und Kontinente soll kein bunter Prospekt mit schönen Ideen für die Babypflege sein. Es ist aber sicherlich nützlich, sich einmal damit zu beschäftigen, was andere Menschen tun, selbst wenn es nur dazu dient, uns zu versichern, daß eine weitere «schwierige» Phase der Zivilisation wahrscheinlich vorübergehen wird.

Viele Gewohnheiten des primitiven Menschen (oder des Menschen, dessen Sprache nicht in Schriftform existiert) werden von nomadischen, jagenden und sammelnden Stämmen, die es auf allen Kontinenten noch gibt, seit alters her praktiziert. Solche Gruppen werden in den Ländern ihrer Staatsangehörigkeit oft als Ausgestoßene betrachtet, und ihr traditioneller Lebensstil wird offen angegriffen. Regierungen wollen die Menschen dazu bewegen, seßhaft zu werden, Missionare wollen sie bekehren, umherziehende Kamerateams wollen die letzten Eindrücke des «unzivilisierten» Menschen in seiner Umgebung aufzeichnen.

Die Feindseligkeit, mit der unsere eigene Gesellschaft den «Zigeunern» begegnet, ist ein typisches Beispiel dafür, wie wir versuchen, andere nach unseren Regeln zu sozialisieren. Ein Anthropologe drückte es in einer Fernsehsendung so aus:

> «...die Nomaden werden von ihren Regierungen gefürchtet und verachtet. Menschen, die man nicht dazu bewegen kann, sich ständig an einem Ort aufzuhalten, sind für Zwecke wie Erziehung, Gesundheit, und was am wichtigsten ist, Besteuerung, schwer kontrollierbar.»
>
> *Singer*, Disappearing World

Trotz all dieser Schwierigkeiten haben einige Nomadenstämme überlebt. Die G/wi, ein Volk, das etwa 2000 Menschen zählt, wandert in Gruppen durch die Kalahari-Wüste im Süden Afrikas. In ihrer Gesellschaft herrscht Gleichberechtigung, und sie ist lokker strukturiert. Männer und Frauen arbeiten, abgesehen von einigen Aufgaben, zusammen (die Männer jagen, und die Frauen bereiten die Mahlzeiten zu). Die meisten Ehen sind stabil; die Wahl des Ehepartners richtet sich nach den Wünschen des Paares, aber auch nach den Wünschen anderer Familienmitglieder. Die gegenseitige Zuneigung ist meistens warm, aber nicht auffällig.

Der Anthropologe George B. Silberbauer erklärt, wie die G/wi-Buschmänner ihre Kinder erziehen:

> «Ein Baby wird nie allein gelassen. Seine Mutter trägt es auf ihrer Hüfte oder in ihren Umhang eingeschlagen überall mit sich herum. Wenn das Kind weint, wird es sofort an die Brust gelegt. Wenn die Mutter mit anderen in einer Gruppe zusammensitzt, wird das Baby herumgereicht und von den anderen Mitgliedern im Arm gewiegt, wenn sie alt genug sind und keine Gefahr besteht, daß sie das Baby fallen lassen. Männer und Jungen zeigen dieselbe Zuneigung zu kleinen Kindern wie Frauen und Mädchen. Nachts werden die Babys nicht von ihren Müttern getrennt, sondern schlafen in ihren Armen... Ein Baby verbringt also seine ersten Lebensjahre in der sicheren Zuneigung einer aufmerksamen Schar von Gefährten.»
>
> *Silberbauer*, in: Hunters and Gatherers Today

Ein ähnliches Muster finden wir bei den Paliyani in Südindien, die in Gruppen im Regenschatten der Gebirgszüge von Palni und Anaimalais umherstreifen. Für die Paliyani gelten Individualität und persönliche Freiheit als höchstes Gut. Gleichheit ist für sie so wichtig, daß die einzelnen Mitglieder ihr Glück immer mit anderen in der Gruppe teilen, aber andere Formen der Kooperation zwischen Gruppenmitgliedern sind selten. Den Schwächeren wird ein Minimum an Hilfe geboten, und die Männer bemühen sich, Gewalttätigkeiten oder Wettbewerb zu vermeiden. Mann und Frau haben in allen Eheangelegenheiten dasselbe Mitspracherecht. Aus der Sichtweise des Anthropologen Peter M. Gardener erziehen sie ihre Kinder in den ersten beiden Lebensjahren folgendermaßen:

«Das Kind verbringt die meiste Zeit, ob es schläft oder wach ist, in direktem Körperkontakt zu seiner Mutter. Tagsüber sitzt es in einer Schlinge, die aus einem Stoffstreifen des oberen Teils des Saris gebildet wird, auf ihrer Hüfte. Nachts schläft es neben ihr. Sobald das Kind auch nur im geringsten weint, legt die Mutter es an die Brust, manchmal bis zu vier- oder fünfmal in der Stunde. Die Verweigerung der Brust wäre auch nachts unvorstellbar, denn die Kehle des Kindes würde trocken werden, wie man hier sagt. Auch Kinder, die schon über ein Jahr alt sind, verlangen regelmäßig nach diesen nächtlichen Mahlzeiten. In den ersten beiden Lebensjahren erhalten die Kinder viel mütterliche Wärme und werden stark umsorgt. Wenn ein Kind nicht zufällig krank ist, ist länger anhaltendes Weinen unwahrscheinlich. Zornausbrüche sind selten; sie werden, wenn möglich, verhütet oder beschwichtigt.»

*Gardener*, in: Hunters and Gatherers Today

Ein drittes Beispiel kommt aus Afrika:

«Bei einer Untersuchung der Babys der Kipsikis, einem Volk in Kenia, wurde der nächtliche Schlaf gemessen. Die Kinder schliefen bei ihren Müttern, wachten häufig auf und saugten nachts an der Brust. Innerhalb eines Zeitraums von 24 Stunden schliefen sie weniger als eine Vergleichsgruppe amerikanischer Säuglinge.»

*Elias, Nicolson, Bora und Johnston*, in: Pediatrics, *März 1986*

Pat Gray, die Mitbegründerin von CRY-SIS, einer britischen Selbsthilfegruppe, die den Müttern schreiender Kinder hilft, erzählte mir von ihren Reisen auf dem indischen Kontinent. «Ich bin nach Sri Lanka gereist», sagte sie, «wo die Menschen in einfachen Lehmhäusern leben. Auf dem Boden liegt getrockneter Kuhdung, und die Dächer werden aus Palmwedeln geflochten. Die Menschen schlafen auf Matten aus Kokosfasern, und die Babys schlafen ebenfalls auf dem Boden neben ihren Eltern.»

Bei Eltern, die nichtindustrialisierten Kulturen angehören, ist es viel wahrscheinlicher, daß sie bei ihren Kindern schlafen. Eine Übersicht[1] zeigt, daß es in 71 von 90 Kulturen üblich ist, mit den Kindern zusammen zu schlafen, oder daß dies möglich wäre. Die Tabelle von McKenna *(siehe nächste Seite)*, die diese Kulturen aufführt, zeigt, daß es viele unterschiedliche Möglichkeiten gibt, wie Eltern zusammen mit kleinen Kindern in einem Raum schlafen.

Die Copper-Eskimos und die Dogrib-Indianer, die Guayaki aus Paraguay und die Walmadjeri-Buschmänner aus Australien schlafen alle bei ihren Kindern. Die Anthropologen, die diese Stämme beschreiben, erwähnen jedesmal die scheinbare «Verwöhnung» der Kinder durch ihre Eltern. Aber nicht alle primitiven Stämme sind so großzügig, denn nicht überall nehmen die Eltern die Kinder nachts zu sich.

Die Nootka, ein Indianerstamm an der Nordwestküste Amerikas, sind für ihre Aggressivität bekannt. Innerhalb der Gruppe hält sich die Gewalttätigkeit in Grenzen, nur selten geht sie über Fluchen oder Haareziehen hinaus, aber Auseinandersetzungen mit anderen Stämmen finden regelmäßig statt und sind oft sehr brutal. Die Nootka überfallen andere Stämme in der Nacht oder während einer Zeremonie. Dabei versuchen sie, so viele Männer wie möglich zu köpfen und die Frauen und Kinder als Sklaven zu ihrem Stamm zu bringen. Die siegreichen Krieger kehren singend nach Hause zurück und tragen die Köpfe der Überfallenen auf Stangen mit sich. Häuptlinge werden in aller Öffentlichkeit gefoltert und erniedrigt, bevor sie getötet werden.

Die Babys der Nootka wurden von ihren Müttern gleich nach der Geburt getrennt, damit der Kopf gestreckt werden konnte, so wie es ihrem Schönheitsideal entsprach. (Ein benachbarter Stamm flachte die Köpfe der Neugeborenen aus demselben Grund ab.) Die Babys verbrachten die ersten Lebensmonate so:

«In den ersten vier Tagen nach der Geburt legte die Frau das Baby in eine provisorische Wiege. Diese bestand aus einer Matte, die zwischen zwei Stangen gehängt wurde. Dort ließ sie das Kind liegen. Mit einer Querstange wurde der Hals hochgehalten. Das Bettzeug bestand aus Zedernbast, die Vorrichtung zum Zusammendrücken des Kopfes aus Zedernrinde; sie verlief über die Stirn, und an beiden

| Kultur | HRAF ID | Wo schlafen sie? | Worauf schlafen sie? | Anmerkungen |
| --- | --- | --- | --- | --- |
| Ganda | FK7 | Säugling bei den Eltern | Bett mit Rindendecke, mit Riemen aus Kuhhaut verschnürt | Jugendliche und unverheiratete Erwachsene in gleichgeschlechtlichen Gruppen |
| Flores | OF9 | Säugling bei den Eltern | Schlafbank aus Bambus (hale-hale) | Kinder mit Freunden in gleichgeschlechtlichen Gruppen |
| Lau | OQ6 | Säugling bei Besitzer und Ehefrau | Mattenstapel; tongisches Tapa als Decke; Bett heißt palang | Im Alter von sieben bis zehn ziehen die Jungen in eine andere Hütte um |
| Maori | OZ4 | Familien schlafen zusammen, mehrere in einer Hütte | Spezielle Schlafhütten für Sommer und Winter | Die Winterhütten haben eingelassene Böden und werden, für die Wärme, mit Erde angehäuft |
| Buschmänner | FX10 | Säugling bei den Eltern | Ausgehöhlte Bereiche in der Hütte, auf Gras | Mit sieben schlafen Mädchen bei den Großeltern oder Verwandten |
| Yap | OR22 | Kind schläft bis zum zweiten oder dritten Lebensjahr bei den Eltern, manchmal in einem Hängekorb | | Mit fünf zieht das Kind aus dem Schlafraum der Eltern aus |
| Garo | AR5 | Säugling bei den Eltern | Matten aus Baumrinde | Quartiere für Junggesellen |
| Katab | FF38 | Mütter mit Säuglingen, Ehemann, Geschwisterkindern | Matratzen aus Lumpen | Gemeinsame Schlafräume für junge Männer und Mädchen; schlafen in Zeiten des Mangels |
| Mauri | MS12 | Säugling bei den Eltern | Schlafmatte. Kathari-Matratze aus Lumpen | |
| Tiwi | O120 | Kinder bei den Eltern | Matten aus Papierrinde (melaleuca) | |
| Cuna | SB5 | Säugling bei der Mutter in der Hängematte; Vater im selben Raum | Handmatten – Baumwolle des Ciba-Baumes bedeckt mit Pisangblättern | |
| Tzeltal | NV9 | Jüngstes Kind auf den Matten der Eltern (patates) | | Schlafen mit fünf Jahren mit gleichgeschlechtlichen Geschwistern |
| Bhil | AW25 | Säugling bei der Mutter. | | Schwestern und Brüder werden in der Pubertät getrennt |

(Quelle: *Medical Anthropology*, 1986)

Seiten des Kopfes befanden sich Rindenpolster... Nach vier Tagen in der provisorischen Wiege wurde das Baby in eine hölzerne, wie ein Kanu ausgehöhlte Wiege gelegt. Sie hatte Kopf- und Fußstützen, die die gleiche Höhe wie die Seiten hatten. In dieser Wiege wurde das Baby festgebunden und aufrecht getragen. Die Wiege für Mädchen hatte drei Löcher in der Fußstütze, so daß der Urin ablaufen konnte, während die Wiege für Jungen keine Löcher aufwies; es wurde einfach der Penis entblößt.»

*Coon*, The Hunting Peoples

Ein interessanter Vergleich läßt sich zwischen den Gewohnheiten zweier Südseestämme herstellen – zwischen den Arapesh auf Neuguinea und den Mundugumor. Die Arapesh sind ein sehr sanftes Volk. Sie stillen ihre Kinder nach Bedarf und lassen sie nachts bei sich schlafen, während die Mundugumor genau das Gegenteil tun:

«Sie verachten eine Schwangere. Das Kind wird nach der Geburt in einen unbequemen, harten Korb gelegt. Gestillt wird es nur, wenn es nicht aufhören will zu schreien. Die Mutter wartet, bis das Baby einen Augenblick aufhört zu trinken, und legt es sofort wieder in den Korb zurück. Das Kind wird nicht erst entwöhnt, wenn es dazu bereit ist. Die Mutter stößt das Sicherheit suchende Kind von sich und entwöhnt es, sobald es in der Lage ist, andere Nahrung zu sich zu nehmen.
Die Mundugumor kennen kein Vertrauen. Vor dem Verbot der Regierung waren sie Kopfjäger. Sie sind überheblich, rachsüchtig und mißtrauisch. Das sexuelle Vorspiel besteht aus Beißen und Kratzen, bis beide Partner bluten.»

*Thevenin*, Das Familienbett

Ob man es nun begrüßt oder bedauert, die Traditionen zurückgezogen lebender Stämme gehen schnell verloren. Völker, die jahrhundertelang nachts bei ihren Kindern geschlafen haben, werden dazu gedrängt, diese Praxis aufzugeben und die westlichen Praktiken zu übernehmen.
Die Mistassini-Cree-Indianer sind eine der Gruppen großer Jäger, die auf der Halbinsel Labrador an der entlegenen Ostküste Kanadas leben. Sie haben seit dreihundert Jahren Kontakt zu Europäern, obwohl dieser Austausch sehr begrenzt war, bis Ölschürfer

in den fünfziger Jahren eine Eisenbahnlinie bauten. Heute gehören die meisten Mistassini dem christlichen Glauben an und sind als Anglikaner registriert. Da jedoch jedes Stammesmitglied seine Religion frei wählen kann, wird das alte Schamanentum noch praktiziert. Ähnlich sind auch die Erziehungsmethoden eine Mischung aus alt und neu: die Babys werden für mindestens ein Jahr nach Bedarf gestillt, aber heute wird erwartet, daß sie allein schlafen:

«Das Bettzeug stammt aus Europa und besteht meistens aus Wolldecken, bisweilen auch aus Schlafsäcken... Die Säuglinge werden in Säcke aus Moos gelegt und schlafen in Hängematten. Letztere gehen wahrscheinlich auf europäische Einflüsse zurück. Auch Wiegen sind bekannt und werden gelegentlich benutzt...»

*Coon*, The Hunting Peoples

In der modernen japanischen Familie schlafen die Kinder nicht mehr bei ihren Eltern, wie es in ländlichen Teilen Japans noch Tradition ist; die Nachkommen der Indianer in Amerika werden dazu überredet, neben der Milchflasche auch das Kinderbett einzuführen; die Inuit, die früher nackt zusammen in ihren Iglus schliefen, decken heute ihre Babys zu und legen sie in Wiegen.

Heute ist es in vielen Gesellschaften ein normaler Vorgang, Mutter und Kind nach der Geburt zu trennen. Aber warum handelt man eigentlich so gegen die natürlichen Bedürfnisse? Warum beschließt eine Zivilisation überhaupt, daß Mutter und Kind in getrennten Betten schlafen sollen?

Michel Odent, ein Pionier auf dem Gebiet der natürlichen Geburt, ist von dieser Frage fasziniert. Er reiste nach China, um die mütterlichen Praktiken dort zu beobachten. Von dem, was er sah, wurde er überrascht.

«Ich wollte die Geburtspraxis in China kennenlernen», berichtet er, «und fand heraus, daß man in den chinesischen Krankenhäusern versuchte, westliche Methoden nachzuahmen. Es waren Entbindungstische mit Fußstützen und so weiter vorhanden. Das Krankenhauspersonal war sehr stolz auf die modernen Geräte. Man hatte jedoch vergessen, eine Sache nachzuahmen: Mutter und Kind wurden nicht getrennt.

Ich fand dies nur durch Zufall heraus. In einem Dorf besuchten wir eine Familie, und ich fragte, wer in dem Schlafzimmer schlafe.

Die Frau antwortete: ‹Ich schlafe dort mit meinem Baby, denn es ist erst sechs Monate alt.›»

In vielen Kulturen betrachtet man es als ganz normales Verhalten, das Kind mit ins Bett, in die Hängematte oder auf die Schlafmatte zu nehmen. Von den Gesellschaften, die diese Praxis für schädlich halten, sind die USA und die Sowjetunion die besten Beispiele. Nordamerikanische Theoretiker und Psychologen sind in der westlichen Welt in Fragen der Kindererziehung führend, aber auch in kommunistischen Ländern werden Mutter und Kind von Geburt an mit systematischer Gründlichkeit getrennt.

«In Rußland, in der Tschechoslowakei und in der DDR ist es noch schlimmer», sagt Odent. «Auf einer Entbindungsstation sah ich ein riesiges Säuglingszimmer. Die Babys, die dort lagen, waren wie Pakete eingewickelt. Zu den Fütterungszeiten wurde das Kind zu seiner Mutter gebracht und mußte dann gleich wieder in sein Bettchen zurück. Diese Praxis trifft man in allen Krankenhäusern im kommunistischen Block, in dem ja ein großer Teil der Weltbevölkerung lebt, an.»

Dr. Odent hat seine eigene Theorie entwickelt, warum Mutter und Kind in bestimmten Gesellschaften nachts getrennt werden: «Die Kulturen, die überlebt und andere ausgelöscht haben, sind die einzigen, die wir erforschen können», sagt er. «Daher sind also auch die primitivsten Gesellschaften, die bis heute überlebt haben, wahrscheinlich die aggressivsten.

Vielleicht entsteht eine aggressive Zivilisation, wenn Mutter und Kind nach der Geburt getrennt werden. Und wenn wir einmal die beiden erfolgreichsten und aggressivsten Kulturen – die Sowjetunion und die USA – betrachten, sehen wir, daß Mutter und Kind dort getrennt werden.»

Untersuchungen haben ergeben, daß Babys, die des Körperkontakts beraubt werden, am ehesten zu aggressiven Erwachsenen werden. Eine Untersuchung[2] primitiver Kulturen zeigt, daß fehlende Berührung in der Kindheit Menschen hervorbringt, die zu Gewalttätigkeit neigen. Ein kriegerischer Stamm härtet seine Nachkommen ab, indem Mutter und Kind nach der Geburt für einige Tage oder nachts getrennt werden.

Obwohl sich die «modernen» Praktiken immer weiter verbreiten, ist es für viele soziale Gruppen noch normal, Babys mit ins eigene Bett zu nehmen. Die Kinderärztin Betsy Lozoff beginnt ihre

Untersuchung der Schlafgewohnheiten in nordamerikanischen Familien an dieser Stelle:

«Kinderärzte raten Eltern oft, ihre Kinder nicht mit ins Elternbett zu nehmen... Diese Auffassung unterscheidet sich von den Schlafgewohnheiten, die einer der Autoren (B. L.) in Lateinamerika und Asien beobachtete, als er ein medizinisches und anthropologisches Forschungsprojekt durchführte. Im allgemeinen wurde von den Kindern nicht erwartet, daß sie allein zu einer bestimmten Zeit in ihr eigenes Bett gingen oder nachts allein schliefen. Statt dessen hielt man sie im Arm, bis sie eingeschlafen waren. Anschließend schliefen sie mit den Eltern oder anderen Familienmitgliedern in einem Bett. Auseinandersetzungen wegen der Schlafenszeit und nächtliches Weinen gab es nicht. Aufgrund dieser Beobachtungen sahen wir die anthropologische Literatur durch. Es bestätigte sich, daß sich die Praktiken, die zur Zeit von Kinderärzten empfohlen werden, stark von denen anderer Kulturen unterscheiden. In einer repräsentativen Auswahl von über 100 Gesellschaften stand die amerikanische Mittelklasse mit ihrer Praxis, das Baby allein in einem Zimmer schlafen zu lassen, ganz allein da.»

*Lozoff, Wolf und Davis*, in: Pediatrics, *1984*

Für Amerika könnte man auch Großbritannien, Deutschland oder jedes andere Land einsetzen, das zu Wettbewerb ermutigt und Aggressionen hegt. Die Trennung von Mutter und Baby während der Nacht wird in einigen primitiven Kulturen durch bestimmte Tabus und in der unsrigen durch Behauptungen der Mediziner unterstützt, aber schließlich läuft es auf dasselbe hinaus.

Gesellschaften, in denen man versucht, ein Baby früh abzustillen, es durch Drill zu erziehen oder sonstwie zu formen (manchmal auch in körperlicher Hinsicht wie bei dem Stamm der Nootka-Indianer), neigen zu Gewalttätigkeit. Diese wiederum führt nach weltlichen Begriffen zum «Erfolg». Wir wären nicht da angelangt, wo wir heute sind, wenn wir unsere Kinder «verwöhnt» hätten.

Geschichtlich betrachtet haben Zivilisationen das gemeinsame Bett bisweilen bevorzugt und dann wieder abgelehnt. Der Brief einer Mutter an eine andere, geschrieben im zweiten oder dritten Jahrhundert v. Chr., enthält Erziehungsratschläge, die auf den pythagoreischen Theorien beruhten, auf die die Griechen sehr stolz waren. Ausgewogenheit und Maßhalten in allen Dingen wird empfohlen:

«Myia an Phyllis, sei gegrüßt. Ich möchte dir einen Rat geben, jetzt, da du Mutter geworden bist. Suche dir eine gute und saubere Amme, eine bescheidene Frau, die weder zu Schläfrigkeit noch zu Trunksucht neigt...
Die Amme gibt ihm die Brust nicht nach Laune, sondern nach gründlicher Erwägung. Auf diese Weise wird die Gesundheit des Kindes gefördert. Sie schläft nicht ein, wenn *sie* müde ist, sondern wenn das Neugeborene schlafen will. Sie stellt das Kind völlig zufrieden...
Es ist das beste, das Baby zum Schlafen hinzulegen, wenn es mit Milch gesättigt ist. Diese Ruhe tut kleinen Kindern gut, und diese Ernährung ist sehr erfolgreich... Außerdem sollte das Wasser für das Kind nicht zu hart oder zu weich sein, sein Bett nicht zu grob – es sollte sich vielmehr angenehm auf seiner Haut anfühlen. In all diesen Bereichen fordert die Natur, was ihr gebührt, aber keinen Luxus.»

*Lefkowitz und Fant,* Women's Life in Greece and Rome

Der Brief der Myia zeigt, daß ein Baby ein eigenes Bett oder eine Wiege hatte, während ein zweiter Brief aus einem römischen Haushalt des ersten Jahrhunderts auf eine andere Praxis hinweist. Man erwartete von einer Amme, daß sie mit ihrem Schützling in einem Bett schlief:

«Die Amme sollte selbstbeherrscht sein und sich vom Geschlechtsverkehr, von Trunksucht, Lüsternheit und anderen Vergnügungen dieser Art und von Unmäßigkeit fernhalten...
Was das Trinken betrifft, so würde die Amme an Leib und Seele Schaden nehmen. Auch die Milch wäre verdorben. Zweitens würde sie nicht auf das Neugeborene achten, wenn der Schlaf sie übermannt, und sie könnte es sogar im Schlaf erdrücken...»

*Lefkowitz und Fant,* Women's Life in Greece and Rome

Die Befürchtungen, daß ein Kind im Schlaf erdrückt werden könnte, waren immer groß. Die Historikerin Diana Dick glaubt, daß die Kirche es im 9. Jahrhundert aus diesem Grund als «schwere Sünde» betrachtete, mit einem Baby in einem Bett zu schlafen. «Ich glaube, man befürchtete, das Kind würde im Schlaf erdrückt»,

erklärte sie, «aber man muß auch bedenken, daß Babys in jenen Tagen gewickelt wurden, nur Augen und Nase waren frei – das Kind wäre also nicht in der Lage gewesen, sich zu befreien.»

Der französische Dauphin Louis XIII. wurde nachts zu offiziellen «Bettgefährten» ins Bett gesteckt. Es heißt, daß er in der ersten Nacht Schande über sich brachte, weil er das Bett näßte. Dies mag ein weiterer Grund dafür gewesen sein, daß die Reichen in zivilisierten Gesellschaften, die auf Sauberkeit bedacht waren, es nicht immer tolerierten, ein Baby bei sich im Bett zu haben. Bei den Windeln, die man heute kaufen kann, ist dieser Einwand nicht gerechtfertigt.

Aber reiche Eltern in Europa, die ihr Kind nicht bei sich im Bett haben wollten, erwarteten nicht, daß ihre Kinder allein schliefen.

Die Amerikanerin Tine Thevenin, selbst Mutter, gibt einen Überblick über die Geschichte der Bettgewohnheiten. Oft schliefen Paare, Kinder oder die Dienerschaft zusammen. Vor der Erfindung der Zentralheizung und des elektrischen Lichts erwartete man weder von den Erwachsenen noch von den Kindern, daß sie die Nacht allein in getrennten Schlafzimmern verbrachten:

«Im 16. Jahrhundert kam in England das sogenannte *Trinitybett* auf. Es bestand aus einem großen Bett, in dem die eigentliche Familie schlief. Darunter zog man zwei kleinere Betten hervor – man bezeichnete sie als Rollbetten. Dort lagen die Diener und entfernteren Verwandten.

Im 17. Jahrhundert entwarf John Fosbrooke das vielleicht größte Bett aller Zeiten für die königliche Familie. Es bot 102 Personen Platz! Offensichtlich betrachtete man den ‹Luxus› separater Betten und Schlafzimmer, der für uns heute so wichtig ist, nicht als Zeichen von Wohlstand oder Reichtum.»

*Thevenin*, Das Familienbett

Durch den Aufstieg der Mittelklasse und die Entstehung des Kindheitskonzepts (vorher glaubte man, Kinder seien kleine Erwachsene, die keiner Sonderbehandlung bedurften) ging die Praxis, mit den Kindern in einem Bett zu schlafen, zurück. Die christlichen Moralisten des 18. Jahrhunderts drängten darauf, daß man das Bett mit einem anderen nur teilte, wenn man verheiratet war, und Kinder lehrte man, daß es unschicklich sei, sich vor dem anderen Geschlecht oder voreinander nackt zu zeigen. Kinder mußten von Berührungen und sexuellen Erkundungen aller Art abgehalten werden.

Gegen Ende des 18. Jahrhunderts maß man der Erziehung zur Unabhängigkeit große Bedeutung bei: Die Kinder mußten lernen, selbständig zu werden. Daher begann man mit der Sauberkeitserziehung bereits, wenn das Baby erst drei Wochen alt war, und nach wenigen Wochen mußte es schon allein schlafen.

Da die Sauberkeit gleich nach der Frömmigkeit an zweiter Stelle rangierte, dauerte es nicht lange, bis die Hygiene als Grund für das Alleinschlafen galt. Die hygienischen Bedingungen in den ärmsten Stadtteilen Londons waren eine Schande, wie der folgende Bericht von Dr. Wilan, einem Beobachter aus dem späten 18. Jahrhundert, offenbart. Der Arzt hatte allen Grund zur Sorge:

«Es scheint fast unglaublich, aber es ist tatsächlich wahr: Die Menschen der untersten Klasse beziehen ihr Bett nicht einmal dreimal pro Jahr neu. In Familien, in denen keine Laken vorhanden sind, werden die Decken nie gewaschen oder gereinigt. Sie werden erst erneuert, wenn es nicht mehr anders geht... drei bis acht Menschen unterschiedlichen Alters schlafen in einem Bett, denn im allgemeinen ist nur ein Schlafzimmer und ein Bett pro Familie vorhanden... Dieser Raum befindet sich meistens im Keller, wo kaum Licht einfällt und kein Luftaustausch stattfindet, oder in der niedrigen Mansarde, die kleine Fenster hat. Der Zugang zu diesem Zimmer ist stickig und dunkel, die Luft ist schlecht, und es stinkt aus einer

Kammer am unteren Ende der Treppe nach Exkrementen. Hier wird Wäsche gewaschen oder irgend eine andere unangenehme Arbeit ausgeführt, während man kleinere Kinder in dem verschmutzten Bett weiterschlafen läßt und ältere Kinder dort spielen...»

Diseases in London, 1801[3]

Die ärmsten Bewohner der Innenstadt wurden durch Krankheiten dahingerafft. Bevor die Segnungen des Wohlfahrtsstaates eingeführt wurden, verschlechterte sich im viktorianischen Zeitalter und zur Zeit König Edwards die Situation noch weiter. Große Ausgaben wären nötig gewesen, um zu verhindern, daß London zur Kloake wurde. Statt dessen warnte man die Menschen vor den Gefahren, mit der Familie gemeinsam in einem Bett zu schlafen.

Die Mittelklasse, die zahlenmäßig immer größer wurde, konnte die Ratschläge der Fachleute befolgen. Jetzt, da sie es sich leisten konnte, galt die Privatsphäre als wertvolles Gut – Abgeschiedenheit von den Nachbarn und innerhalb des Hauses Ungestörtheit von Dienerschaft und Kindern. In den Vororten mit ihrer sauberen Luft konnte man eine Villa mit getrennten Schlafzimmern kaufen (eine große Verbesserung gegenüber den traditionellen Schlafkammern hundert Jahre vorher, die nur durch einen Vorhang vom Wohnzimmer getrennt waren).

> «Die stark vergrößerte Zahl an Schlafzimmern in viktorianischen im Vergleich zu georgianischen Häusern derselben Klasse legen beredtes Zeugnis ab für die Rolle, die die Privatsphäre innerhalb der Familie spielte. Die Zeitschrift *Builder* machte diesen Standpunkt 1864 recht selbstgefällig klar ‹... Wenn man die geringe Zahl von Schlafzimmern bedenkt, die in einem normalen Londoner Haus zum jährlichen Wert von £ 80 bis £ 120 zu jener Zeit, als Regent Street erbaut wurde, üblicherweise eingerichtet wurde, kann man sich nur schwer vorstellen, wie die letzte Generation alle Bewohner in den Schlafzimmern unterbringen konnte, denn es gab nur selten mehr als zwei große Schlafzimmer und drei oder vier im Dachgeschoß.
> ...unsere Vorstellungen zu diesem Thema heute machen es absolut notwendig, daß hier mehr Zimmer geschaffen werden müssen. Kleinere Häuser hatten kleinere Zimmer, aber die Anzahl war in etwa gleich.»
>
> *Olsen*, The Growth of Victorian London

Gegen Ende der viktorianischen Zeit wurden auf der Suche nach einer gesunden Lebensweise sogar Eheleute voneinander getrennt:

> «1893 enthielt die Zeitschrift *Scribner's Magazine* die wahrscheinlich erste Anzeige in den USA für zwei Einzelbetten im Schlafzimmer. Sie lautete: ‹Unsere englischen Verwandten schlafen heutzutage in getrennten Betten. Der Grund: *Man sollte nie den Atem des anderen einatmen...*›»
>
> *Thevenin*, Das Familienbett

Die Menschen zur Zeit König Edwards trieben die Trennung von Mutter und Kind auf die Spitze. Das Leben eines Babys in den mittleren und oberen Klassen Großbritanniens ähnelte jetzt einer Einzelhaft. Eine Kinderfrau kümmerte sich um alle Kinder, sorgte für viel frische Luft, aber ansonsten um wenig andere Unterhaltung. Die junge Königin Victoria, die in Albert vernarrt war, aber Babys nicht besonders mochte, führte den Kinderwagen für die elegante Gesellschaft ein, und bald führte alle Welt den Nachwuchs in Minikutschen spazieren. Ältere Kinder schickte man ins Internat und auf die Militärakademie. Die Eltern gaben einen großen Teil der erzieherischen Aufgaben an Fachpersonal ab. Wenn das Baby weinte, riet man der Mutter und der Kinderfrau, das Schreien einfach zu ignorieren, bis das Kind eingeschlafen war. Jessica Markwell berichtet:

> «Weinende Babys waren viel weniger störend als heute, denn es war üblich, sie lange im Kinderwagen, der sich außer Hörweite befand, liegen zu lassen.»
>
> Practical Parenting, *Juni 1988*

1882 wurde in *Enquire Within Upon Everything* das perfekte Kinderzimmer vorgestellt. Mit dem verwahrlosten Zustand der innerstädtischen Slums hatte es nichts gemein.

> «Ein Schlafzimmer sollte geräumig und hoch sein, trocken und luftig und tagsüber nicht bewohnt werden. Wenn möglich, sollte in demselben Schlafzimmer kein Mitglied der Dienerschaft schlafen. Linnen und andere Wäsche sollte dort nie zum Trocknen aufgehängt werden, da dadurch die Luft, in der doch ein Kind einen beträchtlichen Anteil seines Lebens verbringt, verunreinigt würde.»

Man kann sich vorstellen, welche Schwierigkeiten die Mehrheit der Bevölkerung hatte, sich nach diesen Vorschriften zu richten. In ganz Großbritannien lebten Stadt- und Landbewohner gleichermaßen noch in viel zu kleinen Wohnungen. Armen Familien stand nur ein Raum zur Verfügung. Nur die Reichen konnten sich den Luxus eines Trockenraums, eines Schul- und eines Spielzimmers leisten, ganz abgesehen von den Räumen für die Hausangestellten.

In der armen Bevölkerung Großbritanniens schliefen Eltern noch immer gemeinsam mit den Kindern in einem Bett. Die folgende Beschreibung ist typisch für einen Haushalt vor dem Krieg:

«Neben Vater und Mutter bestand die Familie aus fünf Söhnen und fünf Töchtern. Unsere Eltern schliefen in dem Schlafzimmer im ersten Stock, das zur Straßenseite lag. Dort schliefen auch das Baby und das nächstjüngste Kind. Die Mädchen schliefen zusammen in dem hinten gelegenen Schlafzimmer im ersten Stock und die Jungen im Schlafzimmer im Erdgeschoß. Meistens schliefen zwei Kinder zusammen am unteren und oberen Ende eines Doppelbetts, ein fünftes Kind konnte in einem kleinen Rollbett untergebracht werden. Wir nannten es das ‹Eisenbett›...
Meine Mutter hatte genau die richtige Einstellung: Kinder brauchen Liebe und Nahrung, Nahrung für das Wachstum und Liebe, damit sie sich sicher fühlen...»

*Scannell*, Mother Knew Best – An East End Childhood

Man glaubte, Ordnung, Sauberkeit und Moral würden das Gesicht Großbritanniens verändern. Aber die nächtliche Trennung von Kindern und Eltern brachte nicht in alle Heime Harmonie. Statt dessen ergaben sich aus der Frustration von Eltern und Kindern neue Probleme.

Wutanfälle von Kindern beispielsweise wurden vor 1800 in der medizinischen Literatur mit keinem Wort erwähnt, jetzt aber wurden Kinder als eigensinnige, aufsässige Wesen dargestellt, die mit Strenge bestraft werden mußten. «Wer die Rute spart, verzieht das Kind» – ein Sprichwort aus der Bibel – fand oft Anwendung. Zum erstenmal offenbarte der Generationensprung die wenig schöne Wahrheit über die viktorianische Gesellschaft: Je mehr man Kinder als ungezogene Wesen behandelte, desto ungezogener wurden sie. Die puritanische Ethik dämmte Verhaltensprobleme nicht ein, sie ließ sie überhaupt erst entstehen.

Die Kinder selbst hatten nur wenige Rechte. Kindesmißhandlungen blieben unentdeckt. Bis zur Gründung der NSPCC (National Society for the Prevention of Cruelty to Children, Kinderschutzbund) im Jahre 1884 führten Ärzte Knochenbrüche bei Kindern auf Erbkrankheiten zurück. Niemand hätte zugegeben, daß Kinder durch Schläge mißhandelt wurden (dies kam besonders in den besseren Häusern vor). In einem ersten Jahresbericht der NSPCC wurde es so zusammengefaßt:

«Das Durchschnittsalter der Kinder zeigt, daß besonders gegen kleine Kinder mit Gewalt vorgegangen wird; Säuglinge machen einen großen Anteil aus.
Gewalttätigkeiten sind nicht auf arme Haushalte beschränkt. In den Wohnzimmern mancher Häuser mögen zwar Klavier und Zierat vorhanden sein, aber die Bewohner benehmen sich ihren Kindern gegenüber wie wilde Tiere.»[4]

Im Jahre 1885 sperrte eine gewisse Mrs. Montague ihr Kind zur Strafe in den Schrank. Das Kind erstickte. Im Gerichtssaal argumentierte der Rechtsanwalt der Angeklagten, daß Eltern absolut über ihre Kinder bestimmen könnten und daß Mrs. Montague daher über jede Kritik erhaben sei.

Die Zeiten despotischer Eltern, unterwürfiger Kinder und Kinderfrauen in gestreiften Schürzen sind vorbei. Heute gehen in Großbritannien jedoch immer mehr Mütter einer Vollzeitbeschäftigung nach und überlassen einen großen Teil der Erziehung anderen. Es ist gut, daß immer mehr Frauen an den Arbeitsplatz zurückkehren, aber heute nimmt eine Mutter, die abends nach Hause kommt, ihr Kind nicht mit zu sich ins Bett, um den Körperkontakt zu ihm zu genießen. Statt dessen befolgt sie die empfohlene Routine zur Schlafenszeit, singt ihm etwas vor, badet es, liest eine Geschichte und verabschiedet sich mit einem Gute-Nacht-Kuß.

Einem Baby mag diese Behandlung vielleicht recht sein, aber mir scheint, daß sich aufgrund dieser Erziehungspraktiken ein neuer und gefährlicher Spalt auftut. Wenn berufstätige Mütter sich weniger um Vorschriften kümmerten und ihre Kinder mit zu sich ins Bett nähmen, hätten sie besseren Kontakt zu ihnen. Oft kommt es zu einer Krise in der Eltern-Kind-Beziehung, denn bisweilen stehen die Kinder den Menschen, die sich tagsüber um sie kümmern, näher als den Eltern.

Die Vorstellung, ein Baby die ganze Nacht über, und das jede Nacht, mit zu sich ins Bett zu nehmen, ist für die meisten Mütter, die ich kenne, völlig neu. Kein Buch über Kindererziehung empfiehlt diese Praxis, und von allein kommen sie nicht auf diese Idee. Vielleicht wäre es mir auch so ergangen, wenn ich nicht während der Schwangerschaft einige Nächte auf der Entbindungsstation verbracht hätte.

Viele Frauen lehnen es ab, ein Kind mit zu sich ins Bett zu nehmen, aber viele «gestehen», daß sie es zumindest gelegentlich tun. Etwa Dreiviertel der Eltern, mit denen ich während meiner Arbeit an diesem Buch sprach, gaben zu, daß sie hin und wieder die Kinder bei sich schlafen lassen.

Viele entscheiden sich dafür, am Bett des Babys zu wachen, statt sich zusammen mit ihm hinzulegen. Die Eltern versuchen, ihren Kindern so nah wie möglich zu sein, ohne dabei die Regeln der Gesellschaft zu verletzen. Eine Mutter berichtet, wie sie mit der Weigerung ihrer dreieinhalbjährigen Tochter, allein zu schlafen, fertig wurde:

«Sie fragte mich, warum Mama und Papa zusammen schlafen, wo sie doch schon groß sind. Als ich ihr zu erklären versuchte, daß auch die Eltern all ihrer Freunde und Freundinnen zusammen schliefen, kam sie zu dem Schluß, daß es viele einsame Kinder geben müsse. Ich konnte kein Gegenargument finden, also sitzen wir seit eineinhalb Jahren jeden Abend an ihrem Bett, bis sie einschläft.
Ja, es ist ermüdend, aber unser Arzt war der Meinung, es wäre grausam, sie jeden Abend schreien zu lassen.»

Mother, *Juni 1988*

Kein Wunder also, daß manche Eltern doch die praktischere Lösung wählen und mit ihren Kindern in einem Bett schlafen. Eine faszinierende Untersuchung, die in den USA von Betsy Lozoff und ihrem Forschungsteam angestellt wurde[5], zeigt, daß viele Menschen dies zumindest zeitweilig tun. Der Report umfaßt mehrere Kulturen und zeigt, daß zwischen weißen und schwarzen Familien in der Einstellung, das Bett mit den Kindern zu teilen, ein großer Unterschied besteht.

Frau Lozoff kam zu dem Ergebnis, daß fünfunddreißig Prozent der weißen Familien und siebzig Prozent der schwarzen Familien entgegen den Ratschlägen von Dr. Spock und anderen Experten ihre

Kinder regelmäßig zu sich ins Bett nehmen. Weiße Familien neigen eher dazu, die Kinder bei Stress oder Schlafproblemen ins elterliche Schlafzimmer zu lassen, während schwarze Eltern ihre Kinder ohne besonderen Grund bei sich schlafen lassen.

Bei mehr als der Hälfte (sechsundfünfzig Prozent) der weißen Kinder, die bei ihren Eltern schliefen, wurden insgesamt schwere Schlafprobleme festgestellt, während es «bei den schwarzen Kindern keinen Zusammenhang zwischen dem Schlafen im elterlichen Bett und Stress, mütterlicher Ambivalenz oder Schlafproblemen gab».[6]

Es läßt sich unmöglich sagen, ob die Probleme der weißen Kinder dadurch verursacht wurden, daß sie im Bett der Eltern schlafen, oder ob weiße Eltern es ihren Kindern erst gestatten, aufgrund dieser Probleme im Elternbett zu schlafen. Diese Praxis ist bei Eltern mit akademischer Ausbildung viel seltener; man könnte also zu dem Schluß kommen, daß die weiße Mittelklasse eher bemüht ist, die Ratschläge in den Büchern zur Kindererziehung zu befolgen. Erst wenn diese Ratschläge nichts fruchten, reagieren die Eltern auf die Bedürfnisse ihrer Kinder und nehmen sie mit zu sich ins Bett.

Ein Bericht der Amerikaner Hanks und Rebelsky[7] offenbart, daß nur achtzehn Prozent der Mütter aus der Mittelklasse, die ihre Kinder mit zu sich ins Bett nehmen, dies auch vor ihrem Arzt zugeben. Die Mutter von heute weiß, daß sie gegen den Trend anläuft, wenn sie mit ihrem Kind schläft, daher wird sie dieses «unannehmbare» Verhalten wahrscheinlich nicht zugeben.

Viele Mütter, mit denen ich sprach und die ihr Kind mit in ihr Bett nahmen, schienen erleichtert, daß sie mit jemandem sprechen konnten, der sie dafür nicht verurteilte. Dennoch fiel es auch ihnen schwer, Schuldgefühle abzulegen. Die Krankenschwester Maureen Blackman sagte: «Meine Tochter Hannah ist zwei Jahre alt. Wir nennen sie Hannah die Schreckliche. Mehrmals pro Woche wacht sie morgens um drei Uhr schreiend auf. Wir scheinen den Kampf verloren zu haben und nehmen sie mit zu uns ins Bett. Bei uns hat sie keine Schlafprobleme.»

Es ist eine ungeheure Selbstverurteilung, wenn man meint, als Eltern versagt zu haben, besonders wenn die Sache für die Kinder und die Eltern anschließend offenbar funktioniert. Aber genau dieses Gefühl bekommen Eltern in unserer Gesellschaft, wenn sie mit ihren Kindern in einem Bett schlafen, denn diese Praxis wird als Versagen gedeutet, nicht als Zeichen des Erfolgs.

Maureen Blackman hatte eine weitere Erklärung für ihre Schuldgefühle parat: «Das Bett wird leider immer mit Sexualität in Verbindung gebracht. Das haben die Medien angerichtet. Die Eltern haben Angst zuzugeben, daß ihre Kinder bei ihnen schlafen, weil Behörden daraus möglicherweise falsche Schlüsse ziehen.»

Es beruhigte Maureen etwas, als sie hörte, daß Elvis Presley noch mit vierzehn Jahren im Bett seiner Mutter schlief, eine Praxis, die in einigen Landesteilen von Kentucky offenbar üblich ist.[8] Bei Mädchen, die dort leben, kommt es häufig vor, daß sie das Bett der Eltern verlassen, um anschließend gleich das Ehebett mit dem Ehemann zu teilen.

Obwohl viele Mütter es als Versagen betrachten, wenn das Kind bei ihnen schläft, gewinnt eine Bewegung, die diese Praxis unterstützt, vor allen Dingen in Amerika immer mehr an Bedeutung. Gruppen wie die La Leche Liga (eine wichtige Selbsthilfegruppe für stillende Mütter) werben jetzt dafür, daß Eltern Babys mit in ihr Bett nehmen sollen. Viele Mütter in London, die mit Hilfe von Michel Odent zu Hause entbinden, nehmen das Baby automatisch mit zu sich ins Bett. Auch Betsy Lozoff erwähnt in ihrem Bericht die «Untergruppe» weißer Familien, die das Kinderbett ganz abgeschafft haben.

Eltern auf der ganzen Welt lieben ihre Kinder und wollen das Beste für sie. Niemand hat den Alleinanspruch auf alle guten Ideen, und man würde es sich zu einfach machen, wenn man das Familienbett verdammt, das offenbar für Millionen Familien genau das Richtige ist. Man denke nur an all die Babys, für die es nichts Schlimmes bedeutet, nachts aufzuwachen, weil sie Vater und Mutter neben sich wissen. Marjorie Elias meint, daß es dabei nur auf die Einstellung ankommt:

> «Kinder mit ins Elternbett zu nehmen und sie spät abzustillen, war und ist in vielen Gesellschaften weltweit über Jahrhunderte hinweg übliche Praxis. In unserer eigenen Gesellschaft ist sie jedoch relativ ungewöhnlich. Aber gerade hier gilt es als ‹Krankheit der sogenannten zivilisierten Welt›, wenn Kinder nachts aufwachen. In Familien, in denen Babys im Bett der Eltern schlafen, stellt dies kein Problem dar.

Es ist absurd, daß Säuglinge, die nach westlichem Muster erzogen werden, zwar viel seltener aufwachen, ihr Aufwachen aber für die Eltern ein so großes Problem darstellt.»
*Elias, Nicolson, Bora und Johnston,* in: Pediatrics, *März 1986*

Alle Babys brauchen nachts Trost und Gesellschaft, ob sie nun in einem zivilisierten Land leben oder nicht, und einige Eltern sind entschlossen, sich nicht an der sozialen Konditionierung zu stören.

**Kapitel 8**
# Aber doch nicht vor den Kindern

«Keine Lust mehr am Sex

Seit unsere kleine Tochter gesehen hat, wie mein Mann und ich miteinander geschlafen haben, bin ich jedesmal wie versteinert, wenn er mich berührt. Wir haben drei Kinder, und die Jüngste muß bei uns im Schlafzimmer schlafen.
Sie schläft schlecht, und meistens klettert sie nachts in unser Bett. Wenn das passiert, zieht mein Mann meistens in ihr Bett um.
Das störte uns nicht weiter, aber eines Nachts wachte sie auf und sagte laut: ‹Mama, warum zappelst du so?›
Jetzt habe ich am Sex überhaupt keinen Spaß mehr. Mein Mann meint, daß ich nur einen Grund suche, aber das stimmt nicht. Sex hat mir immer Spaß gemacht, und ich schlafe gern mit meinem Mann, aber jetzt ist mir die Lust vergangen, weil ich Angst habe, daß sie aufwacht.»

*Brief an die Zeitung* The Sun, *25. Juli 1988*

Das Sexualleben nach einer Geburt wiederaufzunehmen ist an sich schon kompliziert genug, auch wenn man kein Baby neben sich im Bett liegen hat. Für viele Eltern reicht schon der Gedanke, daß die Kinder sie beim Geschlechtsverkehr stören könnten, um der Idee des Familienbetts skeptisch gegenüberzustehen. Selbst Eltern, die an dieser Idee ernsthaft interessiert sind, nehmen mich zur Seite und fragen mich flüsternd: «Wie schaffen Sie *es*?»
Andere sorgen sich, daß sofort der Gedanke an sexuellen Mißbrauch auftaucht, wenn Kinder im Bett der Eltern schlafen, ein Thema, das in den achtziger Jahren in Großbritannien Schlagzei-

len machte. Gegen Ende der siebziger Jahre war der NSPCC nur eine geringe Zahl von sexuell mißbrauchten Kindern bekannt, aber 1987 wurden offziell 7119 Fälle registriert. In einer Umfrage von MORI aus dem Jahre 1988 hieß es, daß eins von zwölf britischen Kindern sexuell mißbraucht wird.[1]

Den plötzlichen Anstieg dieser Zahlen kann man wahrscheinlich teilweise mit unserem wachsenden Bewußtsein von der Existenz und den Gefahren des sexuellen Mißbrauchs von Kindern erklären. Das Problem an sich mag nicht neu sein, aber die Empörung der Öffentlichkeit ist es sicherlich. Das gegenwärtige Klima macht es daher um so schwieriger, die Frage des Familienbetts zu diskutieren, da viele Menschen das Bett direkt mit Sexualität in Verbindung bringen.

Wenn wir die westliche Haltung gegenüber der Sexualität untersuchen, erkennen wir die Tendenz, sie mit anderen Arten von Intimität zu verwechseln. Männer können in der Öffentlichkeit nicht Hand in Hand gehen, ohne als homosexuell abgestempelt zu werden, und mit jemandem «ins Bett zu gehen», bedeutet viel mehr, als mit ihm in einem Bett zu schlafen. Dies war nicht immer so. Tine Thevenin beschreibt, wie vor zweihundert Jahren Gäste eingeladen wurden, das Bett mit der Familie zu teilen:

«Noch vor dem stetigen Niedergang des Familienbetts erlebte es einen letzten Triumph. In der Zeit von 1750 bis 1780 wurde das ‹bundling› (engl. = bündeln) beinahe eine weltweite Sitte, die auch in Amerika Fuß faßte.
‹Bundling› bedeutete üblicherweise, daß ein Mann und eine Frau angezogen auf einem Bett liegen. Sie unterhalten sich oder schlafen. Meistens liegen sie unter einer Decke.
Selbst die sexfeindlichen Puritaner übernahmen das ‹bundling›, obwohl sie eine solche Praxis nie geduldet hätten, wenn sie sich als Deckmantel für sexuelle Spiele erwiesen hätte.»

*Thevenin*, Das Familienbett

Sexuelle Unterdrückung ist meistens das Ergebnis einer zivilisierten Gesellschaft. Primitive Gruppen sind viel zu sehr damit beschäftigt, sich fortzupflanzen und zu überleben, als daß sie die einzelnen Mitglieder daran hindern würden, ihre körperlichen Bedürfnisse auszudrücken. Auch in unserer Geschichte finden wir den Liberalismus des Mittelalters und die Zügellosigkeit der Restauration auf der einen, die puritanische Unterdrückung und die nüchterne Strenge des viktorianischen England auf der anderen Seite. In jedem Zeitalter findet eine Reaktion auf die Einstellung der vorhergehenden Generation statt.

Den Menschen der viktorianischen Zeit haben wir bestimmte Komplexe zu verdanken. Bei der AIDS-Aufklärung in Großbritannien hat sich gezeigt, daß sie nur schwer durchzuführen ist, denn Wörter wie «Kondom» oder «sexueller Höhepunkt» werden eher als anstößig denn als informativ empfunden. Sexualität ist die Zielscheibe von Witzen und füllt die Klatschspalten.

Nach der Geburt eines Kindes bereitet die Sexualität noch mehr Probleme. Nachdem der Geschlechtsakt den Zweck der Fortpflanzung erfüllt hat, wird erwartet, daß das Paar mit seiner Sexualität irgendwie zurechtkommt. Jüngst befaßte sich eine Untersuchung in der Zeitschrift *Mother*[2] mit dem «Sex nach der Geburt», ein Thema, das oft tabuisiert wird. Die Analyse der Antworten, durchgeführt von dem Psychologen Dr. Maurice Yaffe und seinem Team vom Guy's Hospital in London, offenbarte, daß Paare nach der Geburt eines Babys weniger häufig miteinander schlafen als vorher.

Nur fünfzig Prozent der Mütter, die den Fragebogen einschickten, erklärten, daß sie nach der Ankunft des Babys noch Interesse am Sex hatten. Ein noch geringerer Anteil der Befragten (fünfundvierzig Prozent) hatte beim Geschlechtsverkehr häufig einen Orgasmus. Fünfzehn Prozent erklärten, daß sie einmal pro Monat mit dem Partner schliefen, nachdem das Baby geboren war. Das Stillen allerdings schien auf die Lust und auf die Häufigkeit der sexuellen Aktivität nach der Geburt offenbar keine Auswirkung zu haben. Die ersten Monate mit einem Baby können in der Kleinfamilie ungeheure Spannungen hervorrufen, auch wenn die Beziehung vorher stabil war. Die Mutter wendet einen Großteil ihrer Energien für das Baby auf, und die Sexualität spielt möglicherweise eine untergeordnete Rolle, selbst wenn sie sich körperlich fit fühlt. Der einzige Rat und Trost, den eine Mutter nach der Geburt erhält, kommt von ihrem Arzt, der ihr meistens erklärt, daß sie den Geschlechtsverkehr wiederaufnehmen könne.

Eine junge Mutter, die möglicherweise noch unter Schmerzen leidet, müde ist und so wenig Verständnis für den emotionalen Aufruhr in ihrem Innern erfährt, wird wahrscheinlich von Panik erfaßt, wenn sie an die erste sexuelle Begegnung nach der Geburt denkt.[3] Ihrem Partner ergeht es wahrscheinlich nicht besser.

Michel Odent sagt, daß dreißig Prozent der Männer kurz nach der Geburt unter irgendeiner Form der Impotenz leiden, besonders dann, wenn sie bei der Geburt zugegen gewesen sind. Möglicherweise signalisiert die Ankunft des Babys den Eltern, daß sie eine kurze, natürliche Pause bei der sexuellen Aktivität einlegen sollen. Dies ist auf hormonelle und andere biologische Störungen zurückzuführen. Die Befriedigung, die die Mutter durch das Stillen erfährt, kann ein Mechanismus sein, durch den sich ihr Verlangen nach körperlicher Liebe verringert.

Unsere Gesellschaft läßt jedoch diese Gewöhnungszeit nicht zu. Meistens wartet der Partner ungeduldig darauf, daß sich bald nach der Geburt des Babys das normale Muster in der sexuellen Aktivität wieder einstellt. In vielen primitiven Gruppen besteht nach der Geburt eines Babys automatisch ein Tabu[4], aber niemand hindert unsere Medien daran, an den alten romantischen und sexuellen Vorstellungen festzuhalten. Niemand sagt, es sei in Ordnung, eine Weile zu warten.

Penny Mansfield, stellvertretende Direktorin des Marriage Research Council, sagt, daß die Zeit nach der Geburt eines Kindes meistens spannungsgeladen ist, unabhängig davon, wie die individuellen Reaktionen des Paares auf die Sexualität aussehen. Sie führte eine Untersuchung durch, in der neunundvierzig Paare nach sechs Ehejahren befragt wurden. Die Antworten wurden mit den Hoffnungen, die sie kurz vor ihrer Eheschließung hatten, verglichen.

«Eine Gruppe der Männer hatte ziemlich große Schwierigkeiten zu warten. Die Frauen verloren während der Schwangerschaft meistens das Interesse an der Sexualität, und dies änderte sich auch nach der Ankunft des Babys nicht sehr. Zudem empfanden die Ehefrauen die emotionale Zuwendung des Partners als unbefriedigend, während das Baby ihnen mehr Zuneigung und Gefühle entgegenbrachte.»

Jene Paare, die über ihre unterschiedlichen Bedürfnisse nicht reden konnten, waren diejenigen, die am meisten mit Schwierigkeiten zu kämpfen hatten oder kurz vor einer Scheidung standen.

Es ist nicht das Wichtigste, gleich nach der Geburt eines Kindes den Geschlechtsverkehr wiederaufzunehmen, ob man nun mit dem Baby in einem Bett schläft oder nicht. Aber wenn Paare glauben, daß es leichter sei, miteinander zu schlafen, wenn das Baby in seinem eigenen Bett schläft, liegen sie falsch.

Müdigkeit und Kopfschmerzen sind wahrscheinlich die größten Dämpfer der Libido. Es kann durchaus zur Erschöpfung führen, wenn man versucht, das Baby dazu zu bewegen, nachts allein durchzuschlafen. Wenn es im Nebenzimmer schreit, kann man tatsächlich alle Lust am Sex verlieren.

Ein Paar, das sein Baby mit ins elterliche Bett nimmt, setzt sich mit diesen Problemen direkt auseinander. Es ist erwiesen, daß Intimität und Lust gefördert werden, wenn das Baby bei den Eltern schläft – und auch die sexuelle Aktivität, wenn dies erwünscht ist.

Ein Baby ist ein äußerst sinnliches Wesen, und beide Elternteile können das unschuldige Gefühl genießen, das Kind nachts im Arm zu halten und sich an seine warme Haut zu kuscheln. Morgens wacht es mit einem Lächeln auf, streckt sich und neckt die Eltern so lange, bis sie ebenfalls aufwachen. Es gibt nicht drei- bis viermal pro Nacht und dann wieder um fünf Uhr morgens ein unsanftes Erwachen.

Wenn Eltern die Zweisamkeit suchen, müssen sie deshalb das Kind nicht aus ihrem Schlafzimmer verbannen. Wenn es fest schläft, wird es die Intimität der Eltern nicht stören. Man muß nicht unbedingt miteinander flüstern, denn das Baby war schon in der Gebärmutter daran gewöhnt, bei Geräuschen zu schlafen.

Die Mutter, die biologisch ganz auf ihr Kind eingestellt ist, kann sich wahrscheinlich besser entspannen, wenn sie sieht, wie es sicher neben ihr schläft. Die Schauspielerin Jane Asher, die ihren Sohn Alexander von Geburt an mit zu sich ins Bett nahm, schreibt:

> «Häufig hört man die Sorge, daß das Sexualleben eines Paares leiden wird, aber in der Praxis ist dies nur selten ein Problem – ein tief schlafendes Kind vergißt alles, was um es herum geschieht, und die ‹Liebe wird einen Weg finden›, wie es in einem Liedtext heißt.»
>
> *Asher*, Silent Nights

In vielen Kulturen[5] schlafen die Eltern miteinander, während das Baby wach neben ihnen liegt, eine Praxis, die ihnen – entgegen westlicher Auffassung – nicht schadet und unsere Verlegenheit bei der sexuellen Aufklärung unserer Kinder unsinnig erscheinen läßt. Jean Liedloff schreibt:

«Es bestehen auch Befürchtungen hinsichtlich der Anwesenheit des Säuglings beim elterlichen Geschlechtsverkehr. Bei den Yequana gilt seine Anwesenheit als selbstverständlich, und sie muß wohl auch während der Hunderte von Jahrtausenden vor uns so betrachtet worden sein.

Es mag sogar so sein, daß ihm, wenn er *nicht* dabei anwesend ist, ein wichtiges psychobiologisches Verbindungsglied zu seinen Eltern fehlt, nach dem der heranwachsende Mensch dann ein Gefühl der Sehnsucht behält, das später zu einem unterdrückten, schuldbeladenen Ödipus- bzw. Elektra-Verlangen nach Geschlechtsverkehr mit dem gegengeschlechtlichen Elternteil wird. Tatsächlich aber wollte er vielleicht in einem solchen Fall ursprünglich nur die passive Rolle des Säuglings...»

*Liedloff*, Auf der Suche nach dem verlorenen Glück

Vielleicht bringt gerade aus diesem Grund die Sexualität das Kind in uns zum Vorschein. Die geschlechtliche Liebe war nie Teil unserer wachsenden Erfahrung, sie wurde immer zur Seite gestoßen, bis wir sie für uns selbst entdecken konnten. Es fällt schwer, einer Sache gegenüber eine reife Haltung einzunehmen, die von unseren Eltern mit einem Geheimnis umgeben wurde. Eifersucht auf die Eltern ist ein Phänomen, dem die Psychotherapeutin Dilys Daws in ihrer Arbeit mit Babys und Kindern begegnet ist, die sich weigern zu schlafen. Das Kind spürt, daß es von der Intimität des Paares ausgeschlossen ist, und stört die Eltern deshalb:

«...wenn ein Kind nachts nicht schläft, scheint dies darauf hinzudeuten, daß ödipale Konflikte nicht gelöst wurden. Der Grund, warum es nicht schläft, kann also auf die Angst zurückgeführt werden, daß die Eltern zusammen sind und das Kind ausgeschlossen wird. Häufig ist die aufgezwungene Beschäftigung mit dem Kind am Abend für die Ehe so schädlich wie eine nächtliche Störung.»

*Daws*, in: Journal of Child Psychotherapy, *1985*

Ein Kind, das seinen Eltern immer willkommen ist, muß nicht die Rolle des Eindringlings spielen. Selbst ein sehr kleines Baby, das man in sein Bettchen legt, wenn es gerade die Augen zugemacht hat, wird mit Empörung reagieren. Es wäre besser, wenn es nachts bei den Eltern schlafen dürfte.

Wenn Sie nicht wollen, daß Ihr Kind als einziges in seiner Klasse eine natürliche Sexualaufklärung genießt, sollten Sie sich eine gemütliche Ecke suchen, so daß Sie sich am Nachmittag oder Abend in der Nähe seiner Schlafstatt Ihren sexuellen Bedürfnissen hingeben können. Während das Kind tagsüber schläft, haben die Eltern genug Gelegenheit, ungestört miteinander zu schmusen.

Daphne, eine Mutter aus Leeds, erzählte mir die hübsche Geschichte, wie ihre kleine Tochter den Großeltern berichtete, daß «Mama und Papa gestern abend im Bett Hottehü gespielt haben». Vielleicht sind Sie der Meinung, daß unsere Gesellschaft für solch intime Erfahrungen noch nicht bereit ist. Halten Sie sich also im Zaum, wenn Sie so wollen, und warten Sie, bis das Kind schläft – und kaufen Sie sich ein Bett, das nicht quietscht und nicht zu sehr federt.

Wenn das Baby erst einmal schläft, haben die Eltern Zeit und Platz genug. Viele Paare erleben ihre Beziehung wieder so wie am Anfang – mit Abenden am Kamin und heimlichen Rendezvous im ganzen Haus.

Alle Untersuchungen zeigen, daß die Kommunikation des Paares für eine glückliche Beziehung am wichtigsten ist. Kein Paar gleicht dem anderen. Bedürfnisse und Wünsche sind ganz unterschiedlich. Wenn das Paar wenig miteinander spricht, wird kein noch so gutes Sexualleben die Beziehung verbessern.

Statt die Sexualität in eine Ecke unseres Lebens zu verdrängen, sollten wir unser Bedürfnis nach Sinnlichkeit in vielerlei Hinsicht zugeben. In unserem an Berührungen armen Leben hat die Sexualität eine viel zu große Bedeutung erlangt. Je stärker wir sie unterdrücken, desto mehr setzt sie uns zu. Man sollte jedoch folgendes bedenken:

«Die Sexualität ist wie das Stillen zu neunzig Prozent eine geistige Haltung und zu zehn Prozent Technik.»
The Womanly Art of Breastfeeding

Ob wir unser Sexualleben als gut oder weniger gut einschätzen, hängt hauptsächlich von unserer Einstellung ab. Wenn das, was wir tun oder lassen, uns ein gutes Gefühl gibt, ist es wahrscheinlich das Richtige.

Die Ärzte Andrew und Penny Stanway haben gezeigt, wie stark die Grenze zwischen Sexualität und Sinnlichkeit verwischt ist und wie sehr wir zögern, unsere Bedürfnisse zuzugeben. Selbst die

Geburt eines Kindes haben sie in einen sexuellen Zusammenhang gebracht. Die Autoren berichten von Geburtszentren in Amerika, in denen die Eltern ermutigt werden, sich sexuell zu betätigen (der Geschlechtsverkehr selbst wird jedoch nicht vollzogen). Nach der Geburt spielt sich folgendes ab:

> «Dann kuschelt das Paar mit dem Baby. Wenn man sie nicht weiter stört, schlafen sie bald mit dem Kind in der Mitte ein, besonders wenn es eine lange Geburt war oder das Kind mitten in der Nacht geboren wurde.»
> 
> *Stanway und Stanway,* Choices in Childbirth

Die Stanways behaupten nicht, daß jede Frau während der Geburt einen Orgasmus erleben will, aber sie zeigen einen Aspekt der Geburtserfahrung, den die meisten Menschen in der westlichen Welt verneinen. Sie befassen sich auch mit sexuellen Gefühlen beim Stillen – beim symbiotischen Stillen, nicht bei jener eingeschränkten Methode, die der Mutter Schmerzen bereitet, während das Kind versucht, jeden Tropfen Milch zu ergattern.

Eine Mutter, die ihr Kind ständig stillt, spürt möglicherweise, daß das Stillen eine gemischte Wirkung auf ihre Libido hat. Durch das Hormon Prolaktin, das die Milchproduktion steuert, wird die sexuelle Erregung bisweilen unterdrückt. Den Stanways zufolge empfinden jedoch viele Frauen die sanfte Stimulierung der Brust während des Stillens als erregend:

> «Das Stillen wird von vielen Frauen als angenehm empfunden, dennoch wird diese Tatsache größtenteils verschwiegen oder tabuisiert. Bei einer Befragung von 300 Frauen sagten 64 Prozent, daß das Stillen ‹sexuell angenehm› oder ‹sinnlich› sei, und viele gaben zu, daß sie beim Stillen einen Orgasmus erlebten... Viele Frauen sagten, daß sie unter Schuldgefühlen litten, weil das Stillen für sie so lustvoll sei, und einige haben es auch aus diesem Grund sogar aufgegeben. Dieser Fall traf besonders dann ein, wenn es sich bei dem Baby um einen Jungen handelte.»
> 
> *Stanway und Stanway,* Choices in Childbirth

Vielleicht soll das Stillen an sich befriedigend und eine Wohltat und Stimulation für die Frau sein, die möglicherweise körperlich noch nicht wieder bereit ist, den Geschlechtsverkehr voll aufzunehmen.

Wir haben die Freude an der menschlichen Berührung verlernt, so daß es kaum verwunderlich ist, wenn wir die Lust an der Sexualität verlieren. Für viele bedeutet das, daß die sexuelle Kapazität gar nicht voll ausgenutzt und das sexuelle Verlangen unterdrückt wird. Für andere wird die Befriedigung der Sinne zu einem überwältigenden sexuellen Drang. Aufgrund der sexuellen Konditionierung sind es oft die Frauen, die zur ersten Kategorie zählen, während die Männer unter die zweite fallen.

Jean Liedloff glaubt, daß das Übermaß an sexuellem Verlangen in unserer Gesellschaft mit unserem kindlichen Bedürfnis nach Mutterliebe zu tun hat. Sie sagt, daß wir unsere unerfüllten Bedürfnisse vom Kleinkind- bis ins Erwachsenenalter mit uns herumtragen:

«Es ist jedoch wichtig, die Verwirrung zwischen dem Bedürfnis nach Sex und dem nach Zuwendung, nach einer mütterlichen Art von Körperkontakt – jene Verwirrung, die Ausdrücken wie ‹geile Mama› zugrunde liegt – aufzulösen... Das ungeheure Reservoir von Sehnsucht nach körperlichem Trost ließe sich vielleicht beträchtlich verringern, wenn es gesellschaftlich akzeptabel würde, mit Gefährten jeden Geschlechts Hand in Hand spazierenzugehen, auf dem Schoß anderer Menschen zu sitzen – nicht nur im privaten Kreis, sondern auch in der Öffentlichkeit –, einen verführerischen Haarschopf zu streicheln, wenn einem danach zumute ist, sich frei und öffentlich zu umarmen und seine liebevollen Impulse nur dann zu bremsen, wenn sie unerwünscht wären.»

*Liedloff*, Auf der Suche nach dem verlorenen Glück

Die Antwort an die Verfasserin des Leserbriefs an die *Sun* ist klar: ihre Probleme haben mit den Gefühlen gegenüber ihrer eigenen Sexualität zu tun. Viele Erwachsene sind einfach noch nicht in der Lage, ihre Babys die ganze Zeit über bei sich zu haben.

Die unschuldige Frage nach dem Herumzappeln (die man der Dreijährigen leicht und altersgemäß hätte beantworten können) reichte aus, um der Mutter die Freude an der Sexualität zu verderben. Es handelt sich hier also nicht um Intimität, die auf gegenseitiger Liebe, Selbstvertrauen und Respekt beruht – vielmehr ist es eine schuldbeladene, geheime Aktivität, die nur mit dem Selbstbetrug funktioniert, daß kein anderer weiß, was vor sich geht.

Genau diese Einstellung liegt auch dem sexuellen Mißbrauch von Kindern zugrunde. Manche Eltern, die auch im Erwachsenenalter noch Trost suchen, interpretieren die Sinnlichkeit und Passivität eines Kindes fälschlicherweise als sexuelles Signal. Manche im emotionalen Bereich stark deprivierte Menschen kennen unschuldigen Körperkontakt überhaupt nicht und werden sexuell erregt, wenn sie ihn finden. Tiefe Gefühle können sie nur durch Sexualität ausdrücken. Aus diesem Grund wenden sie sich möglicherweise auch ihren eigenen Kindern auf diese Weise zu.

In der Literatur, die über sexuell mißbrauchte Opfer geschrieben wurde, wird selten aus der Sichtweise des Täters berichtet. Er – oder sie – muß ebenfalls ein Opfer gewesen sein, das als Baby abgewiesen wurde und unerfüllt blieb, gerade zu der Zeit also, wenn liebevolle Berührung nicht nur willkommen ist, sondern auch für die normale Entwicklung notwendig. Diese Empfindungen wurden verdrängt und kommen verzerrt wieder an die Oberfläche. In einem Zeitungsartikel, der 1988 erschien, als Großbritannien durch Skandale erschüttert wurde, die mit dem sexuellen Mißbrauch von Kindern zusammenhingen, hieß es:

«...Psychiater und Therapeuten... die das Problem untersuchen, finden unter Erwachsenen und Kindern immer häufiger Patienten, deren Gefühle von Zuneigung, Angst, Liebe, Gewalt und Intimität hoffnungslos verwirrt sind.»

The Sunday Times, *19. Juli 1988*

Diese Verwirrung ist das Ergebnis des ungelösten Bemutterns. Ein Kind, das von den Gefühlen der Eltern ausgeschlossen wurde, kann seinerseits zum Opfer oder Täter werden. Der Vater, der seine Tocher vergewaltigt, beraubt sie vieler Dinge: Sie verliert das Recht, frei zu wählen, sie verliert die körperliche Privatsphäre und ihren kindlichen Seelenfrieden. Heute wissen wir, daß viele sexuell mißbrauchte Kinder ihr Geheimnis bis ins Erwachsenenalter hinein wahren und Gefahr laufen, selbst zu Tätern zu werden.

Vera Diamond, die seit dreiundzwanzig Jahren als Psychotherapeutin tätig ist, bestätigte diese Erkenntnis: «Von den Tausenden, die mich und meine Kollegen wegen einer Therapie aufgesucht haben, wurden fünfundsiebzig Prozent in ihrer Kindheit sexuell mißbraucht.»[6] Jean Liedloff drückt es so aus: «In diesem Spiel sind alle die Verlierer, niemand ist der Übeltäter. Überall sieht man nur Opfer.»[7]

Aber es gibt einen Ausweg, und ich glaube nicht, daß er einzig und allein Sache der Gerichte, der staatlichen Behörden und der Lobby-Gruppen ist. Es ist vielmehr nötig, das Gleichgewicht zwischen Mutter und Kind wiederherzustellen – Babys wieder in den Armen zu halten und ihre Gegenwart nachts willkommen zu heißen. Es kann der erste Schritt zur Wiedergutmachung des Schadens sein.

Wenn jemand überführt wurde, ein Kind vergewaltigt zu haben, oder einer solchen Tat verdächtigt wird, wäre es natürlich undenkbar, die beiden gemeinsam in einem Bett schlafen zu lassen. Denn der Erfolg dieses Verhaltens hängt davon ab, daß der Erwachsene reif genug ist, verantwortungsbewußt handelt und mit seiner Sexualität glücklich ist, so daß er die eines anderen Menschen nicht gefährdet.

Seit den Skandalen sind jedoch viele Menschen in Panik geraten und glauben, daß sexueller Mißbrauch das Ergebnis *zu großer* Intimität mit einem Baby sei, statt fehlende Intimität als Ursache zu sehen. Sie können den wichtigen Unterschied zwischen den verschiedenen Arten von Nähe nicht erkennen: die Nähe, die für das Kind von wesentlicher Bedeutung ist, und die andere, die mit Notzucht gleichzusetzen ist. Eine Krankenschwester drückte es folgendermaßen aus:

«...Schlafprobleme in der Kindererziehung werden am besten gelöst, indem man das Kind mit zu sich ins Bett nimmt. Bei dem gegenwärtigen öffentlichen Interesse an Inzest in diesem Land wagt man jedoch kaum, diesen Vorschlag zu machen.»
*Conder*, in: Midwife, Health Visitor and Community Nurse, *April 1988*

Einige Kritiker sind der Meinung, daß der Wunsch der Eltern, zusammen mit ihren Kindern in einem Bett zu schlafen, problematisch sein kann. Einer dieser Kritiker ist Dr. Richard Ferber, Direktor des Schlaflabors und des Zentrums für kindliche Schlafstörungen im Children's Hospital in Boston, Massachusetts. Er schreibt:

«Wenn Sie es vorziehen, Ihr Kind neben sich im Bett zu haben, sollten Sie ihre Gefühle sehr sorgfältig überprüfen... Wenn zwischen den Eltern Spannungen bestehen, verhindert das Kind im Ehebett möglicherweise eine Konfrontation und sexuelle Intimität. Falls dies auf Sie zutrifft, helfen Sie nicht Ihrem Kind, sondern Sie benutzen es, um sich nicht mit den eigenen Problemen auseinandersetzen oder sie lösen zu müssen. Wenn dieses Verhaltensmuster fortgesetzt wird, leidet nicht nur das Kind, sondern die ganze Familie.»

*Ferber*, Solve Your Child's Sleep Problems

Während ich meine eigenen Gefühle sehr sorgfältig überprüfte, stieß ich in Dr. Haslams Buch *Schlaflose Kinder – unruhige Nächte* auf eine passende Antwort:

«Gelegentlich wird behauptet, daß nur Paare mit Ehe- und Sexualproblemen ihr Bett mit ihrem Kind teilen. Ein Autor eines Artikels in der Zeitschrift der amerikanischen Medical Association aus dem Jahre 1980 ging sogar so weit zu fordern, daß, da die meisten Kinder in unserer Gesellschaft nicht mit ihren Eltern zusammen schlafen, ‹die Ärzte die wirklich zugrunde liegenden Motive der Eltern erforschen sollten, welchen Bedürfnissen diese Anordnung diene›.
Zum Glück schrieb ein paar Wochen später in derselben Zeitschrift ein Kinderarzt einen Artikel, der dieser Auffassung deutlich widersprach. Eine amerikanische Studie aus dem Jahre 1974 behauptet, daß, wenn Eltern ihr Kind mit ins eigene Bett nehmen, dies ein Anzeichen für eine gestörte Beziehung darstellt. Diese vielzitierte Studie behauptete außerdem, daß die Mutter oft die Anwesenheit des Kindes als Schutzschild gegen die sexuellen Ansprüche ihres Mannes benutze. Eine Studie aus dem Jahre 1982 aus Schweden widerspricht dieser Auffassung. Es zeigte sich kein Anwachsen der Scheidungsrate bei Familien, in denen die Eltern das Bett mit ihren vier- bis achtjährigen Kindern teilten. Sie kamen zu dem Schluß: ‹Die Gewohnheit ist viel zu weit verbreitet, als daß sie als Zeichen für einen Trennungsprozeß der Eltern gewertet werden kann.›»

*Haslam*, Schlaflose Kinder – unruhige Nächte

Eltern auf der ganzen Welt benutzen ihre Kinder als Schachfiguren in den Spielen, die sie spielen. Zweifellos benutzen einige das Kind als körperliche Barriere. Aber die besten Barrieren bestehen nicht aus Fleisch und Blut. Ein Baby, das zwischen seinen Eltern schläft, ist wahrscheinlich die größte Bindung, die zwischen ihnen besteht. Und selbst wenn Eltern ein Kind zur Vertuschung ihrer Eheprobleme mißbrauchen, geht das Kind als Sieger hervor, da all seinen emotionalen und körperlichen Bedürfnissen so offensichtlich entsprochen wird. Viele Kritikpunkte am Familienbett basieren auf Angst. Die Menschen befürchten, daß ihr Leben aus dem Gleichgewicht geraten wird. Die Sexualität wird nicht wieder so sein, wie sie es einmal war. Ein Baby zu berühren, ist möglicherweise die Art körperlicher Intimität, die sie ihr Leben lang vermieden haben. Sie werden diesen Ängsten entweder nachgeben oder durch das Kind die Sinnlichkeit wiederentdecken.

In seinem Buch *Von Geburt an gesund* verbindet Michel Odent das Wohlbefinden einer Gattung mit ihrer Fähigkeit zu lieben (Bindungen einzugehen), sich fortzupflanzen (den Sexualakt durchzuführen und Schwangerschaft und Geburt zu erleben) und die Nachkommen großzuziehen (die Kinder zu ernähren). In unserer Gesellschaft werden in allen drei Bereichen Probleme offenkundig. Es fällt uns schwer, andauernde Beziehungen aufrechtzuerhalten, Männer wie Frauen leiden unter Unfruchtbarkeit und fehlendem Sexualverlangen, und nach einer mechanisch bestimmten, schmerzhaften Geburt haben die Frauen ungeheure Schwierigkeiten beim Stillen. Die Krise, die sich hier bei der Fortpflanzung manifestiert, ist ein sicheres Zeichen dafür, daß wir auf dem falschen Weg sind.

«Schwierigkeiten beim Stillen sind ebenso eine Zivilisationskrankheit wie Schwierigkeiten bei der Geburt oder sexuelle Probleme», schreibt Odent. «Und jede dieser Schwierigkeiten führt ihrerseits zu Krankheiten. Liebe, Sexualität, Gesundheit: das sind Begriffe, die nur unser westliches, analytisches Gehirn als getrennte Einheiten wahrnehmen kann.»

Bei diesem Problem geht es nicht um die Frage, ob das Baby neben uns liegt, wenn wir uns der körperlichen Liebe hingeben. Das Problem betrifft die Gesellschaft, die nicht weiß, wo sie die Linie zwischen «gesunden», liebevollen, konstruktiven, reproduktiven Beziehungen und gewalttätigem, mißbräuchlichem, unkontrollierbarem Verlangen ziehen muß.

Wieder müssen wir an unsere Kindheit zurückdenken, in der wir nichts anderes brauchten als die liebevolle Berührung der Mutter, denn damit beginnt eine gesunde Sexualerziehung.

**Kapitel 9**
# Zeit zum Schlafengehen

*Die Welt wird regiert, indem man Dingen ihren Lauf läßt. Sie läßt sich nicht durch Einmischung regieren.*

Tao-te-king

Bevor Menschen sich auf ein Abenteuer einlassen, möchten sie wissen, wo es endet. Wie lange wird das Baby im Bett der Eltern schlafen? Sollte das Kind selbst seine Unabhängigkeit finden, oder sollten die Eltern etwas nachhelfen? Können Eltern überhaupt etwas tun, um den Prozeß zu beschleunigen?

Diese Fragen haben alle mit unserer Auffassung von Unabhängigkeit und Anhänglichkeit, Strenge und Freizügigkeit, Abstillen, Verwöhnen und Erziehen unserer Kinder zu tun.

Seit Ärzte begannen, die Stufen der kindlichen Entwicklung zu analysieren, wurden die Eltern in die Lage versetzt, den Fortschritt ihrer Kinder zu überwachen. Mit Freuds Hilfe können sie nun die orale, anale und genitale Phase unterscheiden. Sie warten auf das erste Lächeln, ermutigen die Kinder zu sitzen, stacheln sie an zu krabbeln und helfen ihnen, die ersten Schritte zu tun.

Es gibt sogar mechanische Geräte, die dem Kind «helfen», diese Dinge zu tun – Babywippen zum Sitzen, Laufstühlchen zum Laufenlernen und so weiter. Gut informierte und gut ausgerüstete Eltern sollen die einzelnen Entwicklungsstufen der Kinder erkennen, sie vorausahnen und dem Kind helfen, sie zu durchlaufen.

Vor dem Zweiten Weltkrieg besaßen Kinder nur wenig Spielzeug, und die Spielsachen, die sie hatten, waren handgemacht. Heute dagegen sollen Spielsachen vor allen Dingen einen erzieherischen Wert haben. Es reicht nicht, wenn etwas zur Ablenkung dient, es muß gleichzeitig auch lehrreich sein, damit selbst das kleinste Baby Farben, Struktur und Klänge «erlernen» kann.

Die Spielzeughersteller selbst nehmen sich sehr ernst. In dem Prospekt eines amerikanischen Fabrikanten, der durchsichtige, mit Disney-Figuren bedruckte Kunststoffröhrchen zum Rollen produziert, heißt es:

> «Shelcores Garantie
> Babys sind wundervoll. Darum versuchen wir alles, um sie mit Spielsachen und Artikeln zur Babypflege zufriedenzustellen, sie anzuregen, zu beruhigen und zu erfreuen. All unsere Artikel sind auf Sicherheit und Funktion hin geprüft und machen Spaß... Sie bekommen das Beste für Ihr Kind, denn schließlich sind auch Eltern wunderbare Menschen.»

Die meisten Babys interessieren sich eher für die Pappverpackung als für die so liebevoll massenproduzierten Artikel, die sie angeblich befriedigen, stimulieren, beruhigen und erfreuen sollen. Das soll nicht heißen, daß ein Baby keine Spielsachen braucht, aber sie sind nicht so nötig, wie viele Menschen glauben. Das «Beste», das es für ein Baby in seinen ersten Lebensmonaten gibt, ist seine Mutter. Libby Purves, die Verfasserin des Buches *Die Kunst, (k)eine perfekte Mutter zu sein*, schreibt:

> «Die meisten Menschen vergessen, daß Neugeborene sich grundlegend von uns unterscheiden. Sie zitieren alte Weisheiten aus vergangenen Zeiten und nehmen die tatsächlichen Bedürfnisse des Babys gar nicht richtig wahr... Babys haben keine Vorurteile, keine vorgefaßten Meinungen, keine Rituale. Sie haben nur wenige Bedürfnisse, aber diese sind sehr wichtig: ein warmer Korb, eine saubere Windel und eine Brust, an der sie jederzeit saugen können.»
> «Babies Born to Travel», Sunday Times, *14. August 1988*

Sogar der Korb ist ein unnötiges Zubehör, wenn die Mutter bereit ist, ihr Baby im Arm zu halten.

Auch Kinder, die schon etwas älter sind, brauchen nicht all die Spielsachen und Anreize, die wir ihnen geben. Bisweilen müssen sie außerdem das Gefühl bekommen, daß sich alle Objekte in zwei Kategorien unterteilen lassen: in Werkzeug und Spielzeug. Ersteres hat mit dem Leben zu tun, letzteres ist für Kinder da: Sie sollen mit ihm spielen, wenn die Eltern anderweitig beschäftigt sind. So fühlen sich viele Eltern gezwungen, immer mehr für Babyartikel auszugeben, um die motorischen Fähigkeiten des Kindes zu fördern und es von Anfang an richtig zu erziehen.

Ich glaube, wir tun dies, weil wir einer Gesellschaft angehören, die Kindern alles mögliche abgewöhnt – das heißt, wir erzwingen ständig den Übergang von einer Entwicklungsstufe zur nächsten. In unserer Kultur sind die Menschen nicht in der Lage, den Augenblick voll zu genießen, zu akzeptieren, daß Veränderungen unausweichlich sind. Wir können weder zurückblicken noch in die Zukunft. Wir sind dazu programmiert, uns ständig einzumischen – wir wollen immer an allem teilhaben. Da wir uns der unterschiedlichen Phasen, die ein Kind vom Baby- zum Erwachsenenalter durchläuft, so bewußt sind, drängen wir es häufig zu schnell zur nächsten Phase, so daß es die erste Phase nicht voll auskosten kann.

Dieser Drang der Erwachsenen berührt alle Aspekte des kindlichen Lebens. «Kann es schon sitzen/krabbeln/laufen?» fragen wir andere Mütter. «Wann werden Sie es abstillen?» Ärzte raten dazu, beim Abstillen langsam vorzugehen, aber wir können es nicht abwarten. Wann benutzt das Kind denn endlich das Töpfchen? Wann wird es sich selbst die Schuhe zubinden können?

Jeder Versuch der Eltern, ein Kind in eine bestimmte Richtung zu lenken, hat schließlich Auswirkungen auf die Gesamtentwicklung. Ich lernte eine Mutter kennen, die stolz darauf war, daß ihr kleiner Sohn mit ein wenig Unterstützung mit fünf Monaten bereits stehen konnte. «Wir wollten nicht, daß er krabbelt. Deshalb haben wir ihm von Anfang an ein Laufstühlchen gekauft und ihn immer hineingesetzt.»

Leider hatte die Tatsache, daß das Kind künstlich über längere Zeit zu einer aufrechten Haltung gezwungen wurde, dazu geführt, daß es recht steif war. Der Junge konnte «früh» laufen, aber immer wenn er hinfiel, tat er sich weh. Seine Mutter hatte viele Monate damit zu tun, ihm überallhin nachzulaufen, damit er sich nicht ernstlich verletzte.

Der jährliche Bericht der Gesellschaft der Physiotherapeuten, der 1988 veröffentlicht wurde, bestätigte, daß Laufstühlchen für das Laufenlernen nicht so nützlich sind, wie es den Eltern normalerweise glaubhaft gemacht wird:

«...viel zu viele Babys werden bereits im Alter von vier Monaten in ein Laufstühlchen gesetzt. In diesem Alter sind die Muskeln nicht kräftig genug, um das eigene Gewicht zu tragen. Dies kann dazu führen, daß die Zehen sich nach außen oder innen krümmen. Die Eltern glauben meistens, daß ihr Baby in einem Laufstühlchen eher laufen lernt, aber die Physiotherapeutin Jill Breckon erklärt, daß häufig das Gegenteil zutrifft.»
*Hodgkinson*, Early Days, *Sommer 1988*

Wir mischen uns zum Nachteil unserer Kinder ein. Wir drängen sie dazu, die einzelnen Entwicklungsphasen zu schnell zu durchlaufen, und ändern so möglicherweise die Lernprozesse, die ein Kind normalerweise durchmacht, die Art und Weise, wie es lernt, und vielleicht auch die Reihenfolge. Die Krankenschwester Kathryn Conder schreibt:

«Babys, die ständig herumgetragen werden, so wie es beispielsweise in Südindien in Gopalur praktiziert wird, erlernen die Sprache und sozialen Fähigkeiten vor der motorischen Entwicklung.»
*Conder*, in: Midwife, Health Visitor and Community Nurse,
*April 1988*

Warum sind Babys in Uganda weiter entwickelt[1] als in der industrialisierten Welt? Könnte es vielleicht daran liegen, daß sie als Babys ständig von ihren Müttern im Arm gehalten werden, krabbeln, wenn sie dazu bereit sind, und erst mit dem Laufen anfangen, wenn sie dazu in der Lage sind? Beobachter, die in den ländlichen Gemeinden von Malawi arbeiten, berichten, daß afrikanische Kinder den Babys in der westlichen Welt in jeder Entwicklungsphase überlegen sind. Diese Babys schlafen zusammen mit der ganzen Familie in Lehm- und Strohhütten und werden tagsüber von ihren Müttern auf dem Rücken herumgetragen.

Die Methoden verschiedener Völker in der Kindererziehung unterscheiden sich stark. Auch in unserer Kultur hat sich der Trend radikal verändert: angefangen bei der strengen Erziehung der Kleinkinder in den neunziger Jahren des 19. Jahrhunderts bis hin zur antiautoritären Erziehung der sechziger Jahre. Bei primitiven Völkern begegnen wir völlig unterschiedlichen Abstillmethoden, die sehr langsam oder sehr plötzlich sein können. Die G/wi-Buschmänner in der Kalahari gehen die Sache langsam an:

«Ein Grundsatz der G/wi-Philosophie scheint zu sein, daß der Mensch im Grunde vernünftig und seinen Mitmenschen gegenüber gutmütig eingestellt ist. Diese Auffassung spiegelt sich in der Kindererziehung und Sozialisation wider...
Beim Abstillen spricht man davon, daß ‹das Kind der Brust überdrüssig wird›. Feste Nahrungsmittel werden der kindlichen Nahrung bereits sehr frühzeitig als Ergänzung beigefügt und sollen das Kauen unterstützen, damit die wachsenden Zähne leichter durchbrechen. Die Menge dieser ergänzenden Nahrungsmittel wird langsam gesteigert, bis das Kind fast drei Jahre alt ist und sich allein ernähren kann. Die Brust erhält es dann nur noch in langen Abständen oder wenn es Trost sucht. Die abnehmende Abhängigkeit von der Brust als einziger Nahrungsquelle und der Wunsch, es älteren Kindern gleichzutun, sind wahrscheinlich die Hauptfaktoren, daß der Wunsch des Kindes nach der Brust nachläßt. Die Initiative scheint zu gleichen Teilen von der Mutter und dem Kind auszugehen.»

Hunters and Gatherers

Bei dieser Vorgehensweise werden die Bedürfnisse der Mutter und des Kindes in Betracht gezogen, und die Natur kann ihren Lauf nehmen. Das Abstillen wird nicht erzwungen, denn es ist keinerlei Mühe oder Kampf erforderlich, weder von der Seite des Kindes noch der der Mutter. Man braucht nur Zeit und Geduld, Dinge, die in unserer Gesellschaft leider immer seltener werden.

In der westlichen Welt wird die Initiative der Mutter und des Babys dadurch unterdrückt, daß die Fachwelt und andere Mütter, die moderne Ratschläge befolgen, bestimmte Dinge erwarten. Auch wenn wir wissen, wann ein Baby normalerweise krabbelt, bedeutet dies nicht, daß wir dieses Stadium vorwegnehmen und das Baby zur Eile drängen oder ihm die Mühe abnehmen sollten. Wir wissen nicht, wie die körperlichen und geistigen Funktionen zusammenhängen – auch die Fachleute wissen dies nicht. Es wäre gefährlich anzunehmen, daß wir die frühmenschliche Entwicklung völlig verstehen, und es ist dumm, sich einzumischen.

«...die Deprivation eines bereits dagewesenen Erfahrungsdetails kostet den Betroffenen ein gewisses Maß seiner Gesundheit. Vielleicht ist dieser Verlust so fein, daß wir ihn nicht bemerken, oder er ist so allgemein, daß wir ihn nicht als Verlust auffassen. Die Forschung hat bereits gezeigt... daß Menschen, denen es nicht erlaubt war, auf allen vieren herumzukriechen, ihre verbalen Fähigkeiten später nicht voll ausbildeten.»

*Liedloff*, Auf der Suche nach dem verlorenen Glück

Wenn schon das Verbot zu krabbeln zu Sprachstörungen führen kann, ergeben sich möglicherweise noch viel schlimmere Konsequenzen für Babys, die nicht bei ihrer Mutter schlafen dürfen. Vielleicht ist ein Baby, das bei den Eltern schläft, beweglicher oder vorausschauender. Möglicherweise bestehen viele kleine Unterschiede zwischen einem Kind, das mit einem anderen Menschen zusammen schläft, und einem, das die Nacht allein in seinem Bett verbringt. Dennoch hält unsere Gesellschaft es für vernünftig, ein Baby dieser wesentlichen Erfahrung zu berauben.

Viele Fachleute, die das Familienbett an sich gutheißen, glauben, daß es schwierig sei, das Kind später an das eigene Bett zu gewöhnen. Hier herrscht wieder die Annahme vor, daß das Kind entwöhnt werden *müsse*, ob es sich nun um die Flasche oder das Bett handelt.[2] Dieser Prozeß kann schwierig sein, aber ist er überhaupt notwendig?

Die Fachleute für Fragen der Kindererziehung kennen die Nachteile, wenn der Schritt von einer Stufe der körperlichen Entwicklung zur nächsten zu schnell erfolgt. Neurosen (die Unfähigkeit, das Leben rational anzupacken) sind eine Nebenwirkung. Psychologen beschreiben die Auswirkungen von emotionalen Störungen auf das Kind während der «oralen Phase» im ersten Lebensalter so:

«Was geschieht, wenn diese Bedürfnisse (nach der Mutter und ihrer Fürsorge) stark oder unnötig enttäuscht werden?... Es kann dazu führen, daß das Kind nicht in der Lage ist, sich während der nächsten Phase richtig zu entwickeln... Es bleibt auf die orale Phase fixiert, und unter dem Einfluß seines biologisch bestimmten Entwicklungsverlaufs entwickelt es sich nur schwach weiter zur nächsten Stufe.»

*English und Pearson*, Emotional Problems of Living

Ein häufiges Zeichen für eine schwache Entwicklung zur Selbständigkeit ist die Abhängigkeit eines Kindes von einem Übergangsobjekt. Die meisten Ärzte in der westlichen Welt sind der Meinung, daß es eine normale Entwicklungsphase sei, ein Kuscheltier als Trostspender zu benutzen. Einige treten sogar aktiv dafür ein:

> «Es ist viel besser für ein Kleinkind, mit einem ‹Übergangsobjekt› – einem Kuscheltier, einer Puppe, einem Spielzeug, einer Schmusedecke – einzuschlafen, als die Eltern neben sich zu wissen.»
> *Ferber*, Solve Your Child's Sleep Problems

Kuscheltiere und Schmusedecken sind in unserer Gesellschaft überall erhältlich, und wenn sich das Kind erst einmal an einen Schnuller gewöhnt hat, ist die Mutter gut beraten, ein oder zwei in Reserve zu halten, falls einer verlorengeht. In primitiven Kulturen jedoch reicht der Familienbesitz oft nicht über eine Schlafmatte hinaus. Natürlich ist in solchen Gruppen der Gebrauch eines Übergangsobjekts völlig unbekannt.

> «In vielen Kulturen, in denen das Zusammenschlafen praktiziert wird, trifft man auf bemerkenswert wenige Schlafprobleme. Auch gibt es keine Hinweise darauf, daß es dem Kind schaden könnte. Tatsächlich ist in Kulturen, die der Schrift unkundig sind und in denen die Kinder viel mehr Hautkontakt erleben, der Gebrauch eines Übergangsobjekts wie Schmusedecken etc. fast unbekannt.»
> *Conder*, in: Midwifery, Health Visitor and Community Nurse

Michel Odent hat bei Müttern, die ihr Kind zu Hause geboren haben, eigene Untersuchungen angestellt. Bei diesen Frauen handelt es sich um eine für London atypische Gruppe. Babys, die nachts länger als ein Jahr gestillt wurden, brauchten keine Übergangsobjekte als Trostspender. Am anderen Ende der Skala stellte man fest, daß Kinder, die wenig Liebe und Aufmerksamkeit erfahren, beispielsweise Kinder, die in altmodischen Kinderheimen leben, auch keine Übergangsobjekte benutzen. Odent kommt zu dem Schluß, daß «das Bedürfnis nach einem Übergangsobjekt die gesunde Reaktion eines normalen Kindes auf eine besondere Situation ist».

Ein deutliches Beispiel für die Schwierigkeiten eines Kindes, selbständig zu werden, ist Schüchternheit oder Angst vor Fremden. Diesem Merkmal begegnet man in unserer Gesellschaft so häufig, daß es von Kindern gewissermaßen erwartet wird – besonders von Mädchen, wie eine Untersuchung aus Cambridge über einen Zeitraum von fünf Jahren ergab.[3]

Die Psychologin Joan Stevenson-Hyde bewertete eine Gruppe

von Kindern im Alter zwischen zweieinhalb und sieben Jahren, wenn diese von ihren Müttern getrennt waren. Sie fand heraus, daß elterliche Probleme Auswirkungen auf das Sicherheitsgefühl der Kinder hatten. Aber die Kinder neigten auch beispielsweise nach der Geburt eines Bruders oder einer Schwester eher zur Schüchternheit: «Alles, was dazu führt, daß die Mutter weniger reagiert, zum Beispiel wenn sie sich um ein Neugeborenes kümmern muß, macht sie für das Kind plötzlich zu einer anderen Mutter. Dies hat Auswirkungen auf sein Sicherheitsgefühl» (*The Independent*, 12. Juli 1988).

Die Neigung zur Schüchternheit kann auch ererbt sein, heißt es in dem Bericht, aber Dr. Stevenson-Hyde bestätigt, daß die Erfahrungen des Kindes bei weitem der wichtigste Faktor sind:

> «Zweieinhalbjährige Kinder, die eine warme und vertrauensvolle Bindung an die Mutter hatten, zeigten nur wenig oder mäßige Furcht vor Fremden und nie große Angst. Diese Kinder kamen mit einer neuen, lauten Umgebung, beispielsweise einer Kindergartengruppe, zurecht, wenn man ihnen genug Zeit gab und sie ermutigte...
> In dieser nicht repräsentativ ausgewählten Gruppe... blieb eins von zehn Kindern schüchtern und hatte beim Übergang zum Kindergarten oder zur Grundschule Schwierigkeiten.»
>
> Mercer, in: The Independent, *12. Juli 1988*

Einem Baby des Yequana-Stamms in Südamerika werden all seine Bedürfnisse erfüllt. Wenn es bereit ist, den sicheren Arm der Mutter zu verlassen, hat es schon ein stabiles Maß an Unabhängigkeit erreicht. Die Bewegung von der Mutter weg weist auf das persönliche Zutrauen des Kindes hin. Wenn es sich nicht sicher fühlt, kehrt es in die Geborgenheit der mütterlichen Arme zurück. Sie stößt das Kind in keine bestimmte Richtung, denn sie weiß instinktiv, daß dies sein Verhalten nachteilig beeinflussen würde. Es würde entweder gegen die Mutter rebellieren oder versuchen, sie zufriedenzustellen, um so ihre Aufmerksamkeit zu erlangen.

Auch die Kinder der G/wi und Paliyaner zeigen keine Schüchternheit. Die Paliyaner ändern jedoch ihre Taktik, wenn das Kind zwei Jahre alt ist. Die Paliyaner, die für ihre extreme Individualität und für fehlendes Zusammenwirken der Erwachsenen untereinander bekannt sind, erfüllen die Bedürfnisse eines Kindes nur während der ersten beiden Jahre. Danach überlassen sie es plötzlich ganz sich selbst:

> «In der tröstlichen Welt des Kindes gibt es eine Reihe von schnellen Veränderungen, wenn es im Alter von etwa zweieinhalb Jahren abgestillt wird. Die Mutter verweigert dem Kind nicht nur die Brust oder hält es durch das Aufstreichen einer bitteren Paste von den Brustwarzen fern, sie setzt es auch über immer länger werdende Zeiträume auf den Boden... Das Kind erlebt zum erstenmal Situationen ohne mütterliche Führung und ist plötzlich neuen Erfahrungen ausgesetzt – Fehlverhalten und Bestrafung...
> Obwohl diese Bestrafung über ein böses Wort oder einen leichten Klaps nicht hinausgeht, erkennt das Kind die starke Veränderung im Tonfall, besonders wenn die Mutter mit ihm schimpft. In dieser Zeit versucht die Mutter häufig, die Forderungen des Kindes zu ignorieren... Wenn das Kind nicht schon weint, wird es durch die mangelnde Reaktion der Mutter zornig; es schreit krampfhaft, zieht an seinen Haaren und stampft mit den Füßen... meistens braucht es zehn bis zwanzig Minuten, um sich zu beruhigen. Derartige Wutanfälle setzen sich bis ins vierte oder fünfte Lebensjahr fort. In einem Fall war dieses Verhalten sogar bis zum zehnten Lebensjahr vorhanden.»
>
> Hunters and Gatherers Today

Diese Darstellung eines indianischen Volkes ist ein ausgezeichnetes Beispiel für die Auswirkungen des plötzlichen Abstillens. Es ist leicht verständlich, warum das Kind bei diesem kompromißlosen Entzug der Zuwendung wütend wird. Wahrscheinlich entwickelt sich daraus die starke Unabhängigkeit der erwachsenen Stammesmitglieder.

Auch in unserer modernen industrialisierten Gesellschaft sind Zornausbrüche von Kleinkindern an der Tagesordnung. Allgemein glaubt man, daß Babys erzogen werden müssen und daß die Eltern energisch jeglichen Unsinn unterdrücken sollen. Wenn dies unterbleibt, wird die Familie von den Launen eines zweijährigen Tyrannen regiert, behaupten die Fachleute. Der folgende Auszug von Leon Madow aus seinem Buch *Anger* spiegelt diese typische Auffassung wider:

> «...wenn das Kind älter wird und nicht mehr völlig hilflos ist,

beginnt man, Forderungen an es zu stellen. Eine der ersten ist meistens das Abstillen.
Die Mutter, die darauf besteht, daß das Kind Dinge für sich selbst tut, und die die totale Freiheit, die es bisher genossen hatte, einschränkt, frustriert das Kind. So entsteht Zorn, den es nicht voll ausdrücken kann und der sich ansammelt. Der Prozeß ist normal; die Mutter muß das Kind frustrieren, wenn es heranwachsen und zu einem annehmbaren Mitglied der Gesellschaft werden soll. Vielleicht stellen Sie sich die Frage, ob kleine Babys tatsächlich so viel Gefühl haben. Haben Sie schon einmal ein Kind beobachtet, das einen Wutanfall hat, den Atem anhält oder mit dem Kopf gegen die Wand rennt?
...Dies ist erst der Anfang der Frustration, die ihre Ursache im Prozeß des ‹Erwachsenwerdens› hat. Es kommt zu einer Folge von immer größeren Einschränkungen der direkten, sofortigen Befriedigung der Bedürfnisse. Das Kind muß lernen, sie auf – seinem Empfinden nach – weniger angenehme Art zu befriedigen oder die Befriedigung auf einige Zeit hinauszuschieben.»

In Amerika und Europa beginnt die Trotzphase etwa im Alter von achtzehn Monaten. Dieses Verhalten kann sich über vier bis fünf Jahre fortsetzen. Eltern und Kind verhalten sich wie Dompteur und wildes Tier und setzen den Kampf, der mit der Geburt begann, fort.
Einige Arten von Autismus, einer schweren Geisteskrankheit, durch die das Kind nicht richtig auf seine Umwelt reagieren kann, sind möglicherweise die Folge eines solchen Kampfes. Man versteht die Ursachen dieser Störung noch nicht ganz, und natürlich sollte man den Eltern nicht die Schuld am Zustand des Kindes geben. In bestimmten Fällen kam es jedoch zu einer Heilung, wenn die körperliche Berührung zwischen Mutter und Kind wieder möglich wurde.
Jasmine Bayley ist eine von drei britischen Lehrern, die die Haltetherapie befürworten. Dabei werden autistische Kinder behandelt, indem die Mütter sie mit Gewalt in ihren Armen halten. Wenn ein stark behindertes Kind etwa eine halbe Stunde lang gehalten wurde, beginnt es zu lächeln und ist in der Lage zu kommunizieren. In bis zu dreißig Prozent der Fälle kommt es zu einer völligen Heilung. Jasmine Bayley erklärt den Autismus als Teufelskreis aus Mißverständnissen zwischen Eltern und Kind:

«Die genaue Ursache des Autismus ist zwar nicht bekannt, aber das Kind zieht sich völlig von der Mutter zurück. Sie läuft ihm nach und wird abgewiesen. Auf diese Weise baut sich auf beiden Seiten ein Kreislauf aus Zorn, Frustration und Verzweiflung auf. Wenn die Mutter das Kind hält, nehmen sie die Berührung zueinander wieder auf, so daß die Kommunikation zwischen ihnen erleichtert wird.»
*Bayley*, in: The Independent, 23. August 1988

Die Haltetherapie ist eine der wenigen Techniken, die Mutter und Kind einander näherbringt und versucht, die Bindung, die durch westliche Erziehungspraktiken zerstört wurde, zu reparieren. Wer weiß, welche Symptome des Autismus sich verhindern ließen, wenn die Mutter ihr Baby von Anfang an im Arm halten würde?

Wenn beispielsweise grundlegende Bedürfnisse nicht erfüllt werden, hält das verzweifelte Kind bei dem Versuch, die größtmögliche Aufmerksamkeit eines Elternteils zu gewinnen, manchmal die Luft an. Dies ist ein klassisches Warnzeichen, ähnlich wie Selbstmorddrohungen bei Erwachsenen. Auf der Problemseite einer Elternzeitschrift liest sich das so: «Mit meiner achtzehn Monate alten Tochter muß ich regelrechte Kämpfe ausfechten. Wenn sie etwas nicht tun will, macht sie sich steif, weigert sich weiterzugehen und hält die Luft an, bis sie blau im Gesicht wird» (*Young Additions*, Herbst 1987).

In der Antwort des Arztes hieß es, daß das Luftanhalten bei Kleinkindern ein häufiges Symptom und mit Wutanfällen gleichzusetzen sei. «Da ihr diese Unart nicht schadet, ignoriert man sie am besten. Es ist jedoch wichtig, hinterher mit dem Kind darüber zu sprechen und herauszufinden, worin die Ursache zu suchen ist.»

Der Arzt bietet nützliche Ratschläge an, die einstweilen helfen können, aber es wäre sicherlich besser, diese Art von Konflikten ganz zu vermeiden. Wenn wir Wutanfälle als normale Phase der kindlichen Entwicklung betrachten, werden sie nicht verschwinden. Die meisten Eltern geben dem Kind oder sich selbst die Schuld an diesen regelmäßigen Ausbrüchen («Sie hat das Temperament ihres Vaters geerbt»). Man sollte jedoch bedenken, daß derartige Wutanfälle in Gesellschaften, in denen das Kind nicht gezwungenermaßen entwöhnt wird, unbekannt sind.

Wenn wir schlechtes Verhalten auf die Gene zurückführen und

die dringende Botschaft eines Babys, das mit dem Kopf schaukelt, am Daumen lutscht oder Wutanfälle bekommt, nicht verstehen, prägen wir dem Kind eine negative Sicht der Zukunft ein. Der Familientherapeut Steve Biddulph, Autor des Buches *The Secret of Happy Children*, hat die Gefahren der negativen Programmierung ausführlich beschrieben. Unter anderem warnt er vor folgendem:

«‹*Du bist unverbesserlich.*› – ‹*Mein Gott, gehst du mir auf die Nerven.*› – ‹*Das wird dir noch leid tun.*› – ‹*Du bist genauso schlimm wie dein Onkel (der gerade aus dem Gefängnis entlassen wurde).*› – ‹*Du bist genau wie deine Tante (die sich gerne einen genehmigt).*›
Viele Kinder und Jugendliche wachsen mit dieser Art der Programmierung auf. Sie wird unbewußt von überreizten Eltern weitergegeben und setzt eine Art Familienfluch über Generationen hinweg fort...
Man hat herausgefunden, daß ein Kind sich bei solchen Bemerkungen nicht nur momentan schlecht fühlt. Sie haben eine hypnotische Wirkung und arbeiten im Unterbewußtsein weiter wie eine geistige Saat, die wächst und das Selbstbild des Menschen formt und schließlich in der Persönlichkeit zur Tatsache wird.»[4]

Entwöhnung hat mit Training zu tun, und Training ist eine Vorbereitung auf den Wettbewerb. Auch wenn eine Mutter versucht, diesen Fehler nicht zu begehen, stellt sie doch zwischen ihrem Kind und anderen Vergleiche an. Leicht ist man von «Normen», wie sie die Kinderärzte in den fünfziger und sechziger Jahren aufgestellt haben, besessen und verfolgt dementsprechend die kindliche Entwicklung: sie konnte früh sprechen, er hat spät mit dem Laufen angefangen und so weiter.

Die regelmäßige Überprüfung bei den Vorsorgeuntersuchungen bestärkt irgendwie das Gefühl in uns, daß wir unsere Kinder bei der Entwicklung antreiben sollten. Das war jedoch nicht immer so. Ältere Generationen kritisieren die jüngeren dafür, daß sie die Kinder «überreizen», ein Begriff, der in den nüchternen zwanziger Jahren modern war. Sie behaupten auch, daß die Kinder heute zu schnell groß werden.

Innerhalb von sechzig Jahren haben sich die Erziehungsmethoden von der absichtlichen Isolierung des Babys zu einer Gewächshausbehandlung nach amerikanischer Art entwickelt, in der Kinder wie Sämlinge frühzeitig zu vorzeigbaren «prämienverdächtigen» Leistungen gezwungen werden. Wenn man ein Kind so fordert, kann es nur in Spezialgebieten Hervorragendes leisten (was an Schlagzeilen wie «Neunjähriger ist neues Mathematikgenie»[5] offensichtlich wird). Aber diese einseitige Erziehung geht auf Kosten der Entwicklung vieler anderer Aspekte der Persönlichkeit und der Gesamtfähigkeiten.

Auf der einen Seite haben unsere Urgroßmütter das Baby stundenlang im Kinderwagen oder Bettchen liegen gelassen, wo es sich selbst Gesellschaft leistete, während es heute Mütter gibt, die dem Ungeborenen bereits im vierten Schwangerschaftsmonat Mozart vorspielen und in der Windeltasche immer eine Packung Lernkarten mit sich herumtragen. Die Erziehungsmethoden in den letzten Jahrzehnten waren immer das Ergebnis von Moden, die von unterschiedlichen Autoritäten diktiert wurden. Statt dessen sollte man lieber dem Instinkt mehr Autorität einräumen – dann wären Bücher wie dieses nicht mehr nötig. Ich möchte der Sammlung sich widersprechender Ratschläge nicht noch einen mehr hinzufügen, sondern einen Ausweg zeigen.

Die Eltern in Amerika – und in letzter Zeit auch hier – reden häufig von «Qualitätszeit» mit ihren Kindern. Das heißt, die Mutter kümmert sich nicht um den Abwasch oder das Rasen-

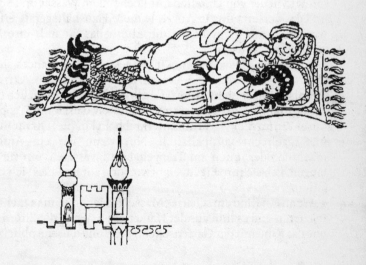

mähen, sondern sitzt mit dem Kind zusammen, liest mit ihm Bücher, macht Spiele und versucht, ihm etwas «beizubringen». Wenn die ersten Erfahrungen eines Kindes darin bestehen, in einem Zimmer zu spielen, während es von den Erwachsenen bestaunt wird, wird es mit einer sehr merkwürdigen Weltsicht aufwachsen. Zumindest wird es sehr ichbezogen sein.

Es ist besser, ein Kind zu erziehen, indem man ein Beispiel gibt, statt viel zu reden. Bei dieser Methode muß das Kind jedoch teilnehmen, und Eltern haben oft Angst, das Kind aufgrund der großen Gefahren in der wirklichen Welt miteinzubeziehen. Die Erfahrungen in anderen Kulturen zeigen jedoch, daß Kinder mit einem eigenen Sicherheitsmechanismus ausgerüstet sind und nicht unbedingt gleich die Treppe herunterfallen oder sich schneiden, wenn man sie sich selbst überläßt. Bei den Paliyanern sieht das so aus:

> «Niemand schenkt einem Zwei- oder Dreijährigen, der mit einem rasiermesserscharfen Messer herumrennt oder auf ein Hausdach klettert, Aufmerksamkeit. Ein Fünfjähriger darf bereits ein Feuer anzünden, damit gekocht werden kann.»
>
> Hunters and Gatherers Today

Wenn diese Kinder Dinge tun können, ohne sich dabei zu verletzen, können unsere Kinder es auch. Aber wir lesen und hören immer wieder von Unfällen mit kochendem Wasser und Scheren, und das versetzt uns in Angst. Je mehr Haushaltsgeräte erfunden werden, desto mehr haben die Eltern das Gefühl, ihre Kinder schützen zu müssen.

Bei uns zu Hause haben wir festgestellt, daß Frances sich viel eher weh tut, wenn ein Erwachsener sich in ihre Aktivitäten einmischt, aber nicht, wenn sie selbst ihre Welt erforschen darf. Es dauerte lange, bis wir akzeptieren konnten, daß sie die Treppe ohne unser Zutun rückwärts hinunterkrabbeln konnte. Oft mußten wir uns regelrecht zurückhalten. Nur wenn wir ein Aufhebens machten oder unten am Treppenabsatz warteten, um sie aufzufangen, gab sie ihre Eigenverantwortung auf und ließ sich einfach fallen.

Wenn ein Kind ein scharfes Messer findet, muß man nicht sofort reagieren und es ihm aus der Hand reißen. Wenn die Eltern sehen, wie das Kind mit der Gartenschere spielt und dieser Anblick zuviel für sie ist, sollten sie es ruhig bitten, sie zurückzugeben, und das Kind mit etwas anderem ablenken. Frances hat oft mit scharfen Gegenständen gespielt, aber sie hat sich nie dabei verletzt.

In einem gutgeordneten Haushalt müssen Kinder nicht beschützt werden. Wenn irgendeine körperliche Gefahr deutlich ist, kommen sie ganz gut allein damit zurecht. Oft setzen sie sich mit dieser Gefahr erst auseinander, wenn sie bereit dazu sind. Wenn die Gefahr unsichtbar ist, beispielsweise die Elektrizität, müssen die Eltern nur die Steckdosen abdecken. Unsere Kinder werden nur verwirrt und wütend, wenn wir bei jeder Gelegenheit «Nein!» rufen. Das ist ein sicheres Zeichen für das Kind, daß der Gefahrenpunkt äußerst interessant ist und daß die Aufmerksamkeit der Erwachsenen erregt wird, wenn man immer wieder dorthin zurückkehrt.

Der Musiker Ron Coyler, der nach der Suzuki-Methode lehrt, erklärte folgendes, als er 1988 eine Rede vor Lehrern hielt, die nach der Alexander-Technik unterrichten: «Kinder tun gerne das, was sie tun können. Die Fähigkeit, ‹nein› sagen zu können, entwickeln sie von selbst.»[6]

Wie lernt ein Kind, daß der Küchenherd heiß ist? Wenn es sich dem Ofen nähert, spürt es die Hitze und es wird diese Handlung nicht wiederholen, wenn es diese Tatsache selbst lernen darf. Wenn die Mutter dagegen jedesmal schreit: «Nicht anfassen!», wird das Ganze zu einem Spiel – schließlich wird die Mutter so erhitzt sein wie der Ofen. Bei der ganzen Aufregung ist die Gefahr, daß das Kind sich verbrennt, natürlich viel größer.

Mütter werden bleich vor Schreck, wenn sie daran denken, daß das Baby die Küche oder den Garten auf eigene Faust erforschen könnte. Aber wenn sie darauf vertrauen, daß das Baby allein mit der Situation fertig wird, sind sie von den Ergebnissen immer wieder überrascht. Ein Kind, das bisher an eine schreckhafte Mutter gewöhnt war, braucht jedoch etwas länger, bis es für sich selbst die Verantwortung übernehmen kann.

Wie sieht es mit dem Straßenverkehr aus? Natürlich erwarte ich nicht, daß mein Kind Verkehrsverhalten erlernt, indem es sich überfahren läßt. Aber es ist auch nicht sinnvoll, bei einem Zweijährigen zu überprüfen, ob es die Situation richtig beurteilt, indem man es ständig ermahnt, «nicht wegzulaufen». Die Eltern müssen nur beurteilen können, wann sie das Kind an die Hand nehmen müssen. Wenn man dem Kind hinterherrennt, kann man sicher sein, daß es wegläuft, denn es sieht das Ganze nur als aufregendes Spiel.

Steve Biddulph befaßt sich mit der negativen Programmierung und kommt zu dem Schluß, daß Kinder nicht die Gelegenheit bekommen, auch einmal zu versagen. Bevor sie der Welt ihre Fähigkeiten demonstrieren können, erklärt man ihnen, daß sie es nicht können. Einigen Eltern fehlt die Geduld, die Kinder Dinge für sich selbst entdecken zu lassen:

> «Betrachten wir einmal Kinder, die im Wald spielen und auf Bäume klettern. ‹Gleich fällst du! Paß doch auf! Du rutschst ab!› ruft die Mutter, die das Geschehen ängstlich beobachtet. Und in Millionen von Wohnzimmern und Küchen hört man die Stimme der Eltern: ‹Mein Gott, bist du faul.› – ‹Du bist so egoistisch.› – ‹Hör auf damit, du Dummkopf.› – ‹Gib mir das, du hast zwei linke Hände.› – ‹Nerv mich nicht so.›»

Die Einschränkung der kindlichen Freiheit geht Hand in Hand mit dem Drängen auf Leistung. Beides beeinträchtigt die natürliche Neigung des Kindes, die Welt in seinem eigenen Tempo zu erforschen und sich ihr anzupassen. Kinder werden zu einem unnatürlichen Muster gezwungen – entweder versuchen sie, ihre Eltern zufriedenzustellen, weil dies Belohnungen mit sich bringt, oder sie rebellieren und erreichen auf diese Weise eine Art von Freiheit. Aus diesem Grund haben viele Menschen selbst als Erwachsene Schwierigkeiten, eine vernünftige Beziehung zu ihren Eltern zu haben. Jede Handlung ist emotional belastet.

Wir müssen unsere Praxis, kleine Babys abzusetzen und uns bei älteren ständig einzumischen, umkehren. Kinder brauchen offenen Zugang zu der Gesellschaft der Erwachsenen, aber ansonsten nur sehr wenig aktive Erziehung. Ein Kind als «lieb» oder «ungezogen» zu bezeichnen, sind unnötige Redensarten, die die natürliche Motivation des Kindes nur verwirren.

Das zufriedene Baby dagegen begleitet seine Mutter bei den täglich anfallenden Arbeiten, es begegnet allen Gefahren, denen auch sie ausgesetzt ist, und lernt von ihrem Arm aus die Welt kennen. Wenn es fortkrabbelt, läßt sie es gewähren, sie beobachtet es nicht ständig und redet ihm nicht dauernd zu.

Sie muntert es nicht zu allen möglichen Kunststücken auf, aber warnt es auch nicht vor offensichtlichen Gefahren. Sie räumt Dinge, die nicht zu Bruch gehen sollen, und Geräte, die es noch nicht handhaben kann, aus dem Weg. Sie läuft ihm nicht nach, wenn es aus dem Zimmer krabbelt, sondern das Kind folgt ihr. Es will immer dort sein, wo etwas los ist. Das Kind, das sich emotional sicher fühlt, macht kurze Ausflüge in unbekanntes Gebiet und kehrt immer schnell zu seiner Mutter zurück.

Wenn das Kind fällt und sich leicht verletzt, wartet seine Mutter ruhig, bis es zu ihr kommt. Meistens hört es innerhalb von Sekunden auf zu weinen und nicht erst nach Minuten, was häufig passiert, wenn die Eltern mit überzogenem Mitleid reagieren. Wenn das Kind aufgenommen werden will, tut die Mutter dies ganz natürlich, nicht mit übertriebener Freude oder übergroßer Aufmerksamkeit, aber auch nicht unter Seufzen und Stöhnen.

Wenn ein Kind «ungezogen» ist (was für ein Kind eigentlich nur dann möglich ist, wenn man Regeln aufstellt und ihm ein Mittel gibt, sie zu brechen), muß sie ihre Zuneigung nicht zurückziehen. Wenn das Kind älter wird, kann sie ihm erklären, daß ein bestimmtes Verhalten unerwünscht ist und unterbleiben sollte, aber sie sollte das Kind in keiner Weise bestrafen. Das Verlangen des Kindes, dazuzugehören, sich konform zu verhalten, sich zu benehmen – zu überleben –, macht das Baby an sich zu einem sozialen Wesen.

Das Durchschnittskind reagiert mit Geschrei, Wutanfällen oder Schmollen, wenn es von den Eltern gerügt wird. Das Kind nimmt die Welt als Scherbenhaufen wahr. Eine Kritik trifft es in seinem Innersten: sein Ichgefühl ist noch nicht stark genug, um einer Bemerkung über eine Missetat standzuhalten.

Dasselbe Verhaltensmuster kennen wir auch von Erwachsenen. Viele sind so zart besaitet, daß sie jede Kritik an ihren Handlungen als Verletzung des Ichs wahrnehmen. Weil wir in die Unabhängigkeit gestoßen wurden, bevor unser zerbrechliches Ich bereit dazu war, und weil wir nicht schon von frühester Kindheit an die Verantwortung für uns übernehmen konnten, wird unser Glück leicht zerstört.

Die meisten Menschen wachsen in dem Glauben auf, daß sie nur geliebt werden, wenn sie das Richtige tun, dabei hätten sie eigentlich nur jemanden gebraucht, der sie ohne jede Bedingung akzeptierte. Dieser Jemand wäre im Idealfall die Mutter gewesen. Ein

Kind braucht weder Bestrafung noch Lob, sondern nur Information.

Das Erwachsenwerden bedeutet für viele eine «Serie von Frustrationen», wie Leo Madow sagte. Statt dessen könnte es eine Serie von Erforschungen sein. Ein Kind unterscheidet nicht zwischen Spiel und Arbeit, und je länger wir diese Unterscheidung hinausschieben können, um so besser. Wenn man mit dem Kleinkind den Wäschekorb ausräumt, kann sich daraus ein Spiel entwickeln, ein Versteckspiel und ein wildes Handgemenge. Die Arbeit dauert zwar zweimal so lange, als wenn man sie allein tut, aber sie macht auch zweimal soviel Spaß. Und außerdem hat das Kind noch etwas über Hausarbeit gelernt.

Nach Frances' Geburt haben mir die normalen, alltäglichen Hausarbeiten zum erstenmal Spaß gemacht. Ich bin nicht durch das Haus gehetzt und habe geputzt, während sie schlief, sondern ich habe sie daran teilnehmen lassen, wenn ich den Rasen gemäht, das Besteck abgetrocknet (was zu ihren Lieblingsspielen zählte) und das Auto gewaschen habe. Sie zeigte mir, wie man sich an den alltäglichen Dingen, über die ich immer stöhnte, freuen konnte.

Gleich nach ihrer Geburt begann ich, Frances in meine tägliche Arbeit einzubeziehen, und als sie etwa sechs Monate alt war, machte sie bereits bei fast allen Aktivitäten mit. Die Zahl der Unfälle ist fast nicht der Rede wert (ein Teenager aus Frankreich, der zu Besuch war, zerbrach innerhalb von zwei Monaten mehr Geschirr als Frances in einem Jahr). Bei all diesen Arbeiten hatten wir außerdem noch sehr viel Spaß. Meine Lebensqualität hatte sich verbessert, und Frances war ein sehr glückliches Kind.

Wir richteten uns nach der goldenen Regel von Jean Liedloff: «Man sollte nie etwas für ein Kind tun, das es für sich selbst tun kann.» Man könnte es auch als eine auf das Wichtigste reduzierte Erziehung betrachten.

Vielleicht sollte man die Elternschaft wie das Gebären und Sterben eher als eine Nicht-Aktivität bezeichnen. Kinder wachsen auf jeden Fall auf, unabhängig von den Anreizen, dem Ansporn oder der Ermutigung, die wir ihnen geben. Trotz all unserer Einmischungen nehmen viele Kinder keinen allzu großen Schaden daran. Das ist das Beste, was sich über den intensiven westlichen Erziehungsstil sagen läßt.

Wir halten unsere Kinder zurück und treiben sie gleichzeitig an.

In Geschäften und Restaurants sind sie nicht willkommen, aber dennoch stehen sie überall im Mittelpunkt des Interesses. Wir hassen unsere Kinder so sehr, daß wir sie schlagen – und wir lieben sie so sehr, daß sie mit zwei Jahren bereits völlig verwöhnt sind. Es wäre besser, wenn wir sie einfach nur sein ließen.

«Man muß ein Baby nicht zum Mittelpunkt der Welt machen», erklärte Jean Liedloff mir. «Wenn man zu einem Kleinkind ständig sagt: ‹Möchtest du dies oder jenes haben?›, bringt man es auf die Palme, und es reagiert mit Wutanfällen. Anders kann es uns nicht klarmachen, daß wir dies unterlassen sollten.»

Im Alter von vier Jahren sollten Kinder im Haushalt eigentlich mehr beitragen als Arbeit verursachen, auch wenn das unwahrscheinlich klingt. Man sollte nicht hinter ihnen herräumen müssen. Wenn Kinder acht Jahre alt sind, sollten sie beim Kochen helfen, sich um jüngere Geschwister kümmern und ähnliche Aufgaben übernehmen.

Kinder reifen ganz natürlich heran, wenn sie durch elterlichen Druck nicht daran gehindert werden. Und damit kehren wir wieder zu der Frage zurück, wann ein Kind das Bett der Eltern verlassen sollte.

Jedes Kind ist zur Unabhängigkeit fähig. Wenn es zu schnell gedrängt wird, sich von seiner Mutter zu lösen, wird es länger an ihrem Rockzipfel hängen. Wenn man ein Baby in seinem eigenen Zimmer schlafen legt, ist man auf dem besten Weg, einen Riß zu schaffen. Mit Sicherheit wird das Kind mehr Zuwendung fordern.

Wann sollte das Kind also in seinem eigenen Bett schlafen? Wenn Eltern und Kinder dazu bereit sind. Diese Frage kann erst beantwortet werden, wenn das Ereignis bereits eingetreten ist. Wenn Sie es richtig anstellen, wird es überhaupt keine Rolle spielen, wann das Baby bereit ist, nachts im eigenen Bett zu schlafen.

Der Kinderarzt Hugh Jolly hat Erfahrung mit Eltern, die ihre Kinder mit zu sich ins Bett nahmen, da er diese Praxis seit vielen Jahren empfiehlt. Er beschreibt den üblichen Ablauf:

«Kinder, die mit dem Familienbett aufwachsen, verlassen es zu ganz unterschiedlichen Zeiten. Einige Kinder sind bereit, schon mit zwei Jahren im eigenen Bett zu schlafen, während andere länger brauchen. Manchmal variieren sie das Muster und wählen bisweilen das eigene Bett und das Familienbett in anderen Nächten. Manchmal teilen sie auch mit einem älteren Geschwister, das das Familienbett bereits verlassen hat, das Bett. Das Wissen, daß sie nachts jederzeit in das Bett der Eltern kommen können, erleichtert den Übergang. Der ganze Ablauf ist so natürlich, daß viele Eltern sich nicht einmal genau erinnern, wann das Kind sich zu dem Wechsel entschlossen hat.»

*Jolly*, Das gesunde Kind

Wenn eine Mutter ihr Kind akzeptieren kann und immer in erreichbarer Nähe ist, sich aber nicht einmischt, wenn sie es gleichzeitig loslassen und fürsorglich sein kann, dann ist sie eine gute Mutter.[7] Das Kind hat dann die Freiheit, unabhängig zu werden. Wenn die Zeit gekommen ist, wird es von allein in sein eigenes Bett umziehen.

Ein gesundes, glückliches Kind will sich nicht ständig an seine Eltern klammern. Wenn es weiß, daß es von ihnen bedingungslos angenommen wird, wenn es sie nachts immer in seiner Nähe weiß, wird es irgendwann von allein den Wunsch äußern, ein eigenes Bett zu haben. Vielleicht ist es schon mit zwei Jahren bereit dazu – manche Kinder sind es erst mit zehn Jahren, aber das ist eher unwahrscheinlich. Jeder Versuch, das Kind zu drängen, würde nur dazu führen, daß es einen Schritt zurück tut. Aus diesem Grund hört man bisweilen von neunjährigen Kindern, die noch im Bett der Eltern schlafen. Unser Problem dabei ist, daß wir nicht daran glauben, daß sie das elterliche Bett von selbst verlassen werden und nicht die Geduld haben, den Prozeß durchzustehen.

Als Baby schlief Frances immer an der Brust ein, eine Praxis, die Experten wie Dr. Spock ablehnen. Im Alter von acht Monaten jedoch fand sie ganz plötzlich ihren eigenen Platz zum Schlafen und wandte sich von der Brust ab. Ich mußte sie nicht dazu antreiben, sie änderte ihre Gewohnheiten ganz von allein, als sie bereit dazu war.

Mit dreizehn Monaten war Frances sogar noch unabhängiger geworden. Eines Abends ging sie sogar von sich aus ins Bett. Nach ihrem abendlichen Schlaf gingen wir wie immer zu dritt nach oben, um uns schlafen zu legen. Auf dem Weg ins Schlafzimmer war Frances jedoch aufgewacht und begann zu spielen. Normalerweise schlief sie gleich wieder ein, wenn wir das Licht ausschalteten, aber an diesem Abend war sie noch ganz lebhaft. Paul und ich schliefen auf unserer Matratze, die auf dem Boden liegt, während Frances leise in unserem Zimmer spielte. Etwa eine Stunde später öffnete ich meine Augen und stellte fest, daß Frances sich ganz allein auf ihre Matratze, die neben der unseren lag, gelegt hatte, ohne noch einmal an der Brust zu trinken.

Es ist schön zu beobachten, wie ein Kind sich ohne Schwierigkeiten von einer Stufe zur nächsten weiterentwickelt. Es ist eine Erfahrung, die vielen Kinderärzten und Psychoanlaytikern unbekannt ist. Diese Experten sind mit den kindlichen «Normen» aus klinischen Versuchen der fünfziger Jahre groß geworden. Es sind die einzigen statistischen Beweise, die ihnen zugänglich waren. Ihre praktische Erfahrung beschränkt sich häufig auf Babys, die im Krankenhaus geboren werden, die nicht bei ihren Müttern schlafen und die entweder mit der Flasche ernährt oder bereits nach vier Monaten abgestillt werden.

Vielleicht ist es an der Zeit, die «Normen» neu zu formulieren, damit die Fachleute nicht mit Staunen oder Abscheu reagieren, wenn Mütter sagen, daß ihr Kind bei ihnen im Bett schläft oder es noch nach seinem ersten Geburtstag gestillt wird. Nur selten hört man derart offene und stolze Kommentare:

«Ich habe meine beiden Kinder gestillt, bis sie selbst nicht mehr an der Brust trinken wollten. Diese Erfahrung war so schön für mich, daß ich vor sieben Jahren Stillberaterin wurde, damit auch andere Mütter dies erreichen können.»

*Goodall*, in: Parents, *April 1988*

Die Hebamme Chloe Fisher, die den Müttern dazu rät, das Baby so lange trinken zu lassen, wie es möchte, erzählte mir, daß sie immer erleichtert ist, wenn ein Kind selbst bestimmen kann, wann es nicht mehr gestillt werden möchte. In unserer Gesellschaft ist es jedoch so ungewöhnlich, wenn etwas auf ganz natürliche Weise geschieht, daß wir es kaum glauben wollen. Von Beginn der Schwangerschaft an mischen wir uns ein und trauen dem Neugeborenen nicht einmal zu, daß es nach den Regeln des Instinkts, der das Kind antreibt, an der Brust saugen kann.

Es scheint ein Traum, daß Kinder selbst bestimmen können, mit welcher Geschwindigkeit sie erwachsen werden wollen, daß Jugendliche sich nicht gegen das Familienleben auflehnen, sondern statt dessen dazu beitragen und daß Eltern ihren Kindern Trost bieten, ohne eine Gegenleistung zu erwarten. Die Beziehungen der Erwachsenen untereinander basieren nur selten auf gegenseitigem Respekt, so daß es uns schwerfällt, unsere Kinder respektvoll zu behandeln.

Ein Baby kann schon im Alter von sechs Monaten bereit sein, das elterliche Bett zu verlassen. Aber vielleicht möchte die Mutter etwas nachhelfen. Hier bieten sich einige Anreize an. (Im nächsten Kapitel gehe ich näher darauf ein.) Aber alle Versuche, ein Kind plötzlich zu entwöhnen, bevor es dazu bereit ist, haben wahrscheinlich schädliche Auswirkungen.

Die meisten Eltern, die jede Nacht mit ihren Kindern in einem Bett schlafen, genießen diese Erfahrung und haben es nicht so eilig, das Baby zum Verlassen des Betts zu bewegen. Die Natur hat dies so eingerichtet. Wenn wir dem Familienbett eine faire Chance geben, werden unsere Kinder stark genug sein, auf unseren Bemühungen aufzubauen.

**Kapitel 10**
# Die Praxis

Es gibt keine bestimmten Vorschriften, *wie* man ein Kind mit zu sich ins Bett nimmt. Da dieser Brauch nicht sehr weit verbreitet ist, gibt es auch nur wenig Literatur darüber. In der Vergangenheit waren Erklärungen auch nicht nötig, genausowenig wie man eine Mutter im Stillen unterweisen mußte. Aber gute Ratschläge sind immer nützlich, daher habe ich hier ein paar aufgeführt – von Mutter zu Mutter sozusagen.

## Welche Vorbereitungen sind nötig?

Zuerst einmal ist es nicht nötig, ein Kinderbett zu kaufen. Einigen Müttern mag dies leid tun, denn unser Nestinstinkt ist eng mit unserer Leidenschaft für Konsumgüter verbunden. Andere freuen sich vielleicht über die finanzielle Ersparnis. Während der ersten Monate braucht ein Baby einfach noch kein normal großes Kinderbett, daher kann man sich diese Ausgabe erst einmal sparen. Warten Sie ab, bis das Baby geboren ist und Sie sich an die Vorstellung gewöhnt haben, ein Kind nicht hinter Gitterstäben zu sehen.

Ein kleines Baby braucht nachts nicht viel Platz. Frances schlief ohne jede Schwierigkeit bei uns in unserem Doppelbett, bis sie ein Jahr alt war. Ich habe auch schon in Einzelbetten mit ihr zusammen geschlafen, ohne daß es eng wurde. Wahrscheinlich werden Sie sich die meiste Zeit über eng an Ihr Kind schmiegen, und bald werden Sie sich an seine Gegenwart gewöhnt haben.

Aber wenn Geld keine Rolle spielt, können Sie sich ein etwas breiteres Ehebett zulegen. Einige Familien lassen sich sogar eine Sonderanfertigung machen, damit auch die älteren Kinder Platz haben. Michel Odent, Judy Graham und ihr dreijähriger Sohn Pascal schlafen zusammen in einem Bett, das nur etwa fünfzehn Zentimeter hoch ist. Die Schauspielerin Jane Asher riet Eltern dazu, sich selbst ein Bett zu bauen. Dazu braucht man eine hölzerne Unterkonstruktion, auf die man die Matratze legt. Von der La Leche Liga stammt der Rat, einfach die Beine eines normalen Bettes abzusägen. In anderen Familien – etwa bei uns zu Hause – werden die Matratzen einfach auf den Boden gelegt. Wenn die Kinder älter werden, kann man zusätzliche Matratzen dazulegen.

Wenn man weiterhin in einem normal hohen Bett schlafen will, ist es ratsam, um die Bettkanten herum einen Schutz anzubringen, damit das Baby nicht herunterfallen kann. Oder man kann das Bett mit einer Seite an die Wand schieben und das Baby dort schlafen lassen oder die Seitenteile eines Gitterbetts anbringen.

### Ist Bettnässen ein Problem?

Unter das Bettlaken sollte man einen Gummischutz legen, damit Nässe nicht in die Matratze eindringen kann. Als Frances noch sehr klein war, habe ich als zusätzlichen Schutz eine normale Stoffwindel unter sie gelegt. Nach etwa drei Wochen merkte ich, daß sie das Bett kaum näßte, weil sie nachts gar nicht richtig wach wurde.

Die neuen Wegwerfwindeln eignen sich für die ganze Nacht. Selbst Fachleute empfehlen heute, das Baby nachts *nicht* zu wikkeln, falls es nicht absolut nötig ist.

> «Wenn ein Baby, das nur für eine Mahlzeit aufgewacht ist, nicht weiter gestört wird, schläft es wahrscheinlich schneller wieder ein. Vielleicht gewöhnt es sich auch auf diese Weise an den Unterschied zwischen Tag und Nacht.»
>
> Successful Breastfeeding

Janine Sternberg, Mutter von drei Kindern, folgte dieser Philosophie, als sie mit ihrer Tochter Sarah zusammen in einem Bett schlief: «Sarah stört mich weniger als die beiden anderen Kinder», sagte sie, «denn ich muß nicht ständig aufstehen. Wenn ich es nicht gerade rieche, daß die Windel schmutzig ist, wechsle ich sie nicht mitten in der Nacht. Meiner Meinung nach reicht es, wenn eine Windel spät abends gewechselt wird. Das hält dann bis zum nächsten Morgen vor. Durch das Wickeln würde das Kind nachts nur aufgeweckt.»

### Jede Mutter braucht einen Büstenhalter – oder nicht?

In den meisten Zeitschriften für Eltern liest man, daß eine Mutter Tag und Nacht während und nach der Schwangerschaft einen Büstenhalter tragen solle. Auch ich befolgte diesen Rat, bis es mir zuviel wurde, jede Nacht Dutzende von Häkchen und Ösen auf- und zuzumachen. Auch Frances bevorzugte es, wenn die Klappe eines Büstenhalters Cup D ihr nicht ins Gesicht schlug. Ich erinnerte mich an die Worte von Barbara Henry, der Vorsitzenden der Fördergruppe fürs Stillen des National Childbirth Trust. Ich hatte sie während meiner Schwangerschaft interviewt: «Ich glaube, der Hauptgrund für das Tragen eines BHs ist die Bequemlichkeit. Persönlich bin ich der Meinung, daß es eigentlich nicht nötig ist. Es gibt keine feststehenden Regeln über das Tragen eines BHs während oder nach der Schwangerschaft.»

Die Zeitschrift, für die ich damals arbeitete, weigerte sich, diesen Rat zu drucken. Er paßte nicht zu den üblichen Ratschlägen, sagte man mir. Wahrscheinlich paßte er auch nicht gut zu den Anzeigen, in denen für den «richtigen BH für die Schwangerschaft» geworben wird.

Den Büstenhalter für die Nacht legte ich also schnell wieder ab. Mir fiel eine Last vom Herzen. Jetzt, ein Jahr danach, kann ich nicht behaupten, daß mein Busen übermäßig schlaff geworden ist. Wenn dies nach dem sechsten Kind anders aussehen sollte, ist das Ringen unter den Augen wahrscheinlich immer noch vorzuziehen.

### Ist es nachts hell genug?

Es dauerte eine Weile, bis ich genau die richtige Beleuchtung gefunden hatte. Es muß im Zimmer gerade so hell sein, daß man

«Hier steht, daß das Baby zwischen uns liegen soll»

das Kind stillen kann, aber nicht so hell, daß man selbst oder der Partner wachgehalten wird. Michel Odent sagt, daß das Baby nachts seinen Geruchssinn benutzt, um die Brustwarze im Dunkeln zu finden, aber ich ließ Frances erst nach einigen Monaten die Brust selbst suchen. Jede stillende Mutter wird bestätigen, daß es furchtbare Schmerzen verursacht, wenn das Baby die Brustwarze nicht findet und mit seinen Kiefern kräftig daneben zupackt.

Am Anfang ließ ich die Schlafzimmertür nachts offenstehen (was recht kalt werden kann, besonders im Winter) oder warf ein Tuch über die Nachttischlampe (Feuergefahr). Schließlich entschied ich mich für ein Nachtlicht. Man kann es in allen möglichen Formen für das Kinderzimmer kaufen, aber die praktischsten sind einfache Kästen, die in die Steckdose gesteckt werden und glühen. Manche Leuchten haben Fünfzehn-Watt-Birnen, aber meine hatte nur zehn Watt, was für meine Zwecke völlig ausreichte, denn schließlich muß man ja nur ein-, zweimal pro Nacht in Richtung Brust schauen. Das übrige erledigt das Baby. Nach etwa sechs Monaten bediente Frances sich sowieso allein, und ich mußte die Augen überhaupt nicht aufmachen.

## Was erwartet mich in der ersten Nacht?

Die erste Nacht verbringt man mit dem Neugeborenen höchstwahrscheinlich im Krankenhaus, und dort ist es schwieriger, die eigenen Vorstellungen durchzusetzen. Sie müssen selbst entscheiden, ob Sie im Krankenhaus sagen wollen, daß Sie beabsichtigen, mit Ihrem Baby zusammen in einem Bett zu schlafen. In diesem Fall ist es ratsam, sich vorher nach einem Krankenhaus umzusehen, das diese für westliche Verhältnisse ungewöhnliche Praxis akzeptiert. Ich lag im Universitätskrankenhaus von Cardiff, wo es eigentlich nicht üblich war, daß das Baby bei der Mutter schläft. Da es jedoch gestattet war, das Baby nachts zu stillen, verlängerte ich einfach die Fütterungszeiten zu einer Mahlzeit, die die ganze Nacht über andauerte, und niemand hinderte mich daran.

Vielleicht sollte man ein paar Stühle an eine Seite des Betts stellen. Hebammen, die Erfahrungen haben mit Müttern, die mit dem Baby in einem Bett schlafen, sagen, daß dies dem Sicherheitsbedürfnis aller dient.

«Eine Mutter wird im Krankenhaus besser schlafen, wenn sie ihr Kind neben sich weiß. Sie weiß, daß sie das Baby hört, wenn es nachts aufwacht. Das Geschrei anderer Babys wird sie dann weniger stören.»

Successful Breastfeeding

Im Londoner Charing Cross Hospital war es Müttern und Babys erlaubt, in einem Bett zu schlafen, als Dr. Hugh Jolly dort als Kinderarzt tätig war. Er unterstützte diese Praxis sehr. Das Royal College of Midwives berichtet, daß diese Praxis in Entwicklungsländern viel häufiger anzutreffen ist als in den Industrienationen:

«Im Nair Charitable Hospital in Bombay beispielsweise, wo Mütter und Kinder schon seit vielen Jahren in einem Bett schlafen, ist es aufgrund dieser Praxis nie zu ‹Unfällen› gekommen.»

Successful Breastfeeding

In einem Krankenhaus in Chiang Mai, Thailand, beobachteten Wissenschaftler, daß Mütter mit ihren Babys in normalen Krankenhausbetten schliefen.[1] Die Säuglinge fielen nachts nicht aus dem Bett, denn sie schliefen in der Mitte an der Stelle, an der die

Matratze durchgelegen war. Die Mütter lagen auf der Seite und hatten den Arm um das Baby gelegt.

Wenn Sie eine Hausgeburt planen, können Sie das Neugeborene natürlich gleich nach der Geburt bei sich im Bett behalten – und die übrigen Familienmitglieder können sich dazulegen, wenn sie wollen.

### Ist mein Kind im Bett wirklich sicher?

Viele Menschen haben Angst davor, ein Baby zu erdrücken. Diese Furcht ist unbegründet. Nach spätestens einer Woche werden Sie feststellen, daß Sie und Ihr Kind gut dafür ausgerüstet sind, die Nacht zusammen zu verbringen. Dem Kind wird kein Leid geschehen, wenn Sie beide gesund sind und sich vernünftig verhalten. Dr. Michel Odent schreibt in seinem Buch *Von Geburt an gesund*:

«Häufig werden sie (junge Mütter) gewarnt, daß eine Gefahr bestünde, das Baby nachts zu ersticken, aber dies kommt schlicht nicht vor. Mütter scheinen ihre Babys immer zu spüren, auch wenn sie schlafen.»

Glauben Sie daran, und das übrige ergibt sich von selbst.

Ich habe die Kissen immer so hingelegt, daß sie nachts nicht auf Frances fallen konnten. Natürlich sollten Babys nachts kein eigenes Kissen haben, bevor sie ein Jahr alt sind. Wenn Sie überprüft haben, daß die Kissen gerade liegen und das Baby nicht aus dem Bett rollen kann, gibt es nur noch einige wichtige Regeln, die die Mutter und ihren Partner betreffen:

Schlafen Sie nie mit dem Baby in einem Bett, wenn Sie
– unter ALKOHOLEINFLUSS stehen oder STARKE MEDIKAMENTE genommen haben;
– zu KRANK sind, um die Verantwortung für das Baby zu übernehmen;
– stark ÜBERGEWICHTIG sind;
– in einem WASSERBETT schlafen oder auf einer extrem WEICHEN MATRATZE.

Das Baby sollte nicht bei Ihnen schlafen,
– wenn es SEHR KRANK ist (hier muß man jedoch einwenden, daß

das Baby gerade dann menschlichen Kontakt braucht. Fragen Sie in einem solchen Fall den Arzt);
– in einem ORTHOPÄDISCHEN KORSETT liegt oder
– GEWICKELT ist (d. h. so eng in Tücher oder Kleidungsstücke gewickelt, daß es sich nicht frei bewegen kann).

Die Gründe für diese Vorsichtsmaßnahmen sind einleuchtend. Ein gesunder Erwachsener ist auf die Bedürfnisse des Babys eingestellt, selbst wenn er schläft. Dieser natürliche Mechanismus wird jedoch außer Kraft gesetzt, wenn man betäubt oder die Bewegung irgendwie eingeschränkt ist. Verlassen Sie sich auf ihren gesunden Menschenverstand.

### Welche Kleidung sollte das Baby tragen?

Ein Baby, das bei seinen Eltern schläft, muß nicht so warm verpackt sein, daß es einen Winter am Nordpol überstehen könnte. Eigentlich reicht es aus, wenn das Kind außer einer Windel keine störenden Kleidungsstücke trägt, die den Hautkontakt behindern. Dieser Kontakt reicht für einen guten Schlaf völlig aus. Meistens ziehe ich Frances jedoch noch ein dünnes Hemd oder einen Strampler an, weil sie die Bettdecke in der Nacht oft wegstößt. Mit zunehmendem Alter sucht sie auch immer weniger Körperkontakt, und die meiste Zeit schläft sie nachts allein.

### Ist ein Schlafritual nötig?

Beständigkeit ist für Kinder wichtig, die Tatsache nämlich, daß ein Kind immer in der Nähe seiner Mutter oder eines anderen Menschen ist. Solange die Mutter da ist, wird sich je nach den Umständen ein eigenes Muster entwickeln.

Beobachten Sie einmal ein Kind, das beim Schlafen und Wachen einen eigenen Rhythmus gefunden hat. Sein Tagesablauf wird ebenfalls von einer gewissen Regelmäßigkeit geprägt sein, auch wenn diese vielleicht ganz anders aussieht als das, was man in den Erziehungsbüchern liest. Als Frances geboren war, schlief sie immer nach einer Stunde des Wachseins ein, dann nach eineinhalb Stunden und so weiter. Die Abstände zwischen den Schlafenszeiten wurden länger, bis sie schließlich tagsüber nur noch einmal schlief. Die Uhr nach ihrem Schlafrhythmus zu stellen wäre zwecklos gewesen, denn die Schlafenszeiten verschoben sich nach ihrem Wachrhythmus, nicht nach der Uhrzeit.

Ich werde oft gefragt, ob ich abends, wenn Frances ins Bett geht, ein bestimmtes Ritual befolge. Die Antwort darauf lautet, daß es zwar abends ein bestimmtes Muster gibt, aber kein aufgezwungenes «Ritual» in dem Sinn, wie die meisten Ratgeber das Wort gebrauchen würden. Sicherlich gibt es in jeder Familie abends eine bestimmte Vorgehensweise, und die Reihenfolge Abendessen–Bad–Wiegenlied–Lichtabschalten ist nicht die einzige Möglichkeit, ein Kind ins Bett zu bringen.

Wir haben kein Interesse daran, Frances unbedingt zum Schlafen zu bewegen. Sie muß nicht gegen den Schlaf ankämpfen, weil sie weiß, daß wir sie nicht gleich ins Bett verfrachten wollen, sobald sie einnickt. Sie spielt in unserer Nähe, während wir lesen, fernsehen, uns mit Freunden unterhalten oder im Restaurant essen. Meistens geht sie zu ihrem Vater oder mir, wenn sie bereit ist einzuschlafen. Ein kurzer Spaziergang an der frischen Luft oder eine kurze Mahlzeit an der Brust – und schon schläft sie. Wir müssen keine Kämpfe durchstehen, kein Geschrei oder Wutanfälle.

Seit Frances drei Monate alt ist, schläft sie meistens zwischen acht und neun Uhr abends ein. Nach etwa zwölf Stunden Schlaf wacht sie wieder auf. Jedes Kind braucht eine unterschiedliche Menge Schlaf, manchmal wird es etwas weniger schlafen und dann wieder mehr. Aber selbst wenn Frances nachts nur acht Stunden schliefe, würde ihr Schlafmuster mit dem unsrigen in etwa übereinstimmen. Sie schläft, wenn wir schlafen, und ist wach, wenn wir wach sind. Selbst im Sommer, wenn es frühmorgens bereits dämmert, läßt sie sich von dem einfallenden Licht nicht stören und schläft, solange ich neben ihr liege.

Als Frances noch sehr klein war, hielten wir sie immer im Arm, nachdem sie eingeschlafen war, bis wir uns schlafen legten. Manchmal wechselten wir uns dabei ab. An manchen Abenden rollte sie aus meinem Arm auf das Sofa, und ich ließ sie dort liegen. Später schlief sie in unserem Bett ein, und ich ging zurück ins Wohnzimmer, nachdem sie eingeschlafen war. Es kommt nur selten vor, daß ein schlafendes Baby nicht willkommen ist, und

Lärm im Hintergrund ist keinesfalls störend, wenn ein Kind erst einmal schläft. Wenn sie doch einmal aufwacht, hat sie meistens ein Lächeln auf dem Gesicht und schläft leicht wieder ein.

Unser Ziel war nicht, unser Kind in sein Zimmer abzuschieben. Jeder Abend war für Veränderungen offen, so daß die Bedürfnisse der ganzen Familie erfüllt werden konnten.

In vielen Ländern kann man beobachten, wie Kinder abends am Strand oder in den Straßen spielen, während ihre Eltern in der Nähe in einer Taverne oder Bar sitzen. In Großbritannien wird diese Praxis oft verurteilt, weil sie nicht zu der traditionellen Vorstellung paßt, daß man Kinder sehen, aber nicht hören sollte. In Indien, im Mittelmeerraum oder im Mittleren Osten machen Kinder abends keine Schwierigkeiten, während britische Kinder eine wahre Plage sein können und ihre Eltern stören, weil sie nicht ins Bett gehen wollen oder aber schon kurz vor der Morgendämmerung wach werden.

## Können wir ohne Kind ausgehen?

Manchmal gehen wir ohne Frances aus, obwohl ich zugeben muß, daß ich mich am wohlsten fühle, wenn sie in der Nähe ist. Unsere Freunde haben Verständnis dafür, daß wir sie mitbringen. Aber wenn wir Frances zu Hause lassen müssen, ist immer jemand da, den sie gut kennt und der sie ebenfalls im Arm hält.

Jean Liedloff meint: «Babysitter, die für einen Abend angestellt werden, kann man darum bitten, mit dem Baby, nicht mit dem Fernseher zusammenzusitzen. Wenn sie unbedingt fernsehen müssen, können sie das Baby auf dem Schoß halten. Der Lärm und das Licht werden es nicht stören oder ihm schaden, Alleinsein jedoch schon.»[2]

Ich begann an diesem Buch zu arbeiten, als Frances sieben Monate alt war. An jedem Werktag verbrachte sie zwei Stunden bei einer Kinderfrau. Dies tat uns allen gut, die Kinderfrau gehörte für sie praktisch zur Familie, und ich konnte meinen Geist ein wenig trainieren. Natürlich wäre es am besten, wenn ein Kind dabei sein könnte, wenn die Mutter arbeitet – aber sieben Monate alte Kinder sind mit einem Textverarbeitungssystem nicht unbedingt kompatibel.

Das einzige, was ich von der Kinderfrau verlangte, war, daß sie Kinder mochte und Zeit für unsere Tochter haben sollte. Für Frances ist sie so etwas wie eine Tante geworden, da unsere Verwandten leider nicht in der Nähe wohnen. Ich habe Frances der Kinderfrau immer nur so lange anvertraut, wie sie es zwischen den Stillmahlzeiten aushalten konnte. Sie genießt ihre kurzen morgendlichen Ausflüge zu ihren Freunden, die in der Nähe wohnen.

## Wird das Baby unser Sexualleben ruinieren?

Wenn bei beiden Partnern das Verlangen vorhanden ist, werden sie miteinander schlafen. Wahrscheinlich ist dieses Verlangen größer, wenn beide nachts gut schlafen können.

Junge Eltern verhalten sich möglicherweise wieder wie am Anfang ihrer Beziehung und geben sich der Sexualität an Orten hin, wo das Baby nicht gestört wird. Es ist wichtig, erfinderisch zu sein, wenn Kleinkinder im Haus sind und man sich wie diese geplagte Mutter fühlt: «Es ist sehr schwer, freie, offene, frohe, harmonische, abenteuerliche sexuelle Beziehungen zu haben, wenn man immer wieder durch das Getrappel kleiner Füße gestört wird» (zitiert in *Sleeping Children*).

Wenn Sie Ihr Kind von Anfang an mit zu sich ins Bett nehmen, wird es sich ohne Murren in sein Bett bringen lassen, wenn es etwas älter ist. Ein kleines Kind braucht sofortige Zuwendung, während ein Erwachsener eine Weile warten kann, denn er weiß, daß er noch geliebt wird. Die Gelegenheit, miteinander zu schlafen, wird sich noch viele Male ergeben, ohne daß das Kind dabei gestört wird oder die Eltern sich selbst verrückt machen.

## Was muß ich beim nächtlichen Stillen beachten?

Eine Mutter, die mit ihrem Kind in einem Bett schläft, stillt es, ohne extra dafür aufzuwachen. Bald lernt sie, daß sie es auf dem Rücken oder auf der Seite liegend stillen kann und daß sie nicht besonders rücksichtsvoll sein muß, wenn sie sich nachts umdreht.

In den ersten Wochen nahm ich zusätzlich zur Stütze meines Rückens ein Kissen mit ins Bett, wenn ich Frances stillte. Wir hatten damals ein federndes Messingbett, und oft rollte ich von Frances weg, wenn sie an der Brust lag. Das besserte sich schlagartig, als wir die Matratze auf den Boden legten.

Die leichteste Position für mich war die klassische «Rettungsstellung», wie man sie im Erste-Hilfe-Kursus lernt. Man liegt auf der Seite und zieht das untere Knie etwas an, so daß man sich zu dem Baby hinneigt. Der unten liegende Arm befindet sich entweder unter dem Kopfkissen oder unter dem Kopf des Babys. Mit dem oberen Arm kann man die Brust halten oder dem Kind über den Kopf streicheln. In Büchern zum Thema Stillen finden Sie auch Hinweise für die beste Stillposition nach einer Kaiserschnittentbindung.

Dr. Penny Stanway erklärte mir, daß es gut sei, den Kopf des Babys in der Armbeuge zu halten, da dann die Gefahr, an Erbrochenem zu ersticken, am geringsten sei. Dies ist bei sehr kleinen Säuglingen eine mögliche Todesursache. Sie hat auch für das Umdrehen im Bett einen guten Rat parat:

> «...am leichtesten ist es, wenn Sie das Baby an der Brust weiterschlafen lassen, an der es zum letztenmal getrunken hat. Wenn es dann wieder saugen will, drehen Sie sich mit dem Kind im Arm auf die andere Seite, so daß es jetzt auf der anderen Seite an der vollen Brust liegt. Manche Mütter können ihr Kind auch an die Brust an der anderen Seite legen, indem sie sich zu ihm hinneigen.»
>
> *Stanway und Stanway*, Breast is Best

Es bereitete mir keine Schwierigkeiten, Frances in der beschriebenen Weise zu stillen. Ich drehe mich jedoch nachts häufig um und habe es immer vorgezogen, Frances mein Gesicht zuzuwenden statt meinen Rücken. (Ein Zeitrafferfilm von Julian Aston zeigte jedoch, daß er und seine Frau sich nachts häufig von ihrem drei Monate alten Sohn abwandten.[3]) Wenn ich mich also umdrehte, nahm ich Frances einfach immer auf die entsprechende Seite mit. Weder sie noch ich wachten dabei auf, denn ich lernte es im Schlaf zu tun.

Oft habe ich Frances auch auf dem Rücken liegend gestillt. Sie lag ausgebreitet auf meinem Bauch und saugte an der Brust. Auch Väter schlafen gern mit dem kleinen Baby, das auf dem Brustkorb ausgestreckt ist.

Über die Frage, an welcher Brust Frances zuletzt gesaugt hatte, machte ich mir gar keine Sorgen. Sie saugte so intensiv an beiden Brüsten, daß die Gefahr eines Milchstaus nicht bestand. Wenn ich morgens das Gefühl hatte, daß eine Seite schwerer als die andere war, bot ich ihr diese Seite eben als erste zum Frühstück an.

Ich sollte vielleicht noch hinzufügen, daß es für ein Baby völlig normal ist, nachts immer wieder an der Brust zu saugen.[4] Dadurch wird das Kind nicht verwöhnt. Diese nächtlichen Mahlzeiten sind sogar nötig, damit die Brust erleichtert und die Langzeitproduktion von Milch gefördert wird (siehe Kapitel 6). Das Baby nimmt sich ganz instinktiv, was es braucht.

Mütter, die ihrem Kind die Flasche geben, können sich das Leben erleichtern, indem sie alle Nachtmahlzeiten vorher zubereiten. Denn schließlich haben sie dabei das Ziel vor Augen, nachts so wenig wie möglich gestört zu werden. Meistens ist es jedoch viel störender, dem Baby die Flasche zu geben als es zu stillen, da immer jemand aufstehen muß, um die Flasche aufzuwärmen. Auch wenn Mütter ihr Kind tagsüber vielleicht schon abgestillt haben, ist es wahrscheinlich leichter für sie, wenn sie ihm nachts weiterhin die Brust geben.

## Wie kann ich nach Bedarf stillen, wenn das Baby sehr schläfrig ist?

Viele Babys, bei deren Geburt die Mutter mit einer Epidural-Anästhesie betäubt wurde, verbringen die ersten Lebenstage in einem Krankenhausbettchen und wachen nur selten zu einer Mahlzeit auf. Manchmal sind bestimmte Babys auch ganz einfach schläfriger als andere.

Der Vorteil des nächtlichen Stillens besteht darin, daß das schläfrige Baby seine Nahrungsaufnahme vergrößert, indem es während der Nacht saugt. Dies regt auch die Milchproduktion in dieser Zeit an, da die Prolaktinausschüttung am größten ist. Selbst wenn das Baby tagsüber nicht viel trinkt, schafft es so Nachfrage für später.

Viele Mütter beklagen sich, wenn ihr Baby ständig wach ist, aber nur wenige scheinen beunruhigt, wenn es ausgesprochen schläfrig ist. Durch nächtliches Stillen erhalten alle Babys, ob schläfrig oder nicht, die größtmögliche Nahrungsmenge.

## Was kann man tun, wenn das Baby nachts aufwacht?

Am Anfang wacht Ihr Baby wahrscheinlich zu jeder Tages- und Nachtzeit auf und möchte unterhalten werden. Bei einem Neugeborenen ist dies zu erwarten. Man sollte liebevoll reagieren, aber die Aufmerksamkeit nicht übertreiben, wenn es wieder einschlafen soll. Wechseln Sie die Windel, falls dies nötig ist, lächeln Sie zurück, wenn das Baby Sie anlächelt und bieten Sie ihm die Brust an. Ich spielte mit Frances immer still, denn ich erhielt tagsüber und nachts ausreichend Schlaf, und ich konnte mich einfach nicht zurückhalten. Neugeborene sind in der entspannten Atmosphäre des elterlichen Betts meistens am glücklichsten.

Sehr bald wird das Kind jedoch verstehen, daß man nachts schläft, weil seine Mutter dies tut. Ich schloß die Augen, damit Frances sehen konnte, was es zu tun galt. Wenn ich meine Augen wieder öffnete, schaute sie mich an und schloß schnell wieder ihre Augen, so als ob ich sie nicht gesehen hätte. Dieses Spiel machte uns beiden einige Minuten lang sehr viel Spaß, bis wir schließlich beide einschliefen.

Heute schreit Frances nachts nur, wenn sie Schmerzen hat. Dies ist in den ersten zwölf Lebensmonaten nur einmal passiert, und wir mußten einen Arzt kommen lassen, nachdem sie etwa zehn Minuten lang geschrien hatte. Ich wußte, daß ihr irgend etwas weh tat, weil sie absolut keinen Grund hatte zu schreien. Es hat noch keinen falschen Alarm gegeben.

## Wo soll mein Baby seinen Mittagsschlaf halten?

Am Anfang brauchte ich fast ebensoviel Schlaf wie Frances, da ich durch die Geburt ziemlich erschöpft war. Ich legte mich in unserem großen Bett neben sie, wenn sie schlief. Abgesehen davon schlief sie tagsüber häufig in ihrem Tragebeutel.

Der Tragebeutel, den ich gekauft hatte, war leider nicht für Neugeborene geeignet, und es fiel mir sehr schwer, meinen normalen Pflichten nachzukommen, da ich meine Hände nicht frei bewegen konnte. Danach fand ich einen anderen, der für Babys in jedem Lebensalter geeignet war.

Man sollte das Baby so früh wie möglich an einen Tragebeutel gewöhnen, da Träger und Kind besonders eng miteinander verbunden sind. Führt man den Tragebeutel erst später ein, wehrt sich das Kind möglicherweise gegen diese Nähe.

In anderen Kulturen gibt es vielfältige Tragevorrichtungen für Babys. In der Türkei werden die Kinder auf dem Rücken festgebunden, der Stamm der Wodaabe in Zentralafrika trägt die Kinder in Tragebeuteln auf der Hüfte und die Maori aus Neuseeland verwenden eine Tragevorrichtung, deren Gurte aus geglätteter Rinde bestehen. In Wales gibt es den traditionellen Schal. Die jungen Mütter lernen von ihren Großmüttern, wie man ihn bindet, um das Kind darin zu tragen. Man kann auch mit einem alten Laken und einigen Sicherheitsnadeln experimentieren.

Wenn das Baby älter wird, kann man es auch eine Weile allein schlafen lassen, solange die Mutter in der Nähe ist. Wenn es wieder aufwacht, sieht es als erstes das Gesicht der Mutter, das es in der Welt willkommen heißt. Es muß nicht schreien, um ihre Aufmerksamkeit zu erregen, damit sie alles stehen und liegen läßt und angerannt kommt. Tagsüber schläft Frances überall dort, wo ich mich aufhalte: im Schlaf- oder Wohnzimmer oder im Auto.

## Was passiert, wenn wir ein zweites Kind bekommen?

Zu diesem Zeitpunkt ist es für das ältere Kind oft natürlich, daß es in sein eigenes Bett umzieht. Wenn es immer die Gesellschaft der Eltern genießen konnte, wird es auf den Neuankömmling nicht eifersüchtig sein. Aber wenn das Kind dagegen protestiert, daß ein anderer seinen Platz im großen Bett einnimmt, was nur zu verständlich wäre, muß für das ältere Kind ebenfalls Platz geschaffen werden. Vielleicht schläft es jetzt neben dem Vater, während die Mutter das Baby stillt. Jede Familie sollte hier eine eigene Lösung finden.

Wenn das erste Kind immer bei Ihnen geschlafen hat, sollte es keine Schwierigkeiten bereiten, jetzt zu viert in einem Bett zu schlafen. Aber wie geht man vor, wenn man ein Kleinkind zum erstenmal mit zu sich ins Elternbett nehmen möchte?

## Ist es zu spät, ein Kleinkind zu sich ins Bett zu nehmen?

Wenn man zu einem späteren Zeitpunkt beschließt, das Kind mit zu sich ins Bett zu nehmen, steht man vor ganz anderen Problemen. Ein Kind, das von Geburt an bei den Eltern schläft, kennt es nicht anders und wird sich nicht wehren, während ein Kind, das an sein eigenes Bett gewöhnt ist, nicht immer freundlich auf die erzwungene Gesellschaft im großen Bett reagiert. Wahrscheinlich wird es am Anfang dagegen ankämpfen und schreien.

In diesem Fall muß man beharrlich sein. Selbst ein Kind, das wenige Monate alt ist, weiß aus Erfahrung, daß seine Eltern es nicht immer bei sich haben wollen. Es ist nur natürlich, daß es ihre Motivation anzweifelt, wenn sie es plötzlich zu sich ins Bett nehmen. «Was haben sie denn jetzt schon wieder vor?» Auf die körperliche Veränderung wird es emotional reagieren.

Natürlich ist es um so leichter, je früher die Gewohnheiten sich ändern. Viele Eltern haben jedoch keine Geduld, dies in die Praxis umzusetzen. Jean Liedloff berichtet von Anthea und Brian, die sich entschlossen, ihren vierjährigen Sohn Trevor zu sich ins Bett zu nehmen:

«In den ersten Nächten konnten alle drei nicht gut schlafen. Trevor bewegte sich unruhig hin und her und war knatschig. Mal lag er verkehrt herum da, ein anderes Mal landeten seine Ellbogen im Gesicht der Eltern. Mitten in der Nacht verlangte er nach einem Glas Wasser. Einmal legte Trevor sich quer ins Bett, so daß seine Eltern ganz am Rand des Betts lagen und sich an der Matratze festhalten mußten. Mehr als einmal stürmte Brian morgens mit geröteten Augen und ziemlich genervt aus dem Haus, um ins Büro zu fahren. Aber sie hielten durch, während andere Eltern den Versuch nach drei oder vier Nächten aufgaben. ‹Es funktioniert nicht, wir konnten einfach nicht schlafen.›

Nach drei Monaten berichtete Anthea, daß es keine nächtlichen Störungen mehr gab. Sie schliefen alle drei in schönstem Frieden zusammen. Auf diese Weise besserte sich nicht nur die Beziehung zwischen Anthea und Trevor und Brian und Trevor ganz erheblich, auch die von Anthea und Brian wurde besser. ‹Und›, erzählte Anthea am Ende ihres Berichts und erwähnte dieses Thema damit zum erstenmal, ‹Trevor ist im Kindergarten nicht mehr so aggressiv.›

Einige Monate später zog Trevor von ganz allein wieder in sein Bett um, da er jetzt die Erfahrung, die normalerweise ein Säugling, der bei den Eltern schläft, macht, nachgeholt hatte. Auch seine kleine Schwester schlief im Bett der Eltern, und selbst nachdem Trevor wieder ausgezogen war, wußte er, daß er im Ehebett jederzeit willkommen war.«

*Liedloff*, Auf der Suche nach dem verlorenen Glück

Manche Eltern sind von sich aus gewillt, ihre Kinder mit zu sich ins Bett zu nehmen, während andere so lange von ihren Kindern genervt werden, bis sie sie bei sich schlafen lassen. Wenn ein Dreijähriger sich einfach weigert, allein zu schlafen, stellen sich die Eltern oft zum erstenmal die Frage, ob es richtig ist, das Kind zu zwingen, in einem eigenen Bett zu schlafen. Mit einem verängstigten Kind können sie nicht kaltherzig umgehen.

Trotz aller Bemühungen moderner Erziehungsberater weigern Tausende von Zweijährigen in der westlichen Welt sich, abends allein zu schlafen, oder sie wachen nachts auf und betteln dann so lange, bis die Eltern sie in ihr Bett lassen. Oft wird diesen Eltern gesagt, daß ihre Kinder schwierig oder unnormal seien, aber das ist nicht der Fall. Sie verhalten sich einfach wie alle Kinder auf der ganzen Welt, die nachts Nahrung und den Trost eines anderen Menschen brauchen.

Jedes Kind, das noch nicht drei oder vier Jahre alt ist, wird es genießen, ein paar Monate im Bett der Eltern zu schlafen.

Wenn man ein Kleinkind dazu bewegen will, im Elternbett zu schlafen, ist Geduld angesagt. Legen Sie das Kind zum Schlafen in Ihr Bett und legen Sie sich dazu. Ziehen Sie sich nicht zurück, aber geben Sie ihm auch nicht zuviel Zuwendung. Überlassen Sie dem Kind die Führung. Abends zusammen im großen Bett ein Buch zu lesen, kann ein wahres Vergnügen sein. Erlauben Sie dem Kind, abends später als üblich ins Bett zu gehen, falls dies erforderlich sein sollte, so daß sie zusammen einschlafen können.

## Ist es schlimm, wenn man das Baby nur gelegentlich mit zu sich ins Bett nimmt und nicht jede Nacht?

Obwohl viele Kinder nachts bei den Eltern schlafen, ist dies meistens zeitlich begrenzt und eine Reaktion auf Krankheit, Weinen oder Schlafprobleme. Die Eltern nehmen die Kinder nur zu sich ins Bett, wenn diese durcheinander oder krank sind.

Ein Nachteil dabei ist, daß man das Kind zu sich nimmt, wenn es ihm nicht gutgeht. Ein Baby, das Schmerzen hat und weint, ist ein schlechter Bettgenosse. Wenn die Eltern dann eine schlaflose Nacht hinter sich haben, in der sie ein weinendes Kind beruhigen mußten, haben sie genug vom Familienbett.

Beständigkeit ist für das Kind wichtig. Es ist ideal, wenn das Baby von Anfang an bei den Eltern schläft und nicht nur dann, wenn es krank oder ungezogen ist. Andernfalls dreht es den Spieß um und wird krank oder ungezogen, um sein Ziel zu erreichen.

Dieser Rat ist das genaue Gegenteil von dem, was Dr. Christopher Green in seinem Buch *Toddler Taming* vorschlägt. Er ist der Meinung, daß Krankheit die *einzige* Entschuldigung dafür sei, ein Kind nachts ins Elternbett zu nehmen:

> «Ein krankes Kind dagegen hat ein Recht darauf, bei den Eltern zu schlafen, obwohl es manchmal schwer ist, es wieder aus dem Bett zu vertreiben, wenn es wieder gesund ist. Natürlich sollte es allen Kindern gestattet sein, morgens ein bißchen mit den Eltern im Bett herumzutoben – aber erst, wenn es Zeit fürs Frühstück ist!»

Natürlich sollen Eltern, die es ihren Kindern sonst verwehren, in ihrem Bett zu schlafen, ein krankes Kind nicht abweisen. Aber sie sollten sich bewußt sein, daß sie damit eine Aussage über das Kranksein treffen, wenn Krankheit eine Freikarte für die nächtliche Gesellschaft der Eltern ist. Dies bleibt einem Kind ein Leben lang im Gedächtnis. Das mindeste, was ein Kind dann erwartet, ist, daß es im Krankheitsfall extra emotional unterstützt wird. Vielleicht wird es sogar krank, um die besondere Aufmerksamkeit der Eltern auf sich zu ziehen.

Bis zum Alter von sechs Jahren hatte ich fast jede Nacht Alpträume und wanderte dann zu meinen Eltern ins Schlafzimmer. Die Alpträume waren meine Eintrittskarte für das große Bett, und natürlich hörten sie auf, sobald ich meine Eltern neben mir wußte.

Aber noch heute kann ich mich an die Ängste erinnern, die ich jeden Abend durchstand, wenn ich allein einschlafen mußte.

Die meisten Fachleute behaupten, daß Alpträume ein «normaler» Teil der kindlichen Entwicklung seien. Zwei Kinderärzte sagen: «Alpträume treten bei fast allen Kindern im Alter von drei bis sechs Jahren auf» (Snead und Bruch, *Pediatrics*, 1983).

Aber viele Eltern, die ihre Kinder bei sich schlafen lassen, sagen, daß die Häufigkeit und Wirkung von Alpträumen dadurch stark zurückgehen. Desmond Morris erzählte mir beispielsweise, daß sein Sohn Jason weder unter Alpträumen noch irgendwelchen anderen Schlafstörungen litt. Alpträume sind möglicherweise ein weiteres Produkt von kindlicher Angst und fehlendem Selbstvertrauen, wenn Kinder allein schlafen müssen.

Die Trennung von der Mutter wurde bei älteren Kindern mit Bettnässen in Verbindung gebracht.[5] Schlafwandeln und Nachtängste[6] haben möglicherweise ebenfalls mit den unausgesprochenen Ängsten der Kinder zu tun. Je mehr Sicherheit wir unseren Kindern bieten, desto unwahrscheinlicher ist es, daß die Schlafenszeit für sie zu einem Trauma wird.

## Welche Vorbereitungen müssen für Reisen getroffen werden?

Ein Kind, das zu Hause bei den Eltern schläft, kann auch an allen anderen Orten bei den Eltern schlafen. Eine fremde Umgebung hindert es nicht daran einzuschlafen, denn seine Eltern liegen neben ihm. Sie sind die wichtigste konstante Größe in seinem Leben.

Mit dem Flugzeug, dem Schiff oder dem Auto zu reisen ist einfach, wenn das Baby in den Armen der Eltern schläft. Das einzige, worüber ich mir Sorgen machte, war die Sicherheit des Kindes im Auto und sein Bedürfnis nach Freiheit. Als Frances unternehmungslustiger wurde, wollte sie nicht ständig in ihrem Kindersitz angegurtet sein, was ich nur zu gut verstehen konnte. Sie wollte frei sein und Erkundungen anstellen. Ich beschränkte die Autofahrten, die ich allein mit ihr unternahm, auf ein Minimum und nahm statt dessen lieber den Bus. Wenn wir einen Fahrer hatten, setzte ich mich zu ihr nach hinten und lenkte sie ab.

Eine Anmerkung zum Stillen in heißen Ländern: Das Baby

braucht keine zusätzlichen Wasser- oder Saftgaben, wenn es gestillt wird. Als wir mit Frances, die damals zehn Wochen alt war, in Urlaub fuhren, sagte man mir, ich sollte ihr Wasser geben, damit sie in der Hitze nicht austrocknete. Es reichte jedoch aus, daß ich mehr Wasser trank.

Wenn man im Norden Europas Urlaub macht, besteht eher die Gefahr der Unterkühlung. Meistens liest man dann Ratschläge wie diesen: «Wenn es kalt ist», schreibt Kim Sullivan in der Zeitschrift *Mother* (Februar 1988), «sollten Sie daran denken, daß ihr Baby sich noch schneller abkühlt als Sie. Sie können sich bewegen, während das Baby diese Möglichkeit nicht hat.» Dann wird die nötige Ausrüstung aufgeführt, um das Baby warmzuhalten: dicke Decken, Wärmflaschen, Naturmaterialien, Jacke und Mütze, Fäustlinge, Babyschühchen und ein Einschlagtuch. Schließlich wird noch das Kinderwagenverdeck hochgestellt, um die Kälte fernzuhalten.

Man könnte das Baby auch in einen Tragebeutel setzen, einen dicken Mantel überziehen und das Kind zusätzlich mit den Armen wärmen. Ein Baby kann und sollte sich soviel wie möglich bewegen – an den Körper der Mutter oder des Vaters geschmiegt und nicht auf vier Rädern.

### Kann man auch zu sechst in einem Bett schlafen?

Eltern, die zwei oder mehr Kinder haben, müssen wahrscheinlich ab und zu einmal ihr Bett mit der ganzen Bande teilen. Auch das älteste Kind braucht bisweilen nachts den Trost der Eltern – besonders dann, wenn das Baby ebenfalls im Elternbett schläft.

Manchmal wird es dem Vater oder der Mutter zuviel, und er oder sie zieht sich in ein anderes Bett zurück. Andere genießen das Durcheinander im Familienbett, wenn es groß genug für alle ist. Früher, vor der Erfindung der Zentralheizung, war es üblich, so zu schlafen.

Der einzige praktische Rat, den man geben kann, ist folgender: Man sollte darauf achten, daß alle genug Platz zum Schlafen haben. Eine Lösung wäre, alle Betten in ein Zimmer zu stellen, so daß die älteren Kinder die Eltern in ihrer Nähe wissen. Eine weitere einfache Möglichkeit wäre, alle Kinder in einem Bett im Kinderzimmer schlafen zu lassen. Verschiedene Mütter haben mir erzählt, daß Brüder und Schwestern, die zusammen in einem Bett schlafen, sich näher sind und weniger miteinander streiten als andere Kinder.

## Was kann ich tun, wenn mein Partner nicht mitmachen will?

Es ist erstaunlich, aber wahr: Aus einer Gruppe von Müttern aus Manchester, die über die Vor- und Nachteile des Familienbetts diskutierten, erklärten einige, daß die Ehemänner diese Idee ablehnten. Zumindest glaubten sie, daß ihren Männern die Vorstellung nicht gefalle.

Wenn dies tatsächlich zutrifft und nicht ein Versuch ist, dem anderen die Schuld zuzuschieben, würde dies bedeuten, daß der Durchschnittsmann lieber jahrelang nächtliche Störungen in Kauf nimmt, als die Kinder mit in sein Bett zu nehmen.

Vielleicht hat es mit den Geschlechterrollen zu tun: Die Männer wittern Gefahr, weil ihre Macho-Rolle bedroht wird, und die Frauen bestärken sie darin mit Aussagen wie dieser:

> «Viele Ehemänner sind bei dem Gedanken an ein drittes Familienmitglied im Ehebett nicht glücklich. Wenn dies zu Spannungen führt, sollte man die Idee lieber gleich aufgeben.»
> 
> *Asher*, Silent Nights

Natürlich haben nicht nur Männer ihre Einwände. Die La Leche Liga erzählt in ihrem Buch zum Thema Stillen von einem kulturüberschreitenden Konflikt:

> «Hassan Zavari wurde im Mittleren Osten geboren, wo es normal ist, daß ein Baby bei den Eltern schläft. Seine Frau Joan beschreibt ihre Reaktion auf einige seiner Vorstellungen:
> ‹Als Hassan mir riet zu stillen, zögerte ich keine Sekunde. Auch eine natürliche Geburt zogen wir in Betracht und entschieden uns dann dafür. Da ich jedoch recht konservativ bin, mußte ich energisch werden, als er unsere beiden Betten zusammenstellen wollte, damit die ganze Familie Platz hätte. Wie würde ich die Betten machen können? Ich fand viele Ausreden. Als Stevie geboren wurde, merkte ich bald, daß Babys es an sich haben, nachts fünf- oder sechsmal aufzuwachen. Gott sei Dank sagte Hassan nicht: ‹Siehst du, ich habe

doch recht gehabt›, als ich schließlich vorschlug, die Betten zusammenzuschieben.›»

The Art of Breastfeeding

Ich habe die Erfahrung gemacht, daß eine Mutter, die für ihr Kind wirklich etwas durchsetzen will, sich durch nichts auf der Welt davon abhalten läßt. Wenn also Ihrem Partner die Vorstellung, das Bett mit dem Baby zu teilen, nicht schmeckt, sollte er es zumindest erst einmal versuchen. Es ist erfrischend, morgens von einem zehn Monate alten Baby mit einem Kuß auf die Nase geweckt zu werden. Fragen Sie meinen Mann.

## Spielt der Vater eine bestimmte Rolle?

In meinem Buch habe ich häufiger von der mütterlichen Rolle als von der väterlichen gesprochen, aber eher aus Gründen der Klarheit. Natürlich können auch Väter die erzieherische Aufgabe für das Kind übernehmen. Manchmal ist es unmöglich, daß die Mutter sich um Ernährung und Erziehung des Kindes kümmert. Diese Rolle übernimmt dann der Vater, während die Mutter berufstätig ist.

Der einzige Nachteil dabei ist die Tatsache, daß der Vater das Kind nicht stillen kann. Auch der mütterliche Biorhythmus mag für das Baby von Bedeutung sein, damit es regelmäßig atmet und sich zu einem gesunden Kind entwickelt.[7] Da die Mutter das Kind schon in der Gebärmutter herumgetragen hat, kann sie ihm nach der Geburt wahrscheinlich am besten die notwendige Stimulierung der Sinne geben.

Durch das Familienbett könnte die väterliche Erziehung eine ganz neue Komponente erhalten. Manche Eltern geben dem Kind lieber die Flasche, damit der Vater bei dieser Aufgabe mithelfen kann. Väter mögen die Nähe, die sie beim Füttern des Kindes genießen können.

Wenn das Baby jedoch mit in ihrem Bett schläft, bekommt der Vater all die Nähe, die er sich wünscht, während der achtstündigen Nachtzeit. Außerdem wird kein Familienmitglied nachts durch das Füttern gestört. Niemand muß im Flur auf und ab laufen, Fläschchen wärmen oder das Essen vorbereiten.

Der Vater kann zu seinem Kind eine Bindung aufnehmen, so wie es von der Natur vorgesehen ist – im Schlaf. Auch wenn er beruflich den ganzen Tag über unterwegs ist, ist er dennoch kein Fremder für das Kind, der nur zur Badezeit und an den Wochenenden auftaucht.

Viele Mütter haben mir berichtet, daß es ihrem Partner ausgesprochen wohltat, neben dem Baby im Bett zu schlafen. Kurz nach der Geburt ihrer Tochter schrieb mir eine Freundin:

«Sie schläft wunderbar in unserem Bett – die Hälfte der Nacht auf Serges Brust und die andere Hälfte an mich geschmiegt.»

Es ist eine neue Möglichkeit, die Kindererziehung miteinander zu teilen.

## Was passiert, wenn ich den ganzen Tag über arbeite?

Eine berufstätige Mutter hat viele Probleme, ihrem Baby nahe zu kommen. Eine Mutter erklärte folgendes:

«Man hat das Gefühl, daß man sich selbst etwas beweisen muß. Die ganze Zeit über will man Leistung zeigen, obwohl Kinder da sind, die eine Menge Arbeit machen... Man jongliert mit drei Sachen, dem Beruf, den Kindern und dem Haushalt, und irgend etwas muß darunter leiden.»

*in der Zeitschrift* She, *August 1988*

Es ist viel leichter, eine Supermutter zu sein, wenn man einen Teil der mütterlichen Pflichten nachts erledigen kann.

Eine Mutter, die tagsüber berufstätig ist und ihr Kind nicht sieht, hat ein stärkeres Bedürfnis nach Kontakt zu ihm, wenn sie nach Hause kommt. Oft beschränkt sich der einzige Körperkontakt auf kurze Begegnungen zwischen dem Abendessen und der Schlafenszeit. Warum sollte man sich dieser Routine fügen, wenn man viel länger miteinander schmusen kann? Und friedliche Nächte sind die perfekte Vorbereitung für den nächsten Arbeitstag.

## Sollten alleinerziehende Eltern zusammen mit ihren Kindern schlafen?

«Viele einsame Mütter, die allein zu Hause sind, weil der Ehemann gerade eine Geschäftsreise unternimmt oder weil die Ehe kaputt ist, ermutigen die Kinder insgeheim dazu, jede Nacht zu ihnen ins Bett zu kommen, damit sie nicht allein schlafen müssen. Wenn das Leben sich dann wieder normalisiert, ist es schwierig, das Kind von dieser Praxis wieder abzubringen.»

*Green*, Toddler Taming

Dr. Green erklärt damit, daß es negativ und hinterhältig sei, die Gesellschaft eines Menschen zu suchen. Das sehe ich nicht so. Der Mensch *ist* nun mal ein geselliges Wesen, und warum sollte er sich dieses Bedürfnis nicht erfüllen? Außerdem hat Dr. Green die recht engstirnige Ansicht, daß eine einsame Mutter etwas Unnormales sei. Einsame Väter erwähnt er gar nicht und lehnt es ab, wie die betroffene Mutter das Kind «raffiniert» ins Bett lockt.

In den Industrienationen gibt es viele Tausende alleinerziehende Mütter und Väter, für die dieser Zustand ständig oder zeitweise andauert, und alle Betroffenen haben ihre ganz bestimmten Gründe. Viele Eltern haben sich absichtlich dafür entschieden, ihr Kind allein zu erziehen. Sie schlafen daher nicht deshalb mit ihren Kindern in einem Bett, weil sie einsam sind.

Natürlich stimmt es, daß ein Erwachsener nach einer Scheidung, dem Tod des Partners oder nach einer Trennung genausoviel Gesellschaft braucht wie das Kind. Nachts jemanden neben sich zu spüren ist eine Möglichkeit, ein tiefes emotionales Bedürfnis auszudrücken. Berührungen sind ein wertvolles Mittel der Kommunikation für Erwachsene und Kinder. Man sollte es nicht verachten.

Der Filmemacher Julian Aston erzählte mir, daß er zusammen mit seinem Sohn in einem Bett schlief, nachdem seine erste Ehe geschieden worden war. «Ich fragte ihn immer wieder: ‹Warum schläfst du nicht allein?› Und er antwortete dann: ‹Du brauchst genauso Gesellschaft wie ich›, und er hatte recht.»

Eine alleinerziehende Mutter ist kein selbstsüchtiges Wesen, das das Kind im Augenblick einer Krise benutzt, um es dann wegzustoßen, wenn sie sich an einen anderen Menschen klammern kann. Für viele Eltern, ob sie nun alleinerziehend sind oder nicht, ist die Vorstellung, daß sie das Kind einfach aus dem Bett stoßen würden, wenn ein neuer Partner da ist, unglaublich. Die Bedürfnisse des neuen Partners und die Bedürfnisse des Kindes müssen gegeneinander abgewogen werden. Warum sollte bei dieser Gleichung einer wegfallen?

Wenn der Vater oder die Mutter einen neuen Partner in das Familienbett aufnimmt, mag es anfänglich zu einer negativen Reaktion des Kindes kommen (aber auch dies ist unwahrscheinlich, wenn sich das Kind sicher fühlt). Betrachten wir es einmal so: Wenn man mit der Stiefmutter oder dem Stiefvater gemeinsam in einem Bett schläft, wird man sie wahrscheinlich viel schneller kennenlernen und akzeptieren. Auf diese Weise läßt sich die Verbindung zwischen einem Adoptivvater oder einer Adoptivmutter und einem kleinen Kind hervorragend zementieren.

Judith Joseph, eine Mutter aus Glasgow, schlief nicht nur mit ihrer Tochter Lisa in einem Bett, sondern über einen Zeitraum von fünfzehn Jahren auch mit dreißig Pflegekindern. «Viele Babys kommen mit Schlafproblemen zu mir», erzählte sie, «besonders wenn es im Elternhaus Schwierigkeiten gibt. Ich stille sie nicht, aber sie genießen den Körperkontakt. Sobald sie die Wärme des Körpers spüren, schlafen sie ein. Ich versuche es immer damit. Die Schlafprobleme lösen sich dann meistens von selbst.»

## Kann ich mit einem behinderten Kind in einem Bett schlafen?

Ein behindertes Kind hat besondere Bedürfnisse, so daß es für seine tägliche Pflege noch wichtiger ist, daß es bei seinen Eltern schläft. Ein blindes oder taubes Baby braucht zu jeder Zeit ein Mehr an elterlichem Kontakt, nicht nur nachts. Und auch ein behindertes Baby hat das Bedürfnis, die Welt für sich selbst zu erfahren, um am täglichen Leben teilnehmen zu können. Andrina McCormack schreibt dazu:

> «Aufgrund von Problemen bei der Geburt, durch Krankheit oder weil sie zu früh geboren wurden, lernen viele behinderte Kinder ihre Eltern erst kennen, wenn sie schon ein paar Tage, Wochen oder sogar Monate alt sind. Der natürliche Mechanismus zur Schaffung einer

Bindung ist daher schon gestört, und man muß intensiv daran arbeiten. Die Eltern sehr ruhiger, passiver Babys lassen das Kind möglicherweise, auch wenn es wach ist, in Ruhe, weil sie froh sind, einmal Zeit für sich zu haben. Die Eltern sehr verdrießlicher Babys sind wahrscheinlich nur zu froh, wenn sie eine Pause von der Anspannung und dem Stress haben, der durch ständiges Schreien verursacht wird. Eine gute Eltern-Kind-Bindung ist jedoch für die emotionale Gesundheit später von wesentlicher Bedeutung, und die Eltern behinderter Kinder sollten wissen, daß sie ein bißchen mehr als andere Eltern daran arbeiten müssen.»

*McCormack*, Coping with Your Handicapped Child

Eine intensive Bindung wird in der Nacht und am Tag aufgebaut. Das behinderte Kind ist nachts manchmal auch entspannter, weil es sich nicht so sehr mit den Hindernissen im täglichen Leben auseinandersetzen muß.

Das behinderte Kind ist offensichtlich bedürftiger als das gesunde Kind, aber wir sollten all unseren Kindern besondere Sorgfalt angedeihen lassen.

Für mongoloide Kinder kann der Körperkontakt in der Nacht sehr wichtig sein, da sie ihre Körpertemperatur nur schwer kontrollieren können. Kinder mit dieser Behinderung sind nachts sehr ruhelos, sie stoßen die Bettdecke weg und kühlen dann schnell ab. Häufig sind Brust- und Halsinfektionen das Ergebnis. Eine Möglichkeit, dieses Problem zu lösen, wäre, mit dem Kind in einem Bett zu schlafen und auf diese Weise wie ein menschlicher Thermostat für das Kind zu agieren. Aber die Eltern sollten sich im klaren darüber sein, daß es viele Ratschläge gibt, die von dieser Praxis abraten:

«Die Praxis, Kinder mit ins eigene Bett zu nehmen, scheint mir bei diesen Kindern keine besonders gute Idee zu sein. Die Gewohnheit, mit den Eltern in einem Bett zu liegen – ganz zu schweigen von der verführerischen Wärme, die sie dabei genießen, im Gegensatz zur Kälte, wenn sie wieder heraus müssen – kann sehr schwer wieder aufgegeben werden. Der Direktor des National Centre for Down's Syndrome in Großbritannien erzählte mir von einem dreißigjährigen Mann, der immer noch mit seinem Bruder und seiner Stiefschwester in einem Bett schlief.»

*Haslam*, Schlaflose Kinder – unruhige Nächte

Wenn der Vater oder die Mutter unter einer Behinderung leiden, wird es ihm oder ihr wahrscheinlich starke Befriedigung bringen, nachts mit dem Baby im Bett zu schmusen. Auf jeden Fall wird das Stillen des Kindes auf diese Weise sehr erleichtert. Wenn jemand jedoch unter einer starken körperlichen Behinderung leidet, ist es wahrscheinlich unmöglich, das Kind mit ins Bett zu nehmen. Aber jede Situation ist anders, und der Betroffene sollte ermutigt werden, eigene praktikable Lösungen für allgemeine Bedürfnisse zu finden.

### Wann zieht das Kind aus unserem Bett wieder aus?

Schließlich kommt die Zeit, da das Kind aus dem Elternbett auszieht. Das kann passieren, wenn es zehn Wochen alt ist oder zehn Jahre, und je eher Sie anfangen, das Kind so zu behandeln, wie es behandelt werden will oder behandelt werden muß, desto eher wird es selbständig. Vielleicht können Sie den Augenblick kaum abwarten, vielleicht fürchten Sie sich davor – im Idealfall sollte es einfach eine weitere, normale Phase des Heranwachsens sein. Sie sollten das Kind nicht zur Eile antreiben, aber es auch nicht daran hindern zu gehen.

Im Alter von zwei Jahren sind Kinder meistens unabhängig genug, im eigenen Bett zu schlafen, wenn sie von Anfang an das Bett mit den Eltern geteilt haben. Manche Kleinkinder gesellen sich für ein paar Monate zu den Eltern und erklären dann, daß sie genug haben.

Eine Mutter fragte mich: «Was für einen Grund sollte das Kind denn haben, das Bett wieder zu verlassen?» In primitiven Gesellschaften sieht das Kind, wie andere Kinder sich von den Eltern zurückziehen, und es weiß, daß dies der natürliche Weg ist. In unseren Familien hat das erste Kind kein Beispiel, dem es nacheifern kann, und möchte möglicherweise länger bei den Eltern schlafen.

Ich sehe keine Gefahr darin, für das Kind einen Anreiz zu schaffen, damit es das Bett verläßt. An Frances's erstem Geburtstag legten wir eine eigene Matratze für sie neben unsere, und von der ersten Nacht an wechselte sie zwischen uns und ihrem neuen Terrain hin und her. Man kann die Matratze langsam immer weiter vom Elternbett weg hinlegen, bis sie für das Kind zu einem eigenen Schlafplatz geworden ist.

Manche Eltern tapezieren das Kinderzimmer neu und deuten damit an, daß der Umzug ins eigene Zimmer ein Schritt hin zum Großwerden ist. Vielleicht können auch die Freunde des Kindes einmal dort übernachten, um das neue Zimmer einzuweihen.

Wenn man wissen will, ob das Kind Trost braucht, sollte man ihm gestatten, nachts zu den Eltern zu kommen. Es wird anzeigen, wann es bereit ist auszuziehen, indem es dies einfach tut. Die Eltern sollten nicht mehr Trost bieten, als gewünscht wird, aber auch den Wunsch nach Zuwendung nicht zurückweisen. Dann können sie sicher sein, daß sie die Bedürfnisse des Kindes erfüllen, nicht seine Launen. Die Psychologen drücken es so aus:

> «Wenn das Kind als Säugling Eltern hatte, auf die es sich verlassen konnte, hat es die unausweichlichen Frustrationen in kleinen Dosen erfahren. Es entwickelt ein Sozialvertrauen, das sich dadurch ausdrückt, daß es nicht unter Ernährungsstörungen leidet, tief schläft, keine Probleme mit der Darmentleerung hat und den größten Teil seiner wachen Stunden glücklich und entspannt scheint.»
>
> *English und Pearson*, Emotional Problems of Living

Es kommt nicht darauf an, wie Sie den Entwöhnungsprozeß handhaben, aber Sie sollten sich bewußt sein, daß jeder Versuch, ihn zu hastig durchzuführen, zu einem Konflikt führen kann oder dazu, daß das Kind für längere Zeit wieder in das Bett der Eltern zurückkehrt. Die Bewegung hin zur Unabhängigkeit muß vom Kind ausgehen, sonst ist sie nicht echt. Die Unabhängigkeit müssen wir immer für uns selbst erkämpfen.

Niemand kann für sich beanspruchen, ein perfekter Vater oder eine perfekte Mutter zu sein. Zu viele Faktoren in unserer stressbelasteten, verschmutzten Umwelt und im täglichen Wettbewerb verhindern, daß wir uns zu Hause eine Utopie schaffen, aber wir können es zumindest versuchen.

**Kapitel 11**
# Ja, aber...

Als wir Freunden und Bekannten zum erstenmal erzählten, daß wir unsere Tochter mit zu uns ins Bett nehmen, schauten sie uns an, als ob wir völlig verrückt geworden seien. Unser merkwürdiges nächtliches Verhalten verursachte mehr Tuschelei unter Freunden und Bekannten als alles andere, was wir je gemacht hatten. Tragen Sie eine Perücke, lassen Sie sich des Drogenhandels überführen, aber nehmen Sie auf keinen Fall ihr Baby mit zu sich ins Bett, nicht wenn Sie ein ruhiges Leben bevorzugen.

Ich wurde mit fast jedem Einwand konfrontiert, den unsere kinderbettgewöhnte Gesellschaft erfinden kann. Es folgt daher eine Liste mit den stärksten Argumenten und einige kurze Antworten. Viele Themen werden an anderer Stelle in diesem Buch ausführlicher behandelt, aber möglicherweise sind Sie für etwas Schnellfeuermunition dankbar, um Großtanten und wohlmeinende Fachleute in die Enge zu treiben...

«Ich könnte auf keinen Fall mit meiner Tochter in einem Bett schlafen. Ich hätte viel zuviel Angst, sie nachts zu erdrücken.»
*Eine Mutter*

Der Filmemacher Julian Aston nahm eine Filmkamera mit ins Schlafzimmer, um sich und seine Frau zu filmen, die mit Luke, dem drei Monate alten Säugling zusammen in einem Bett schliefen. «Der Film zeigt sehr nachdrücklich, daß die Eltern sich ständig umdrehen und hin- und herrollen», erklärte Julian, «aber das Baby nicht berühren.»

Jeder, der mit einem kleineren Wesen schläft, wird dasselbe Phänomen entdecken. Ängste, daß das Baby erdrückt werden könnte, sind völlig unbegründet. Die Gefahren sind viel größer, wenn ein Baby allein schlafen muß, als wenn man die Nacht mit ihm verbringt. Die Mutter ist seine Lebensader und seine Beschützerin. Die Natur hat es so eingerichtet, daß das Kind mit ihr überlebt. Ängste, die eine Mutter in dieser Hinsicht möglicherweise hat, werden durch die soziale Praxis und den Druck, sich anzupassen, gefördert.

> «Wenn ein etwas älteres Baby daran gewöhnt ist, mit dem geringsten Geschrei Aufmerksamkeit zu erregen, wird es bald ständige Aufmerksamkeit wollen und fordern. In den Schlaf gewiegt zu werden, mit den Eltern in einem Bett zu schlafen, diese Dinge können zu schlechten Gewohnheiten werden. Sie sind schlecht, weil der Schlaf des Babys unterbrochen wird und weil Sie sich als Eltern nie entspannen können. Wenn es nur gelegentlich vorkommt, ist kein Schaden zu befürchten, aber denken Sie daran, daß es leichter ist, eine schlechte Gewohnheit ganz zu vermeiden, als sie dem Kind später wieder abzugewöhnen.»
> The Bounty Baby Book, 23. neubearbeitete Auflage, 1987

Gewohnheiten – was für ein schrecklicher Gedanke. Warum sind die Fachleute eigentlich über einige Praktiken bei Kindern so besorgt und über andere nicht? Wir legen unseren Babys Windeln um, obwohl wir wissen, daß sie mit fünfunddreißig Jahren allein zur Toilette gehen werden. Aber von Babys, die in den Schlaf gewiegt oder von ihren Eltern im Ehebett willkommen geheißen werden, behauptet man, daß sie ihr Leben lang abhängig bleiben würden. Lieben Sie Ihr Kind bitte nicht zu sehr, denn dann wird es diese Liebe erwarten.

Manchmal wird nicht das Kind schlechter Gewohnheiten beschuldigt, sondern die Mutter selbst. Michel Odent sagt, daß Kritiker dieses Argument nur verwenden, um die Regeln über das Füttern und die abendliche Routine zu verteidigen, die in der ersten Hälfte dieses Jahrhunderts populär gemacht wurden:

> «Mütter früherer Generationen halten verständlicherweise das, was ihnen beigebracht wurde, in Ehren. Doch was sie ‹schlechte Angewohnheiten› nennen, ist in Wirklichkeit die normale und natürliche Art, die Grundbedürfnisse eines Babys zu erfüllen. ‹Schlechter Angewohnheiten› bezichtigt zu werden kann junge

Mütter einschüchtern und sie davon abhalten, auf ihre Instinkte zu hören.»

*Odent, Von Geburt an gesund*

Richten wir uns also nach unserem Instinkt, solange wir ihn noch spüren.

«Dieses ganze Gerede über die Trennung von Mutter und Kind macht mir immer mehr Sorgen. Ich habe Angst, mein Baby auch nur für kurze Zeit abzulegen.»

*Eine Mutter*

Je mehr Beweise es dafür gibt, wie sehr ein Baby seine Mutter braucht, desto mehr sollten uns die modernen Erziehungspraktiken Sorgen bereiten. Entweder ändern wir diese Situation, oder wir lassen es. Es hat keinen Zweck, dieses Buch oder irgendein anderes als Nahrung für die Neurosen des Betroffenen zu verwenden.

Schlafen Sie mit Ihrem Baby in einem Bett, wenn Sie sich dazu in der Lage fühlen. Das Baby weiß, was es tut, und vielleicht färbt sein natürliches Vertrauen auch ein wenig auf Sie ab.

«Sie können nicht 24 Stunden am Tag bei ihrem Baby sein. Baby Link kann es. Die elektronische Überwachungsanlage Baby Link gibt ihnen die Freiheit, normal weiterzuleben, während ihr Baby schläft. Das Gerät ist so empfindlich, daß Sie Ihr Baby sogar atmen hören können... Das elektronische Überwachungsgerät Baby Link von Tomy. So, als ob Sie 24 Stunden bei Ihrem Kind sind.»

*Anzeige*

Doch, Sie können vierundzwanzig Stunden bei Ihrem Kind sein, und ein Gerät ist kein Ersatz. Mutter und Kind sind darauf programmiert, den ganzen Tag zusammen zu sein. Die Menschen sind «Trageliere» – keine «Nesthocker» wie Vögel oder Reptilien, die ihre Jungen im Nest sitzen lassen, während sie nach Futter suchen.

Die primitiven Menschen haben schon immer wie Affen und bestimmte andere Säugetiere ihre Jungen bei der Arbeit bei sich gehabt. Mindestens drei Millionen Jahre lang haben Frauen bei ihren Babys geschlafen und sie mit sich herumgetragen. Mit Hilfe eines Tragebeutels kann die moderne Mutter dasselbe tun. Keine noch so moderne Maschine kann den Körperkontakt zu ihr nachahmen oder den Trost ihrer ständigen Gegenwart spenden.

Eine Erfindung kann nur als Warngerät dienen, um nervösen Eltern zu versichern, daß ihr Kind immer noch atmet.

«Dies führte bei vielen unsicheren Eltern, die ihre Kinder mit den Anforderungen der Erziehung nicht überwältigen wollten, dazu, daß sie ins entgegengesetzte Extrem verfielen und das Baby dazu aufforderten, die Familie mit seinem eisernen Willen zu tyrannisieren. Diese unterwürfige und ängstliche Version unsicherer Elternschaft (‹Freizügigkeit›) wurde durch das Mißverstehen anderer Erkenntnisse bestärkt. Viele rieten zur Annahme von Praktiken in der Kindererziehung aus der einen oder anderen primitiven Gesellschaft, ohne die Zwischenbeziehungen unter all den Verhaltensweisen zu verstehen, die eine Kultur ausmachen.»

*Kindheit und Jugend*

Die Beispiele aus primitiven Kulturen, die in diesem Buch zitiert wurden, sind keine perfekten Modelle, die von der westlichen Welt übernommen werden sollten. Aber die Beschäftigung mit anderen Völkern kann zu einem größeren Verständnis der menschlichen Natur führen und Ideen für Veränderungen geben.

Wenn beispielsweise Kinder in aller Welt unter Schlafproblemen litten, so wie alle Menschen Fingernägel haben, würden wir zu dem Schluß kommen, daß derartige Probleme physiologisch gesehen normal seien. Aber ein kurzer Blick auf andere Gesellschaften genügt, um zu sehen, daß einige harmonischer und weniger aggressiv als die unsrige leben und daß ihre Kinder nicht so leiden wie unsere.

Die Praxis, die Kinder mit ins Elternbett zu nehmen, können wir übernehmen und sie unserem Lebensstil anpassen, ohne unsere eigene Kultur zu gefährden oder unsere geschichtliche Entwicklung. Frances Moore Lappé, der Verfasser des Buches *Diet for a Small Planet* drückte es mit diesen Worten aus: Wir sollten nach «Lektionen suchen, nicht nach Modellen».[1] Lektionen können wir von anderen Menschen erlernen, aber nicht von Modellgesellschaften, die wir zum Vor- oder Nachteil kopieren können.

«Du läßt Frances immer ihren Willen, oder?»

*Eine Tante*

Für einen Außenstehenden hat es vielleicht bisweilen den Anschein, daß wir Frances immer nachgeben, wahrscheinlich weil es zwischen ihr und uns einfach keine offensichtlichen Konflikte gibt.

Wenn sie etwas, das eigentlich unwichtig ist, nicht tun will (beipielsweise nicht in ihrem Hochstuhl sitzen oder bestimmte Nahrungsmittel essen), zwingen wir sie nicht dazu. Wir setzen nicht unseren Willen gegen den ihren, da negatives Training keine sichtbaren Vorteile mit sich bringt. Dennoch gibt es auch bei uns Vorschriften.

Die wichtigste Regel der Sozialisierung ist das Beispiel der Eltern – wir erwarten, daß unsere Tochter sich so verhält wie wir, und meistens tut sie es. Wenn ihr Verhalten nicht akzeptabel ist, lenken wir sie ab und erklären ihr, daß man so etwas nicht tut.

Wir enthalten ihr weder unsere Zuneigung vor noch bestrafen wir sie, aber wir geben auch nicht nach. Wenn ich «nein» sage, sage ich es nur einmal und gebe ihr immer eine Erklärung. Dann hindere ich sie daran, ihr Verhalten fortzusetzen (z. B. trage ich sie vom Fernseher weg, an dessen Knöpfen sie herumgespielt hat, und wecke ihr Interesse mit einem Buch).

Ich gebe ihr keine Gelegenheit, ungezogen zu sein, womit man eigentlich nur auf andere Art ausdrückt, daß ein Kind bestimmte Regeln bricht.

Einige halten diese Methode für streng, andere für zu tolerant. Aber ich möchte, das Frances eins lernt: Auch wenn ihr Verhalten nicht immer akzeptabel ist, so nehmen wir sie doch immer als Mensch an:

> «Viele Philosophen loben die Vorzüge und Freuden der Familie, die zusammen in einer riesigen, durch ein Bett verbundenen Gemeinschaft schlafen. Wenn dies auch ein glückseliger Zustand für jene sein mag, die tief und fest schlafen oder die das Glück haben, keine Kinder zu haben, die sich die ganze Nacht wie Fußballstars vor einem Tor aufführen, haben doch die meisten Eltern den Wunsch, daß ihr Bett ein privater, friedlicher Ort sei. Sie hassen die kleinen Eindringlinge, die am frühen Morgen zu ihnen ins Bett kommen.»
> *Green*, Toddler Taming

Dr. Green beschreibt hier Kinder, die normalerweise nicht im Elternbett schlafen dürfen. Die Eltern betrachten ihre Kinder oft als Eindringlinge in ihr sonst so privates und friedliches Leben. Aber das heißt nicht, daß Eltern, die das Bett mit ihren Kindern teilen, Spaß daran haben, von ihrem zweijährigen Sohn gegen das Schienbein getreten zu werden.

Ein Kleinkind, das von Anfang an bei seinen Eltern schläft, muß erst gar kein Katz-und-Maus-Spiel spielen, um dem Gefängnis seines Kinderzimmers zu entkommen. Es ist bei seinen Eltern immer willkommen und sucht sich seinen eigenen Platz, zuerst im großen Bett der Eltern und dann in seinem Zimmer.

Wenn es aus irgendeinem Grund in das elterliche Bett zurückkehrt, klettert es einfach hinein, da es schon an den nächtlichen Ablauf gewöhnt ist. Alle anderen schlafen, und auch das Kind richtet sich danach. Ein Kind, das dagegen nie bei seinen Eltern schläft, wird sich nicht auf diese Weise verhalten. Durchhaltevermögen ist die einzige Heilung, wenn das Kind herumstrampelt und sich windet.

Eltern, die ihre Kinder aus dem Elternbett loswerden wollen, möchten vielleicht Dr. Greens Rat bei diesem Thema befolgen. Er rät zu folgender Technik: 1. Bringen Sie das Kind gleich wieder ins eigene Bett. 2. Verwarnen Sie es. 3. Geben Sie ihm einem Klaps und schließen Sie alle Türen, so daß das Kind sie nicht selbst öffnen kann. Sie können die zweite Stufe auch wie ein altmodischer Arbeitgeber auslassen, schreibt der Arzt. «Die meisten Eltern sind der Meinung, daß soviel Rechtfertigung zur Nachtzeit völlig unnötig ist... in diesem Fall gibt es also einen kräftigen Klaps auf den Hintern und dann heißt es ‹zurück ins Bett›.»

Dr. Green gibt zu, daß er selbst über viele Jahre seine Kinder mit Schlägen erzogen und Türen zugesperrt hat. Auf diese Weise hat er die Bemühungen seiner Kinder, in sein Bett zu gelangen, unterlaufen. Das überrascht mich nicht.

> «Abgesehen von diesen seltenen Situationen (Krankheit und Sonntagmorgen) bin ich der Meinung, daß Kinder immer aus dem Bett der Eltern ausgeschlossen sein sollten. Frieden und Privatsphäre sind für Menschen wichtig, und das gilt auch für Eltern.»
>
> *Green*, Toddler Taming

Frieden und Privatsphäre sind auch für Kinder von Bedeutung. Wichtig bei der Privatsphäre ist, daß wir sie nach unseren Wünschen wählen, denn sonst könnte man es als Einsamkeit bezeichnen.

Wenn wir immer für unsere Kinder da sind, ermöglichen wir es ihnen, die eigene Freiheit zu finden, sich eigenen Aktivitäten zu widmen, wenn sie bereit dazu sind, und sich selbst für eine gewisse Zeit zu unterhalten. Wenn wir unsere Kinder immer wieder wegstoßen, kommen sie zurück und klammern sich für die nächsten Jahre an uns. Wenn Eltern gerade ein Kind bekommen haben, können sie es in ihrer privaten Welt willkommen heißen. Wenn nicht, sollte man sich die Frage stellen, warum man das Kind überhaupt bekommen hat.

Oft ist es nur eine Frage der Einstellung, ob eine Mutter die Forderungen ihres Babys als Pflicht oder als Freude betrachtet. Der amerikanische Arzt Gregory White sah es so: «Wenn ein fauler, bequemer alter Mensch wie ich es fertigbringt, mitten in der Nacht aufzustehen, um Menschen zu helfen, die er kaum kennt, kann eine Mutter dies sicherlich für ihr Kind tun.»[2]

Bis zum 20. Jahrhundert schliefen Eltern und Kinder auch in unserer Kultur zusammen in einem Bett... Die Sorgen um mögliche Nachteile werden von mehreren berühmten Kinderärzten und Kinderpsychologen beschrieben und umfassen folgende Dinge:

(1) Das gemeinsame Schlafen in einem Bett behindert möglicherweise die Unabhängigkeit des Kindes, (2) das Schlafen bei den Eltern kann zu einer Gewohnheit werden, die nicht mehr aufgegeben und zu einer «Sucht» werden kann, (3) Kinder, die im Bett der Eltern schlafen, werden wahrscheinlich eher Zeuge des Geschlechtsverkehrs, was für einige eine angsterregende Erfahrung sein kann, (4) der intime Körperkontakt beim Schlafen in einem Bett ist für manche Kinder möglicherweise überstimulierend, (5) dieses Verhalten spiegelt möglicherweise Störungen in der Mutter-Kind-Beziehung wider oder in der Beziehung der Eltern untereinander, und (6) Kinder, die bei ihren Eltern schlafen, entwickeln möglicherweise mehr Schlafprobleme.

*Lozoff, Wolf und Davis*, in: Pediatrics, *August 1984*

Viele dieser Einwände stammen von Wissenschaftlern, die von der Grundvoraussetzung ausgingen, daß es unerwünscht ist, mit Kindern in einem Bett zu schlafen. Die Schlüsse, die sie gezogen haben, spiegeln dies wider. Ich möchte die einzelnen Punkte nacheinander beantworten:

(1) Je mehr Sicherheit man einem Baby anbietet, desto sicherer wird es sich fühlen. Zusammen zu schlafen wird die Unabhän-

gigkeit des Kindes am Ende nur vergrößern. (2) Normale, gesunde Kinder werden sich nicht übermäßig an das Bett der Eltern gewöhnen, es sei denn, daß es das einzig Gute in ihrem Leben ist. Ihr natürliches Verlangen ist es, heranzuwachsen und selbständig zu werden. (3) Kinder, die bei ihren Eltern schlafen, werden durch zufällig beobachteten Geschlechtsverkehr viel weniger verängstigt sein als Kinder, die allein in ihrem Zimmer schlafen und nachts unerwartet in das Schlafzimmer der Eltern stolpern. (4) Intimer Körperkontakt ermöglicht es dem Kind, die menschliche Berührung ungehindert, auf nichtsexuelle Weise zu erleben und mit seinem eigenen Körper im Einklang aufzuwachsen. (5) Ja, es stimmt. Manche Menschen in der westlichen Welt nehmen ihre Kinder vielleicht als Schild für eigene Probleme mit ins Bett. Das entkräftet jedoch nicht die Vorteile. (6) Kinder, die bei ihren Eltern schlafen, bügeln Schlafprobleme, die sie vielleicht haben, aus – falls die Eltern es nicht als Problem an sich betrachten, daß das Kind bei ihnen schläft.

«Es ist eine Tatsache, daß Menschen allein im Bett besser schlafen. Untersuchungen haben gezeigt, daß die Bewegungen und das Aufwachen eines Menschen in der Nacht andere in demselben Bett dazu bringen, ebenfalls häufiger aufzuwachen. Sie machen Veränderungen im Schlafzustand durch, so daß sie nicht gut schlafen.»

*Ferber*, Solve Your Child's Sleep Problems

Die Annahme vieler Fachleute geht dahin, daß der Schlaf um so besser ist, je tiefer er ist und je weniger er unterbrochen wird. Aber wie wir aus primitiven Kulturen wissen, müssen derartige Störungen den Schlaf nicht ruinieren. (Man denke nur an das Volk der Tauripaner, die mitten in der Nacht aufwachen, einem Witz zuhören und wieder einschlafen.[3]) Am gesündesten ist der Schlaf, wenn man leicht einschläft und wieder aufwacht, wenn es nicht schlimm ist, wenn man geweckt wird und die Augen wieder schließen kann, um weiterzuschlafen.

Der Tiefschlaf ist in unserer Gesellschaft besonders wichtig geworden, weil wir die Kunst des flexiblen Schlafens verloren haben. Wenn wir nachts aufwachen, fällt es uns schwer, wieder einzuschlafen. Wir haben schon beim abendlichen Einschlafen Schwierigkeiten und wachen unerfrischt auf.

Faktoren wie Ernährung, körperliche Betätigung und frische

Luft können bei der Behandlung dieser Symptome eine große Rolle spielen. Aber wir alle könnten viel besser schlafen, wenn wir von Geburt an neben anderen Menschen geschlafen hätten. Dann hätten wir gelernt, wach zu sein, vor uns hinzudösen, zu schlafen und gleichzeitig reaktionsbereit zu sein. Wir wären nicht «wie tot», wenn wir eingeschlafen sind, und würden uns auch nicht um die nächtlichen Störungen kümmern, denen wir von Zeit zu Zeit ausgesetzt sind.

> «Ich habe einen sehr leichten Schlaf. Ich könnte mein Baby nicht zu mir ins Bett nehmen, weil ich dann nicht ungestört schlafen könnte.»
>
> *Eine Mutter*

Menschen mit leichtem und mit tiefem Schlaf hätten wahrscheinlich weniger Schwierigkeiten, wenn das Baby bei ihnen *im* Bett läge. Der leichte Schläfer wird nachts häufig dadurch gestört, daß das Baby schnieft. Ist es nun wach, oder schläft es? Wenn das Baby neben der Mutter liegt, weiß sie, daß es in Ordnung ist. Sie kann auf der Stelle auf seine Bedürfnisse reagieren und nach kurzer Schlafunterbrechung wieder einschlafen. Nach ein paar Wochen schläft das Baby sowieso fast die ganze Nacht durch, und die Mutter wird sich an seine Gegenwart im Bett gewöhnt haben. Mütter, die stillen, sind auf einen leichten Schlaf programmiert, um gleich auf ihr Kind eingehen zu können, und durch das Stillen selbst werden sie bald wieder müde.[4]

Eine Mutter, die tief schläft, wacht nachts durch das Schreien ihres Babys auf, weil niemand vorher auf das anfängliche Gewimmer in den ersten fünf Minuten reagiert hat. Wenn das Baby dagegen neben ihr schläft, kann sie gleich auf sein Weinen reagieren, bevor das Kind zu unruhig wird.

> «Alle Menschen sind verschieden. Sicherlich sind Sie nicht der Meinung, daß jede Familie das Baby mit zu sich ins Bett nehmen sollte?»
>
> *Eine Gemeindeschwester*

Wenn man mit der richtigen Einstellung an die Sache herangeht, sehe ich keinen Grund, warum es nicht in jeder Familie funktionieren sollte. Schließlich hatten unsere Vorfahren, als es noch keine getrennten Schlafzimmer gab, einfach keine andere Wahl und hätten diese Praxis nie in Frage gestellt. Aber seitdem haben Generationen von Menschen in getrennten Räumen geschlafen, und viele von uns haben die Kunst des leichten und mühelosen Schlafs verlernt, die meisten können sich jedoch schnell an die Gesellschaft eines anderen Menschen im Bett gewöhnen – sonst hätten wir es als Erwachsene schwer, Beziehungen zu knüpfen.

Wenn Sie es einfach nicht versuchen wollen, ist dies Ihre Entscheidung, aber wir sollten nicht jene entmutigen, die beschlossen haben, es ohne Kinderbett zu versuchen.

«Wenn ich mit meinem Baby zusammen in einem Bett schlafe, lösen sich doch nicht all seine Probleme einfach so...»
*Eine Mutter*

Viele vom Menschen geschaffene Faktoren beeinflussen das Leben unserer Kinder, und wir können nicht alle beherrschen – Umweltverschmutzung, Radioaktivität und Stress, Armut, Ernährungsfehler und unsere sitzende Lebensweise fordern alle ihren Tribut. Von saurem Regen und nuklearem Fallout bedroht, lebt selbst der «primitive» Indianer heute anders als vor hundert Jahren.

Aber dies sollte uns nicht daran hindern, unseren Kindern den bestmöglichen Anfang im Leben zu bescheren – und gleichzeitig das Leben der überarbeiteten Mutter zu erleichtern.

Wir können Mutter und Kind beispielsweise ermutigen, sich mit Vollwertkost zu ernähren. Wir können versuchen, Stress-Situationen zu reduzieren und uns regelmäßig sportlich zu betätigen. Wir können an einer Umwelt mitarbeiten, in der Mütter ihrem Instinkt folgen können.

Eine Mutter namens Maggie erzählte mir eine Geschichte, die beweist, unter welchem Druck die meisten Mütter stehen, wenn sie mit ihren Kindern in ungewohnten Situationen zurechtkommen müssen. Maggie machte mit ihrer fünf Wochen alten Tochter, die fast ständig an der Brust lag, in Frankreich Urlaub. Die Freunde, bei denen sie wohnten, hatten alle möglichen Ratgeber gelesen, und jedesmal, wenn die französische Mutter ihr Kind stillte, stand der Vater mit der Uhr in der Hand daneben. Die Eltern versuchten gerade, das vier Monate alte Baby abzustillen.

An einem Urlaubstag machten die beiden Männer einen Ausflug, die beiden Mütter verbrachten den ganzen Tag zusammen.

Ohne weiter darauf einzugehen, merkte Maggie, daß ihre Freundin das Baby viel öfter aufnahm, um es zu stillen, und nicht erst wartete, bis es weinte, bevor sie es stillte, wie in den vorangegangenen Tagen. Sie war insgesamt entspannter, und die beiden Frauen konnten sich den ganzen Tag ungestört um die Kinder kümmern. Das Baby war viel zufriedener.

Der Instinkt der französischen Mutter trat zum Vorschein, weil niemand sie unter Druck setzte oder sie zwang, sich nach irgendwelchen «Regeln» zu richten.

Ich bin der festen Überzeugung, daß keine Mutter ihr Kind allein ins Bett stecken würde, wenn nicht irgendwelche Fachleute sie von der Richtigkeit dieses Tuns überzeugt hätten. Allein schlafen zu müssen ist nicht das einzige Problem, dem ein Baby in der heutigen Welt gegenübersteht. Es ist jedoch ein Verlust in der natürlichen Erziehung, den jedermann als normal hinnimmt. Wenn Mütter diese Praxis durchschauen würden, hätten sie einen weiteren Schritt getan, um die Erziehung wieder in die eigenen Hände zu nehmen.

«Das klingt alles sehr schön, aber was ist, wenn ich mein Bett für mich allein haben will, aus welchem Grund auch immer, wenn das Kind aus dem Säuglingsalter herausgewachsen ist? Sicherlich ist es besser, eine Gewohnheit gar nicht erst einreißen zu lassen, die man dann nicht beenden kann?»

*Eine Mutter*

Versuchen Sie es erst einmal. Manche Mütter haben Angst bei der Vorstellung, daß ihr Kind bis ins Kleinkindalter hinein bei ihnen schlafen wird. Sie sollten sich eher Gedanken machen um Langzeitauswirkungen wie Anhänglichkeit und Schüchternheit, Alpträume und irrationale Ängste. Aber wenn ein Kind mit Gewalt dem Bett entwöhnt werden muß, dann muß es eben sein. Besser einige wenige Monate guter Fürsorge, als Mutter und Kind schon in den wichtigen ersten Wochen voneinander zu trennen.

«Wenn man das Baby mit ins Bett nimmt, wird es dann nicht von Zuneigung erdrückt? Wird es durch all die zusätzliche Aufmerksamkeit nicht verwöhnt und ist das Ganze nicht ein Versuch, das Kind länger klein zu halten?»

*Eine Mutter*

Ich will Frances weder künstlich klein halten noch sie ermutigen, zu schnell groß zu werden. Sie schläft bei uns, weil sie es braucht. Ich gebe ihr keine «zusätzliche» Aufmerksamkeit. Wenn sie hinfällt und sich weh tut, warten wir sogar, bis sie zu uns kommt, und heben sie nicht auf. Wir versuchen nie, Dinge für sie zu tun, die sie für sich selbst tun kann.

Frances kommt zu uns, wenn sie unsere Zuwendung braucht. Wir bieten ihr nicht mehr, aber auch nicht weniger. Kinder werden durch Dinge verwöhnt, die man für sie tut, wenn sie wach sind, nicht wenn sie nachts zusammengerollt im Elternbett schlafen.

«Sehr oft gewöhnen sich Babys daran, nur an der Brust einzuschlafen. In diesem Fall haben sie keine Gelegenheit, halbwach oder halb schlafend in ihrem Bett zu liegen, an eine Mahlzeit zurückzudenken und die emotionale Erfahrung zusammen mit der tatsächlichen körperlichen Nahrung zu verdauen. Emotionales Wachstum entsteht aus der Verdauung einer solchen Erfahrung, und damit schließlich die Fähigkeit, für sich allein zurechtzukommen.»
*Daws*, in: Journal of Child Psychotherapy, *1985*

«Allein zu schlafen ist ein wichtiger Teil des Lernens, sich von den Eltern ohne Angst trennen zu können und sich selbst als unabhängiges Wesen zu erfahren. Dieser Prozeß ist wichtig für die frühe psychologische Entwicklung.»
*Ferber*, Solve Your Child's Sleep Problems

«Es ist wichtig, das Baby wieder hinzulegen, wenn es noch wach ist, denn dann hat es Gelegenheit, selbst zur Ruhe zu kommen.»
*Dick und Pritchard*, Pampers First Years of Life, *1988*

Wenn es für ein Baby wichtig *wäre*, allein zu sein, käme es nicht als so hilfloses kleines Wesen zur Welt. Das Gerede von Vertrauen und süßen Träumen klingt gut, aber ein Baby weiß nichts davon, wenn es verlassen in seinem Bettchen liegt. Es starrt durch die Gitterstäbe oder auf ein tanzendes Mobile und weiß, daß seine Mutter nicht bei ihm ist. Einige Babys protestieren gegen diese Situation, indem sie schreien, andere gewöhnen sich resigniert an die stundenlange Einsamkeit. Aber kein Kind entgeht den unausweichlichen psychologischen Auswirkungen, jede Nacht beiseite gelegt zu werden.

Sich an die Trennung zu gewöhnen, ist natürlich wichtig bei der Entwicklung des menschlichen Ichs, aber dieser Vorgang muß von einer Position der Stärke aus erfolgen. Das Kind wird selbständig, wenn es dazu bereit ist, falls es nicht krank oder behindert ist. Aber auch dann ist der Antrieb vorhanden, es wird nur wahrscheinlich etwas länger dauern.

«Das Leben ist hart. Wenn wir unsere Kinder zu sehr verhätscheln, werden sie nicht auf die Realität vorbereitet.»

*Ein Vater*

Je besser unsere Ausgangsposition ist, desto besser kommen wir mit den Dingen, mit denen wir im Leben konfrontiert werden, zurecht. Wenn wir dem Kind gestatten, die Verantwortung für sich selbst zu übernehmen, wenn es dazu bereit ist, wird es sich nicht ständig an die Eltern wenden, damit sie ihm die Verantwortung abnehmen. Es wird mehr Selbstbewußtsein und mehr Selbstvertrauen entwickeln. Die Stärke kommt von innen, nicht aus einer Situation, in die wir hineingedrängt werden.

Einen anderen Einwand lasse ich Dr. Haslam beantworten:

«Es gibt jedoch keinen Beweis dafür, daß sie [die Praxis, das Kind ins elterliche Bett zu nehmen] dem Kind psychischen Schaden zufügt. Gelegentlich wird behauptet, daß nur Paare mit Ehe- und Sexualproblemen ihr Bett mit ihrem Kind teilen. Ein Autor eines Artikels in der Zeitschrift der amerikanischen Medical Association aus dem Jahre 1980 ging sogar so weit zu fordern, daß, da die meisten Kinder in unserer Gesellschaft nicht mit ihren Eltern zusammen schlafen, die Ärzte die wirklich zugrunde liegenden Motive der Eltern, welchen Bedürfnissen diese Anordnung diene, erforschen sollten.
Zum Glück schrieb ein paar Wochen später in derselben Zeitschrift ein Kinderarzt einen Artikel, der dieser Auffassung deutlich widersprach... [bei einer] Studie aus dem Jahre 1982 aus Schweden... zeigte sich kein Anwachsen der Scheidungsrate bei Familien, in denen die Eltern das Bett mit ihren vier- bis achtjährigen Kindern teilten. Sie kamen zu dem Schluß: ‹Die Gewohnheit ist viel zu weit verbreitet, als daß sie als Zeichen für einen Trennungsprozeß der Eltern gewertet werden kann.›»

*Haslam*, Schlaflose Kinder – unruhige Nächte

Im Gegenteil, Babys bringen Menschen näher zusammen.

«Eine weitere Reaktion, die bedacht werden muß, ist die Eifersucht unter Geschwistern. Es ist schon schwer genug, die Ankunft des neuen Babys zu akzeptieren, ohne es auch noch im Bett der Eltern zu entdecken. Möglicherweise muß man also das Baby frühmorgens in sein eigenes Bett legen, damit das ältere Kind nichts merkt. Eine andere Möglichkeit wäre, sich auf die Invasion des anderen Kindes oder mehrerer Kinder vorzubereiten und schließlich gemeinsam in einem echten ‹Familienbett› zusammenzuschlafen.

*Asher*, Silent Nights

Die Rivalität unter Geschwistern, von Freud zum erstenmal beschrieben, ist eine der großen Themen des 20. Jahrhunderts. Es gilt als normal, daß das ältere Kind bei der Ankunft des neuen Geschwisterchens eifersüchtig wird. Aber, wie Jean Liedloff erklärt: «Freud kannte keine Menschen, die nicht unter Deprivation litten.»

«Wenn er die Gelegenheit gehabt hätte, die Yequana kennenzulernen, hätte er festgestellt, daß die Vorstellung von Wettkampf und Gewinn als Selbstzweck ihnen unbekannt ist. Man kann sie daher nicht als wesentlichen Teil der menschlichen Persönlichkeit bezeichnen. Wenn ein Baby all seine notwendigen Erfahrungen in den Armen der Mutter gemacht hat und sich freiwillig von ihr löst, macht es ihm keine Schwierigkeiten, die Ankunft eines neuen Babys an der Stelle, die es freiwillig verlassen hat, willkommen zu heißen.»

*Liedloff*, Auf der Suche nach dem verlorenen Glück

Der Vorschlag, das Baby frühmorgens in sein eigenes Bettchen zu legen, damit sich der ältere Bruder oder die Schwester nicht benachteiligt fühlt, ist einfach lächerlich. Natürlich braucht der Säugling mehr Körperkontakt als das ältere Kind. Soll man etwa das zweite Kind nicht stillen, für den Fall, daß dies das erste stören würde? Es ist für ein Kleinkind viel gesünder zu sehen, wie seine Eltern mit anderen Menschen schmusen, statt sich nur um das ältere Kind zu kümmern. Warum kann man nicht einfach die älteren Kinder morgens ebenfalls ins Bett der Eltern lassen und sie ermutigen, nachts im eigenen Bett zu schlafen, wenn sie alt genug dazu sind?

«Mein zweijähriger Sohn ist viel zu ungezogen, als daß man so mit ihm umgehen könnte. Er hört einfach nicht auf mich, und wenn ich ihn mit in unser Bett nähme, würde er sich nur drehen und wenden und uns alle wachhalten.»

*Ein Vater*

Das «ungezogene» Kleinkind ist nichts anderes als eine ältere Version des schreienden Babys. Es hat gelernt, daß es Aufmerksamkeit erregt und seine Mutter sich besonders um es kümmert, wenn es gegen die Regeln verstößt. Wutanfälle und wiederholtes, ungezogenes Verhalten sind Zeichen für seelisches Leid. Diejenigen, die sich um das Kind kümmern, mischen sich zu sehr in seine Belange ein, aber es bekommt nicht genug von dem, was es wirklich braucht. Ein Kind kann dies nicht intellektuell begreifen, aber es weiß, was es tun muß, um durch Protest Aufmerksamkeit zu erregen.

Wenn wir erwarten, daß unsere Kinder ungezogen sind, wird diese Erwartung auch erfüllt. Wenn wir sagen: «Du bekommst was auf den Hintern, wenn du dort auf den Baum kletterst», dann wird das abenteuerhungrige Kind aller Wahrscheinlichkeit nach genau das tun, um unsere Behauptung zu überprüfen. Es erhält keine Gelegenheit, seine Welt selbst zu erforschen. Statt dessen bekommt es durch seinen Ungehorsam die perverse Befriedigung einer Auseinandersetzung mit den Eltern.

Wenn Sie das Kind statt dessen in ihrem Bett willkommen heißen, wird es überrascht sein. Es wird dann als soziales Wesen behandelt und hätte damit eine Chance, sich auch als solches zu verhalten. Vielleicht wehrt es sich zuerst dagegen, aber mit etwas Geduld und einem breiten Bett wird es wahrscheinlich innerhalb weniger Wochen ruhiger:

> «...Schlafprobleme, denen man in der Kindererziehung begegnet, räumt man wahrscheinlich am besten aus dem Weg, indem man das Bett mit dem Kind teilt. Zum gegenwärtigen Zeitpunkt jedoch, da Inzest in den Schlagzeilen erwähnt wird, scheint es absurd, dies auch nur zu erwähnen.»
>
> *Conder,* in: Midwife, Health Visitor and Community Nurse, *April 1988*

Dieser Einwand wurde bereits in Kapitel acht erwähnt (aber bitte nicht vor den Kindern), und man sollte auf ihn eingehen. Untersuchungen haben gezeigt, daß fehlender Körperkontakt in der Kindheit zu einem höheren Grad von Gewalttätigkeit im Erwachsenenalter führt. Und bei Menschen, die die Freude und Entspannung nicht kennen, die man durch unschuldige Berührungen erlangen kann, entsteht auch sexuelle Frustration.

Berühren Sie Ihre Kinder, schmusen Sie mit ihnen, soviel Sie wollen. So lernen sie, keine Angst und keine Schuldgefühle oder Komplexe wegen ihres Körpers haben zu müssen. Ein Kind sollte seine Bedürfnisse offen äußern dürfen. Das Kind, das in der Kindheit nicht genug Körperkontakt erleben durfte, wird zum verzweifelten Erwachsenen, der nicht zwischen normaler und ungehöriger Intimität unterscheiden kann. Das Kind, das in den ersten Jahren genug menschlichen Kontakt hatte, wird dagegen als Erwachsener die eigenen Kinder nicht mißbrauchen.

Es ist wichtig, daß wir den uralten Hunger nach körperlichem Kontakt erfüllen, denn sonst würden unsere Kinder im Glauben aufwachsen, daß Sinnlichkeit nur mit Sexualität gleichzusetzen ist. Das hieße, den Mißbrauch von Kindern noch weiter zu verbreiten, als es bereits heute der Fall ist.

> «Wahrscheinlich gibt es nur wenige Mütter, die nicht irgendwann einmal das Bedürfnis hatten, ihr Kind zu schlagen, auch wenn sie es normalerweise intensiv lieben.»
>
> *McConville*, Mad to be a Mother

Aus den Medien kennen wir viele Warnungen über Depressionen von Müttern nach der Geburt und über die gemischten Gefühle, die sie ihren Kindern gegenüber haben. Auch ich hatte erwartet, daß ich meinem Baby gegenüber gemischte Gefühle haben und diese «Zerreißgrenze», von der ich soviel gehört hatte, erreichen würde. Aber bei all meinen Gefühlen, die ich Frances gegenüber hatte, kam es mir nie in den Sinn, sie schlagen zu wollen. Wie viele Frauen in anderen Kulturen kannte ich meinem Kind gegenüber einfach keine negativen Gefühle. Ich führe dies darauf zurück, daß wir ständig zusammen waren.

In einer Untersuchung war zu lesen, daß achtundsechzig Prozent der Kinder mit Schlafproblemen einen Teil der Nacht im Bett ihrer Eltern verbringen.[5] Die Wissenschaftler meinten dazu, daß «die Mütter von Kindern mit Schlafproblemen am besten als ambivalent beschrieben werden können, d. h. sie sind dem Baby gegenüber positiv eingestellt, drücken aber auch Unwillen und Schmerz aus.» Sie kamen zu dem Schluß, daß es für die ambivalente Mutter gut sei, ihr Baby zu sich ins Bett zu nehmen:

> «Wenn Kinder bei ihren Eltern schlafen, mag dies eine Reaktion auf das Schlafproblem des Kindes sein und/oder das Bewußtsein der Mutter, daß sie sich emotional zum Teil von ihrem Kind zurückzieht. Gemeinsam in einem Bett zu schlafen mag eine Möglichkeit für die ambivalente, gestresste Mutter sein, ihrem Kind gegenüber ihre positiven Gefühle und gleichzeitig ihre eigene Bedürftigkeit auszudrücken.»
>
> *Lozoff, Wolf und Davis*, in: Pediatrics, *März 1985*

Wenn man einen Menschen im Arm hält, ist es sehr schwer, diesen Menschen zu schlagen oder überhaupt das Bedürfnis danach zu verspüren. Das zu tun, was im Interesse des Babys liegt, liegt also auch ganz im eigenen Interesse.

**Kapitel 12**
# Ein Vorschlag in aller Bescheidenheit

«Ich wurde vor mehr als 30 Jahren zur Säuglingsschwester ausgebildet, und während dieser Zeit fiel mir eine Broschüre mit dem Titel ‹Das Baby, das sich nicht nach den Regeln richtet› in die Hand. Ich schätzte dieses Heft, denn sehr häufig hatte ich das Gefühl, daß der Verfasser und ich die einzigen Menschen waren, die die Ansicht vertraten, daß man kleine Kinder mit Respekt, Flexibilität und Liebe behandeln sollte. Dies wurde besonders wichtig für mich, als ich sehr zu meinem Leidwesen in einem Heim arbeitete, in dem Sauberkeit, Ordnung und die Ausrichtung der Räder an den Kinderbetten von größter Bedeutung waren.»

*Fisher*, in: Oxford Medical School Gazette, *1982*

Heute, gegen Ende des 20. Jahrhunderts, tritt das Erziehungsmanagement in eine neue Phase ein. Die Fachleute sind besser ausgerüstet als je zuvor und können mit größter Genauigkeit und Effizienz arbeiten. Brutkasten und Tropf, Überwachungsgerät und Waage retten zusammen mit den neuesten Operationstechniken das Leben von Babys und messen ihren Fortschritt. In den letzten zwanzig Jahren wurden viele echte Fortschritte erzielt.

Für die Mutter wird die Fürsorge für das Kind zu Hause durch praktische Fertignahrung und Wegwerfwindeln im Vergleich zu früher sehr erleichtert. Dennoch scheint ihre Aufgabe nicht einfacher zu werden. Statt mehr Vertrauen zu sich zu gewinnen, verliert die Mutter die Kontrolle. Von dem Augenblick an, wenn sie sich zur Geburt im Krankenhaus anmeldet, wird sie Teil der westlichen Erziehungsmaschinerie. Wenn sie das Baby mit nach Hause nimmt, um selbst die Sorge für das Kind zu übernehmen, ist der erste Eindruck von Mutterschaft wahrscheinlich schon getrübt.

Wenn man dieselbe Frau zwei Monate später sieht, wie sie ihr Baby im Kinderwagen spazierenfährt, ist sie bereits von der «korrekten» Art und Weise der Kindererziehung völlig überwältigt. Sie zählt die Mahlzeiten, vergleicht das Gewicht des Kindes mit einer Tabelle und fürchtet schon die nächste Mahlzeit, weil sein Kiefer ihren wunden Brustwarzen weh tut. Sie beneidet alle Menschen um sich herum, denn diese haben wahrscheinlich in den letzten vierzehn Tagen gut geschlafen. Sie fragt sich, ob sie gegen Ende des Jahres eine zweite Schwangerschaft auf sich nehmen sollte, um die Sache hinter sich zu bringen – oder ist nicht ein Kind schon genug?

Vielleicht dauert es noch achtzehn Monate, bis sich die Frau bewußt wird, daß das Baby eigentlich die ganze Nacht über bei ihr schlafen will. Aber auch dann läßt sie es wahrscheinlich nicht zu – und wenn, dann kommt es zu einer schuldbeladenen Begegnung um Mitternacht: «Na gut, komm schon rein.» Sie bemüht sich, eine gute Mutter zu sein, weiß aber nicht, wie sie es anstellen soll.

Zwei Geschichten, eine aus Thailand und eine aus London, illustrieren die immer größer werdende Machtlosigkeit der Mutter in der industrialisierten Welt.

Mike Woolridge, Ernährungsphysiologe in der Abteilung für kindliche Gesundheit an der Universität von Bristol, besuchte den Norden Thailands, um zu untersuchen, welche Auswirkungen das Stillen auf junge Mütter hat. Die Vorgehensweise im Suan Dok Hospital in Chiang Mai basierte auf amerikanischen Praktiken, die etwa fünfzehn Jahre alt waren. Die Babys wurden gleich nach der Geburt von der Mutter getrennt und erst nach vierundzwanzig bis sechsunddreißig Stunden wieder zu ihnen gebracht.

Der Grund dafür war der angeblich oft schlechte Gesundheitszustand der Mütter bei der Einweisung ins Krankenhaus. Aber wenn die Mütter schließlich ihre Kinder bei sich haben durften, wurden keine bestimmten Regeln durchgesetzt:

«...Stillen nach Bedarf wurde allgemein praktiziert, und wenn man der Mutter das Baby gegeben hatte, blieb es Tag und Nacht bei ihr.»
*Woolridge u. a.*, in: Early Human Development, *1985*

Ost und West begegnen einander. Obwohl die amerikanischen Ärzte dem Neugeborenen mit klinischer Vorsicht begegneten, wußten die Thai-Mütter instinktiv, was ihre Kinder brauchten. Sobald sie mit ihnen in einem Bett schlafen durften, taten sie es.

Seitdem hat sich die vorgeburtliche Fürsorge in Thailand verbessert und die Mütter sind gesünder, aber das Krankenhaus hat die Trennung von Mutter und Kind nicht aufgegeben. Mütter in Suan Dok und in vielen anderen Krankenhäusern auf der ganzen Welt dürfen ihre Kinder nach der Geburt einen Tag lang oder länger nicht sehen.

Im Juli 1988 wurde die Kinderärztin Pauline Bousquet von den St. Bartholomew's-Krankenhäusern in London vom Dienst suspendiert, weil sie sich weigerte, routinemäßig bei Geburten einzugreifen, um eine Geburt einzuleiten, und statt der ständigen elektronischen Überwachung des Kindes diese Maßnahmen lieber auf Risikofälle begrenzt wissen wollte. In einem Brief an die Regionalverwaltung, in dem Frau Bousquets Verhalten beschrieben wurde, hieß es:

«…es gibt keine Aussagen, daß sie fahrlässig gehandelt habe, ganz im Gegenteil. Ihre hingebungsvolle Fürsorge ist altmodisch und unpassend.»

The Sunday Times, *10. Juli 1988*

Hingebungsvolle Fürsorge ist altmodisch. Bevorzugt wird «die Maschine, die ‹ping!› macht».[1] Es ist eigentlich lächerlich, daß in unserer hochtechnologischen Zeit eine Mutter mit einer Liste von Regeln abgespeist wird, die in die viktorianische Zeit zurückreichen. Aus dieser Zeit stammt auch die Tabuisierung des Familienbetts. In den vergangenen hundert Jahren hat sich jedoch kein positives Argument für das Kinderbett ergeben.

Jetzt ist es an der Zeit, unsere Standpunkte zu überdenken. Wir wissen, was Babys brauchen und wie wir ihre Bedürfnisse erfüllen können. Die Fachleute sollten sich zurückhalten und der Mutter die Entscheidung überlassen. Es ist von allergrößter Bedeutung, daß die Ärzte und Schwestern die Geräte, die ihnen zur Verfügung stehen, nach ihrem besten Wissen einsetzen, aber sie sollten nicht mehr Vertrauen in das medizinische Gerät haben als in die Frau, die sie vor sich haben. Sonst steht ein Computerausdruck an erster Stelle und die Bedürfnisse des Babys an letzter.

Jedes Kind ist anders, aber seine Bedürfnisse sind universal. Alles, was es braucht, ist mütterliche Fürsorge in der ausreichenden Menge von Anfang an, damit es in Sicherheit groß wird und für sich selbst die Verantwortung übernehmen kann. Dies ist das einzige Rezept, das ein Arzt Mutter und Kind geben muß.

Mein Vorschlag in aller Bescheidenheit sieht so aus: Die Krankenhäuser sollten die junge Mutter unterstützen, indem man ihr von Anfang an gewährt, mit dem Baby in einem Bett zusammen zu schlafen. Die Betten auf den Entbindungsstationen sollten niedrig und breit sein statt hoch und schmal. Väter sollten jederzeit Zutritt haben und auch im Krankenhaus übernachten dürfen, wenn genug Platz vorhanden ist. Frühgeborene Babys sollten von den Müttern herumgetragen werden, sobald sie außerhalb des Brutkastens überleben können.

Kurse für Mütter sollten das Vertrauen in die eigenen Fähigkeiten aufbauen. Ratschläge sind nur dann erforderlich, wenn ausdrücklich danach verlangt wird. Die Mütter sollten üben, wie man Tragesitze trägt und umbindet. Modezeitschriften sollten einmal darüber berichten, wie toll es ist, das Baby auf der Hüfte mit sich herumzutragen. Wissenschaftler sollten untersuchen, wie wertvoll der Schlaf im gemeinsamen Bett ist, statt darüber zu diskutieren, wie ein Baby in seinem Bett zu liegen hat.

Bei den Vorsorgeuntersuchungen nach der Geburt sollte die Gewichtszunahme des Babys in den ersten Wochen weniger Beachtung finden und statt dessen die Beziehung zwischen Mutter und Kind im Mittelpunkt stehen. Mütter sollten sich zum Gedankenaustausch treffen, ohne daß Fachleute zugegen sind. Stillende Mütter sollten sich lockersitzende Pullover kaufen und ihr Kind jederzeit und überall stillen.

Wenn ein Baby ins Krankenhaus eingewiesen werden muß, sollten Vater oder Mutter es begleiten und bei ihm bleiben. Falls dies nicht möglich ist, sollte eine Schwester, die es im Arm halten und es umsorgen kann, für das Kind zuständig sein. In keiner Einrichtung sollte es gestattet sein, ein Baby allein in seinem Bettchen schreien zu lassen.

Wenn eine Mutter nachts mit ihrem Baby schlafen will, sollte niemand versuchen, sie daran zu hindern. Wenn sie das Baby mit zu sich ins Bett nimmt, werden vielleicht nicht all ihre Probleme gelöst, aber es ist möglicherweise die eine Sache, die sie nach einem langen Arbeitstag tun kann. Es ist die einzige Zuwendung, die das Kind nachts braucht.

Unsere Gesellschaft ist nicht die erste, in der Mutter und Baby nach der Geburt getrennt werden. Wir sind nicht die ersten, die Kinder nachts im Bett nicht willkommen heißen, aber vielleicht werden wir die ersten sein, die ihre Einstellung ändern.

# Anhang

## Ganz im Vertrauen

Eine Sache wunderte mich bei meinen Interviews besonders: Die wenigsten Eltern wußten, wie andere Eltern sich verhielten. Die meisten waren überrascht, als sie hörten, daß in Tausenden von Familien das Baby im Elternbett schäft, zwar nicht ständig, aber zumindest gelegentlich. In einer Untersuchung[1] hieß es, daß nur achtzehn Prozent der Familien, in denen dies die übliche Praxis war, dies vor ihrem Arzt zugaben. Es wäre an der Zeit, daß sich alle dazu bekennen.

In diesem Kapitel sind die Erfahrungen von Eltern aufgeführt, die mit ihrem Baby zusammen in einem Bett geschlafen haben oder es zur Zeit noch tun. Bei den Methoden gibt es so viele Variationen, wie es Familien gibt, und auch einige berühmte Namen finden sich auf der Liste.

Ich habe auch zwei Berichte von den unterschiedlichen Methoden zweier Frauen beim Stillen aufgeführt. Sie haben Auswirkungen auf den Prozeß der Trennung von Mutter und Kind und auf das nächtliche Füttern. Beginnen wir mit diesen Berichten:

Joy HENDERSON aus Dumfries schrieb als Antwort auf einen Artikel von Isabella Walker über die Schwierigkeiten beim Stillen folgenden Brief an den *Independent* (2. August 1988).

Im Gegensatz zu anderen Lesern, die vor allem Ratschläge gaben, wie man die Brustwarzen auf den harten kindlichen Kiefer vorbereiten sollte, konzentrierte sich Joy auf die Beziehung zwischen Mutter und Baby und darauf, wie ungeheuer wichtig es für beide sei, zusammen allein zu sein:

«...das Stillen ist ein instinktiver Vorgang, und es kann eine einfache und vergnügliche Sache sein. Durch die destruktive ‹Hilfe› und die Ratschläge medizinischer Fachleute kann es jedoch für eine Mutter schwierig und sogar unmöglich werden.

Ich habe recht große Erfahrung im Stillen, da ich meine drei Kinder alle auf diese Weise ernährt und sie bis zu ihrem ersten Geburtstag gestillt habe. In dieser Zeit habe ich durch eigene

Erfahrung und durch die Beobachtung anderer Mütter viel gelernt. Der wichtigste Faktor bei den Stillschwierigkeiten ist meiner Meinung nach, daß die Mutter in den wichtigen ersten Wochen nach der Geburt des Kindes sehr verletzlich ist. Im Krankenhaus eilen überarbeitete Schwestern, Hebammen und Ärzte ins Zimmer, deren Hauptanliegen es ist, die Mutter auf ihrer Liste abzuhaken und sich der nächsten zuzuwenden.

Wahrscheinlich hat Isabella Walker genau wie ich Erfahrungen mit einer Lernschwester gemacht, die keine eigenen Kinder hatte und den Kopf des Babys mit der einen, die Brustwarze der Mutter mit der anderen Hand packte (schon das empfand ich als peinliches Eindringen in meine Privatsphäre, das Spannungen bei mir hervorrief), um beide mit roher Gewalt zusammenzubringen, ganz so, als ob sie einen neuen Brausekopf an die Dusche schrauben wollte. Wenn Mütter diese erniedrigende und nutzlose Prozedur zwei Tage lang über sich ergehen lassen (und das sechs- bis siebenmal pro Tag), ist es kaum verwunderlich, daß so viele aufgeben...

In dieser schwierigen Zeit hormoneller Umstellungen und verwirrender neuer Erfahrungen werden Frauen also in einen Zustand kindlicher Abhängigkeit gezwungen und verlieren jegliches Vertrauen in die eigenen Fähigkeiten.

Es reicht dann schon, wenn die bevormundenden Kräfte unter den Medizinern erklären, daß das Stillen eine schwierige Sache sei, die erlernt werden müsse. Das Baby muß in einem bestimmten Winkel an die Brust gehalten werden, die Mutter muß genau aufschreiben, wieviel Zeit das Baby an jeder ‹Seite› verbracht hat. Ich frage mich, wie unsere Vorfahren ohne diese Notizen und dieses sorgfältig erforschte Wissen zurechtgekommen sind.

Das einzige, was man braucht, um erfolgreich stillen zu können, ist Ruhe, Entspannung, das Vertrauen in die eigenen Fähigkeiten und Schutz vor Ratschlägen und Einmischungen...

Von den traditionellen und moderneren Märchen über Anlegewinkel, richtige Haltungsweise des Babys, darüber, wie weit es die Brustwarze in den Mund nehmen sollte usw., ist kein einziges hilfreich – sie erhöhen nur das Gefühl, daß das Ganze äußerst schwierig und kaum zu meistern sei. Bei meinem ersten Baby befolgte ich in den ersten Wochen den Rat der Hebamme – den ich auch bei Penelope Leach gelesen hatte –, die dazu riet, die Nase des Babys beim Stillen freizuhalten, damit es nicht ersticken würde.

Nachdem ich mehrmals mit dem Baby neben mir im Bett eingeschlafen war, merkte ich, daß dies völlig unnötig war. Die Natur des Brustgewebes und die Form der kindlichen Nase sorgen dafür, daß das Baby immer genug Luft bekommt. Und selbst wenn dem nicht so wäre, weiß man, daß ein Baby, das keine Luft bekommt, aufhört zu saugen, um durch den Mund Luft zu holen. Diese kleine Vorschrift macht das Leben der Mutter nur unnötig kompliziert und gibt ihr Schuldgefühle, wenn sie die Regeln nicht befolgt.»

Angela MORRISON aus Bristol machte nachts ihre eigenen Erfahrungen, obwohl dies bedeutete, daß sie das Baby *nicht* in ihr Bett ließ. Sie befolgte die Ratschläge von Mabel Liddiard, die in den zwanziger Jahren dazu geführt hatten, daß viele Frauen in Großbritannien das Stillen in der Nacht aufgaben. Angelas Artikel beschreibt die mit Schreien angefüllten Nächte, bevor das Baby lernt, daß seine Bedürfnisse nicht erfüllt werden. Harry wurde schließlich dazu erzogen, «durchzuschlafen»:

«Ich habe mich schon immer für Themen, die mit der Geburt zusammenhingen, interessiert, und irgendwann einmal legte ich mir das Buch *The Mothercraft Manual* zu. Als ich mit 33 Jahren mit Harry schwanger war und schon einige Erfahrungen mit den Babys anderer gemacht hatte, schaute ich in diesem Buch nach, was die Autorin Mabel Liddiard über das Stillen zu sagen hatte. Das Buch wurde zum erstenmal 1923 veröffentlicht, in einer Zeit, als die meisten Frauen der Arbeiterklasse ihre Kinder mit der Flasche nährten, damit sie wieder ihrem Beruf nachgehen konnten – oft nach einer kurzen Pause von nur zehn Tagen. Mit ihrer Methode wollte sie regelmäßige Stillzeiten einführen, damit diese Frauen ihr Kind stillen und dennoch ihren Lebensunterhalt verdienen konnten. Bei ihrem Zeitplan gab es fünf Mahlzeiten pro Tag im Abstand von vier Stunden und eine nächtliche Pause von acht Stunden. Auf diese Weise bekommen Baby und Mutter (auch der Vater) etwas Ruhe, die Verdauung des Babys macht eine Pause und die Brust der Mutter kann neue Milch produzieren. Dies klang für mich sehr vernünftig, und ich beschloß, es zu versuchen.

Alles nahm bei mir einen guten Anfang, da die Entbindung zu Hause schnell und ohne Komplikationen verlief. Das Baby schien nicht zu sehr daran interessiert zu sein, zu saugen, und ich hatte das Zutrauen zu mir (den Eigensinn!), meinen Willen durchzusetzen. Ich hatte gemerkt, daß in den meisten Familien das Baby nächtelang schrie, wenn man versuchte, die nächtlichen Mahlzeiten aufzugeben, und ich dachte mir: ‹Warum nicht gleich jetzt, wo das Baby noch klein ist und nicht weiß, was ihm entgeht, statt zu warten, bis es seinen eigenen Willen entwickelt?› Ich wollte die lange Pause auf die Zeit zwischen Mitternacht und acht Uhr morgens verlegen, da wir immer ziemlich spät ins Bett gehen. Nachdem die Milch bei mir eingeschossen war, erhielt Harry sein eigenes Zimmer, wo ich ihn tagsüber im Abstand von vier Stunden stillte. Ich weckte ihn für seine letzte Mahlzeit immer um Mitternacht und legte ihn dann gegen halb eins wieder hin. Während der ersten sieben Wochen wachten wir in vier von fünf Nächten morgens um fünf Uhr wieder auf. Ich wendete alle möglichen Tricks an, wenn er schrie, aber ich stillte ihn nie vor sieben Uhr morgens. Meistens konnte ich ihn wieder in den Schlaf wiegen, und während der letzten beiden Wochen, bevor er durchschlief, mußte er nur auf den Bauch gedreht werden. Es gab ein paar Nächte, in denen er eine Stunde lang in meinem Arm weinte und ein paar, in denen ich einfach darauf wartete, daß er sich in den Schlaf weinte.

Wenn dies für manche grausam klingt, kann ich nur entgegenhalten, daß es den Versuch wert war. Er ist jetzt sechs Monate alt und wacht selten vor neun Uhr morgens auf. Er lutscht am Daumen, wenn er Trost braucht, und läßt sich leicht ins Bett bringen. Er wird immer noch voll gestillt und erhält fünf Mahlzeiten im Abstand von drei bis vier Stunden. Wir alle genießen unsere Nächte, die nicht durch Geschrei unterbrochen werden, und ich habe Probleme wie Milchstau oder nicht ausreichende Milch nie gekannt.»

Der Zoologe und Anthropologe Desmond MORRIS nahm sich nicht nur den Menschen zum Vorbild, als er vor zwanzig Jahren über seine eigenen Erziehungsmethoden entscheiden mußte. Er beobachtete die Schlafgewohnheiten von Schimpansen und Gorillas und ließ sich von ihren Praktiken, wie sie mit ihren Kindern nachts Kontakt hielten, anregen. Die Familie Morris nahm ihren Sohn Jason nicht mit zu sich ins Bett, sondern stellte das Kinderbett für längere Zeit einfach daneben. Vater oder Mutter ließen dann nachts einen Arm aus dem Bett baumeln, wenn das Kind

Trost brauchte. Schließlich zog Jason selbst in sein eigenes Zimmer um, ohne daß seine Eltern darum bitten mußten:

«Gorillas und Schimpansen sind Nomaden. Sie benutzen nicht ständig dieselbe Lagerstätte – dies hat mit der Hygiene zu tun. Gegen Ende des Tages nehmen sie ein Gras- oder Strohbüschel und bauen sich eine Art Nest daraus, die Schimpansen auf den Bäumen und die Gorillas am Boden. Ich bemerkte, daß der Nachwuchs am Anfang das Bett der Mutter teilt. Wenn sie älter werden, machen sie sich zu einem bestimmten Zeitpunkt ein eigenes Bett in einiger Entfernung zur Mutter. Das Junge trifft diese Entscheidung selbst, was ihm ein Gefühl von Sicherheit gibt.

In den Menschenfamilien stellte ich fest, daß Kleinkinder nicht gern in einem eigenen Zimmer schlafen. Sie erheben recht lautstark Protest dagegen, auf diese Weise isoliert zu werden. Ich begann unsere Praxis, die Kinder nachts von den Eltern zu trennen, grundlegend in Frage zu stellen. Während einer Million von Jahren, als die ersten Menschen sich ihre Nester bauten, war dies wahrscheinlich nicht üblich gewesen.

Für Neugeborene scheint es von Vorteil, wenn sie in der Nähe der Mutter sind. Statt sich im Zimmer nebenan die Seele aus dem Leib schreien zu müssen, kann das Kind getröstet werden, indem man nur die Hand ausstreckt. Dieser Anfangskontakt und diese Intimität sind sehr wichtig.

Jason traf die Entscheidung, aus unserem Zimmer auszuziehen, von ganz allein. Ich weiß nicht mehr, wie lange er bei uns geschlafen hat. Auf jeden Fall sehr viel länger, als es sonst in Familien üblich ist.

Jetzt ist er siebzehn Jahre alt, und er hat meines Wissens nie die Schlafprobleme gehabt, die bei vielen Kindern auftreten. Er kann überall schlafen – ich habe dies selbst beobachtet, denn er ist zweimal mit mir um die Welt gereist. Ich habe nie bemerkt, daß er irgendwelche Anzeichen von Nachtängsten hatte oder irrationale Ängste vor der Dunkelheit oder einem Schlafplatz. Er hat keine Alpträume.

In einer späteren Phase haben Kinder Angst davor, allein zu schlafen. Ich frage mich, wie sehr dies durch eine zu frühe Trennung nachts verursacht wird. Dies mag im späteren Leben der Grund für schlechte Träume, Schlaflosigkeit und Angst vor der Dunkelheit sein.

Es bereitet mir Sorgen, daß wir immer alles besser zu wissen scheinen als das Kind. Es ist wie der allgemein übliche Klaps auf den Po, um das Baby zum Atmen zu bringen – Dinge, die in der medizinischen Praxis verewigt wurden. Wenn man das Baby in Ruhe läßt, beginnt es von ganz allein zu atmen. Bereits vom Augenblick der Geburt an treiben wir das Kind zum nächsten Schritt an.»

Die Kinderpsychotherapeutin Janine STERNBERG aus London entdeckte das Familienbett für ihr drittes Kind Sarah. Sie stillte all ihre Kinder im Bett, merkte aber, daß sie hinterher leicht wieder aufwachten, wenn sie sie wieder ins Kinderbett legte. Ich sprach mit Janine, als ihr drittes Baby ein paar Wochen alt war:
«Ich schlief in der ersten Nacht zusammen mit Sarah. Glücklicherweise wurde sie kurz nach Mittag geboren, so daß ich nach sechs Stunden aus dem Krankenhaus entlassen werden konnte. Um sechs Uhr abends waren wir wieder zu Hause. Es war sehr schön: Mike hatte die älteren Kinder abgeholt, so daß wir alle gemeinsam zu Hause ankamen. Ich legte mich gleich mit Sarah ins Bett.

Wenn man so will, hatte ich eine Entschuldigung: Daniel, der fünf Jahre alt ist, hatte die Wiege, in der die anderen geschlafen hatten, kaputtgemacht, als ich zu Sarahs Geburt im Krankenhaus war. Obwohl wir die Wiege provisorisch wieder reparierten, sagte ich: ‹O nein, es ist viel zu gefährlich, das Baby da hineinzulegen.› Das stimmte nicht – ich wollte nicht, daß sie dort schlief, und damit war die Sache erledigt!

Sie wacht nachts nicht sehr häufig auf. Ich komme ihr zuvor, denn das ist ja eigentlich der Zweck der Übung. Ich höre, wie sie schnauft und unruhig wird, bevor sie richtig losweint. Wenn sie sehr unruhig ist, lege ich sie an, und sie schläft nach zehn Minuten wieder ein. Häufig trinkt sie nachts nur an einer Brust. Sie scheint nicht immer beide Seiten zu brauchen.

Vielleicht sehe ich es falsch, aber es scheint mir, daß sie körperlich noch nicht so weit ist, allein die Brust zu finden. Aber sie kann einschlafen, und wenn ich in der richtigen Position liege, kann ich beim Stillen auch wieder einschlafen.

Ich würde die Auswirkungen, die das Familienbett auf ein Kind hat, nicht von allen anderen Faktoren isolieren. Denn schließlich könnte man ja nachts zusammen in einem Bett schlafen und das Kind tagsüber vernachlässigen. Doch wäre ein solches Verhalten sehr unwahrscheinlich. Im Grunde geht es darum, schnell auf die emotionalen Bedürfnisse des Babys zu reagieren.

Wenn ein Baby das bekommt, was es braucht, wenn es danach verlangt, wird es auch als Erwachsener nicht danach suchen. Wenn man seine Bedürfnisse jedoch nicht erfüllt, wird es nicht die Kraft haben, weiter zu forschen. Individualität braucht eine starke Grundlage.

Vielleicht wächst ein Kind mit einem starken Bedürfnis nach körperlicher Zuwendung auf, aber dagegen hat ja niemand etwas.»

Miriam STOPPARD, die Expertin in Erziehungsfragen, schreibt in dem *Großen Ravensburger Babybuch,* sie sei dafür, Kinder mit ins Bett zu nehmen. Aber wie viele andere Eltern in der industrialisierten Welt war sie selbst mit strengen Vorstellungen von abendlichen Ritualen aufgewachsen und hatte viele andere Strategien ausprobiert, bevor sie ihre Kinder mit ins elterliche Bett nahm. Das bedeutete, daß sie und ihr Mann Tom Jahre damit verbrachten, am Kinderbett zu wachen, um die Babys zum Schlafen zu überreden.

«Da ich selbst gleich zwei schlaflose Kinder hatte, empfinde ich mit diesen Eltern großes Mitgefühl. Mein Jüngster hat sich zusätzlich regelmäßig übergeben, wenn wir nicht innerhalb einer Minute bei ihm waren. Mein Mann oder ich haben sechs Jahre lang keine einzige Nacht durchgeschlafen. Manchmal wankten wir tagsüber vor Müdigkeit.

Irgendwann entschlossen wir uns, alles zu unternehmen, um wenigstens ab und zu eine Nacht durchzuschlafen. Ich war noch nie der Meinung, daß es den Eltern oder dem Kind schaden könnte, wenn die Eltern es mit in ihr Bett nehmen...

Wenn das Kind also nach einer Viertelstunde nicht wieder eingeschlafen war, nahmen wir es ins eigene Bett. Es schlief garantiert ein.»

Wenn die Schlafenszeit kam, gab es täglich Tränen in der Familie von Wendy GOODWIN, die in Manchester lebt. Ihre Geschichte zeigt die Kämpfe, die viele Eltern durchstehen müssen, wenn sie ihre Babys dazu «erziehen», bestimmte Schlafenszeiten einzuhalten. Wendy wurde schließlich auf nationaler Ebene zum Koordinator von CRY-SIS, einer Hilfsorganisation für Familien mit schreienden Babys. Auf der CRY-SIS-Konferenz von 1988 berichtete sie zum Thema «Schlafprobleme von Kindern» von ihren eigenen Erfahrungen:

«Bereits als Lucy vor siebeneinhalb Jahren auf die Welt kam, begannen die Schwierigkeiten. Es war eine schwierige Zangengeburt, sie schrie vom ersten Tag an ständig und schlief nur ab und zu für eine halbe Stunde.

Es wurde immer schlimmer, und als sie sechs Wochen alt war, sagte man uns, daß sie Koliken habe. Schlimmer noch – es gab nichts, was wir tun konnten, und es würde dauern, bis sie drei Monate alt sei. Während der nächsten beiden Monate schrie Lucy etwa achtzehn Stunden am Tag und schlief immer nur für sehr kurze Zeit.

Mein Mann und ich wechselten uns mit den Nachtwachen ab – es war die einzige Möglichkeit, überhaupt etwas Schlaf zu bekommen. Wir fühlten uns fürchterlich – schuldig, verwirrt, enttäuscht, allein, unglücklich und erschöpft.

Lucys Koliken ließen nach, als sie vier Monate alt war, und von da an versuchten wir verzweifelt, einen einigermaßen normalen Wach- und Schlafrhythmus zu finden. Aber Lucy kannte keine Unterschiede zwischen Tag und Nacht. Alles hatte sich vier lange Monate um sie gedreht, als sie ständig schrie, und sie verlangte noch immer eine Menge Aufmerksamkeit. Sie schlief überhaupt nur für längere Zeit, wenn sie neben uns im Bett lag.

Es dauerte zwei lange Jahre, bis sie schließlich die ganze Nacht in ihrem eigenen Bett schlief... Als sie endlich normal schlief, erwartete ich unser zweites Kind. Die Entscheidung, ein zweites Kind zu bekommen, war uns sehr schwergefallen – sicherlich werden Sie das verstehen. Aber dieses Mal war ich fest entschlossen, daß alles nach Plan gehen würde.

Schwangerschaft und Geburt verliefen sehr gut, und Stuart war ein hübsches, gesundes Baby. Er schrie den ganzen Kreißsaal zusammen, als er zwanzig Minuten alt war, aber danach war er ruhig und verhielt sich wie ein perfekter Neugeborener.

Im Alter von zwei Wochen bekam er abends Koliken. Jede Nacht liefen wir vier Stunden lang mit ihm auf und ab. Statt daß sich sein Zustand langsam verbesserte, wie es bei Lucy der Fall gewesen war, wurde es immer schlimmer mit ihm. Während der nächsten zwölf Monate versuchte ich eine Ursache für diese Störung zu finden: Ich ließ Kuhmilch weg, Zusatzstoffe, Farbstoffe, Eier usw., hatte aber wenig Erfolg damit.

Stuart erreichte schließlich mit achtzehn Monaten einen Höhepunkt, als er fast den ganzen Tag über wimmerte und fast die ganze Nacht hindurch schrie. Ich hatte es mit allen Tricks versucht, die ich in Büchern finden konnte. Ich hatte unseren Arzt um Rat gefragt und suchte die Mütterberatung auf, aber man nahm mich nirgendwo richtig ernst. Ich fragte Bekannte, deren Kinder wie ein Stein im Bett schliefen, aber ich fand keine Erklärung dafür, warum ihre Kinder schliefen und meine nicht.

In einer Nacht, in der es besonders schlimm war, brach ich schluchzend zusammen und weinte bitterlich wegen dieser Ungerechtigkeit. Ich tat mir selbst leid – wie konnte mit das nur zweimal passieren? Ich war als Mutter unfähig, ich hätte mir nicht noch ein Baby anschaffen sollen...

Mein Mann brachte mich in Stuarts Bett und nahm unseren Sohn mit zu sich ins Bett. Stuart schlief auf der Stelle ein und schlief ohne Unterbrechung bis zum Morgen durch.

Und so ist es geblieben. Stuart ist jetzt dreieinhalb Jahre alt und steht immer noch jede Nacht auf. Aber jetzt wird er wenigstens nur einmal wach, kommt in unser Bett und schläft wieder ein. Ich stehe auf und lege mich in Stuarts Bett – Bäumchen wechsel dich, heißt das Spiel, glaube ich. Hin und wieder habe ich versucht, ihm diese Angewohnheit abzugewöhnen, aber es hat immer nur mit Tränen und Enttäuschung geendet. Jetzt weiß ich, daß ich keine Kinder bekommen habe, um ständig einen Kampf mit ihnen auszufechten – und mir war es wie ein Kampf erschienen.

Wir sind recht glücklich so, wie die Dinge jetzt liegen. Zumindest bekommt jeder nachts ausreichend Schlaf – auch wenn es ab und an zu kleineren Störungen kommt.»

Ein bekannter Londoner Journalist erzählt, wie wichtig es für ihn war, neben seiner Tochter zu schlafen, als sie klein war. Er bat darum, seinen Namen nicht zu veröffentlichen.

«Bei unserer ersten Tochter war ich, glaube ich, ein recht hilfreicher Vater. Ich half meiner Frau und beschäftigte mich mit dem Baby, aber bei unserer zweiten Tochter spielte ich eine viel größere Rolle. Ich war bei ihrer Geburt anwesend und damit gleich von Anfang an miteinbezogen.

Die Geburt der beiden Mädchen lag nur achtzehn Monate auseinander, und meine Frau war nach der zweiten Geburt sehr erschöpft und gesundheitlich nicht ganz auf der Höhe. Sie litt unter postnatalen Depressionen. Also übernahm ich die Pflege des Neugeborenen. Ich ließ unsere Tochter Bäuerchen machen und kümmerte mich um sie, wenn sie weinte. Tagsüber arbeitete ich, aber besonders nachts half ich mit, damit meine Frau schlafen konnte und nicht gestört wurde.

Ich saß am Kinderbettchen und steckte dem Baby meinen Finger in den Mund. So schlief es wieder ein, aber aller Voraussicht nach wachte es eine Stunde später wieder auf. Ich war meistens an seinem Bett eingeschlafen! Aus diesem Grund schien es am einfachsten, das Kind einfach mit zu mir ins Bett zu nehmen.

Das Baby hatte es wärmer, ich konnte mit ihm schmusen, und oft schlief es auf diese Weise bis morgens durch. Fast von Geburt an, als unsere Tochter wirklich noch sehr klein war, nahm ich sie mit in mein Bett. Zu Anfang machte ich mir Gedanken, daß ich sie erdrücken könnte, aber ich fand heraus, daß dies nicht passierte, wenn ich sie in meinem Arm hielt.

Nach einiger Zeit rief sie nachts von ihrem Bettchen aus nach mir. Es war kein beunruhigendes Weinen, nur ein Rufen, damit ich aufwachen und an ihr Bett kommen würde. Ich hielt mich nicht lange auf, sondern nahm sie gleich heraus und mit in unser Bett.

Man könnte das Ganze als System betrachten. Und als sie ein Jahr alt war und laufen konnte, dachte ich bei mir: ‹Ich werde sie dazu bringen, selbst zu uns zu kommen. Wenn sie mich braucht, kann sie allein ihren Weg finden.› Ich klappte also die Gitterstäbe an einer Seite des Betts herunter, und als sie mich in der nächsten Nacht rief, rief ich zurück: ‹Komm zu uns, Schatz!› Sie hörte auf zu weinen, es wurde still, und bald hörten wir ihr Getrappel im Flur. Es funktionierte gleich von Anfang an.

Meine Frau und ich hatten in unserem Bett zwei Oberbetten. Unsere Tochter wollte jetzt nachts nicht mehr gestillt werden, also kam sie häufiger zu mir als zu ihrer Mutter. Dies ging so weiter, bis sie etwa zehn, elf Jahre alt war.

Es störte mich überhaupt nicht, daß sie zu uns ins Bett kam. Das war lange Zeit, bevor soviel über sexuellen Mißbrauch geschrieben wurde, und unsere Intimität war völlig unschuldig. Sie wollte von ganz allein damit aufhören, als sie in die Pubertät kam. Meine

Tochter ist jetzt sechzehn Jahre alt, und sie hat ihrem Körper gegenüber ein sehr entspanntes Verhältnis. Sie hat eine glückliche, feste Beziehung zu einem Freund. Ich wünschte mir, daß ich in ihrem Alter so locker gewesen wäre.

Ihre ältere Schwester ist nie zu uns ins Bett gekommen, nur morgens, wenn wir alle zusammen schmusten und herumtobten. Meine Beziehung zu den beiden Mädchen ist völlig unterschiedlich. Meine Frau und ich haben uns scheiden lassen, und weder sie noch meine ältere Tochter haben seit zwei Jahren mit mir gesprochen. Aber ich habe immer noch eine starke Beziehung zu meiner jüngsten Tochter, obwohl sie stark unter Druck gesetzt wird, die Verbindung abzubrechen.

Tatsächlich könnte die Beziehung zu meiner jüngsten Tochter nicht besser sein, und sie hat die große Herausforderung durch die Scheidung und den Zusammenbruch der Familie überstanden. Es tut mir nur leid, daß ich zu meiner älteren Tochter nicht dieselbe Beziehung habe. Heute weiß ich, warum ich ihrer jüngeren Schwester so viel näher bin. Es wäre besser gewesen, wenn ich sie beide gleich behandelt hätte.»

Wendy ROSE-NEIL arbeitet seit 1988 bei *Woman's Realm* und befaßt sich dort mit Familienfragen. ihr erster Brief an Mütter beschrieb ihre eigene Erfahrung mit dem Familienbett. Wendy ist Gründungsmitglied von *The Parent Network*, einer nationalen Hilfsorganisation für Familien.

«Wie den meisten Eltern machte mir die Erziehung zweier kleiner Kinder viel Spaß, verlangte aber gleichzeitig viel Kraft. Ich glaube, ich habe selten so hart gearbeitet wie damals, als meine Töchter beide noch keine fünf Jahre alt waren. Unser erstes Baby hatte, wie es etwa in einem Drittel aller Familien der Fall ist, Schlafprobleme. Teilweise war das darauf zurückzuführen, daß sie während der ersten beiden Monate unter Koliken litt und fast die ganze Zeit über schrie. Ich fühlte mich immer mehr wie eine Versagerin.

Friedliche Nächte standen also völlig außer Frage – sie weigerte sich, in ihrem Bettchen zu schlafen. Wir liefen mit verbitterten Gesichtern im Haus herum, wenn wir in den frühen Morgenstunden versuchten, sie irgendwie zum Schlafen zu bewegen. Eines Tages dann, als ich es nicht mehr schaffte, nahm ich sie mit in unser Bett. Sie beendete ihre Mahlzeit und schlief dann wie von Zauberhand glückselig an mich geschmiegt ein. Bis zum Morgen gab sie keinen Ton mehr von sich.

Wir haben es nie bedauert. Seit dieser Zeit bin ich zur Befürworterin des Familienbetts für Babys und kleine Kinder mit Schlafproblemen geworden, obwohl einige Eltern der Meinung sind, daß es eine ruhelose Nacht wird, wenn man ein so rastloses Wesen wie ein Kind mit zu sich ins Bett nimmt. Manche Eltern machen sich Sorgen, daß sie ihr Kind im Bett verletzen oder erdrücken könnten. Falls man nicht unter starkem Medikamenten- oder Alkoholeinfluß steht, ist dies fast unmöglich – aber natürlich sollte man bei sehr kleinen Babys die Kissen weglassen.

Meistens wachsen Kinder von allein aus dem Alter heraus, in dem sie bei den Eltern schlafen wollen. Für Eltern, die ihre Privatsphäre brauchen, ist es ein nützlicher Kompromiß, das Kind zum Stillen und Trösten ins Bett zu holen und es dann wieder in sein eigenes zu legen.

Wenn Ihr Baby oder Kleinkind Sie also die ganze Nacht lang wachhält, gibt es Schlimmeres als diese Methode. Sie kann Wunder wirken!»

Die Schauspielerin und Autorin Jane ASHER empfiehlt in ihrem Buch *Silent Nights*, das Kind mit ins Elternbett zu nehmen. Sie kommt jedoch zu dem Schluß, daß das Familienbett auf längere Dauer möglicherweise nicht in unsere Gesellschaft paßt, «da erwartet wird, daß man den ganzen Tag über aktiv ist». Aber egal, wie beschäftigt die moderne Mutter ist, kann ich mir nicht vorstellen, daß sie aktiver ist als die Malawi-Mutter, die stundenlang Mais stampft, während sie ihr Baby dabei auf dem Rücken trägt, bevor sie nachts mit ihrer Kinderschar auf einer Matte auf dem Boden einschläft. Die Lösung ist also nicht, das Baby in sein Bettchen zurückzulegen, sondern zu lernen, wie man sich entspannen und während der Mahlzeiten durchschlafen kann.

«...wir erwarten sehr viel von einem Neugeborenen, wenn wir es in ein eigenes, stilles Zimmer verbannen, wo es ganz allein ist, nachdem es neun Monate in der Wärme und Sicherheit der Gebärmutter verbracht hat... Es ist ein wunderschönes Gefühl, ein warmes, kuscheliges Baby neben sich im Bett zu haben und mit ihm zu schmusen.

Natürlich bringt es auch Nachteile mit sich, wenn das Baby bei den Eltern im Bett liegt. Theoretisch sollte die Pause zwischen den Mahlzeiten natürlich länger werden, so daß das Baby nach einigen Monaten nur ein- bis zweimal pro Nacht aufwacht [bei Frances war dies etwa nach acht Monaten der Fall], aber bei Alexander passierte dies nicht. Von Geburt an schlief er mit in unserem Bett, da es mir einfach zu umständlich war, immer wieder aufzustehen, um ihn zu stillen. Außerdem hatte dies den ungeheuren Vorteil, daß er ganz friedlich wieder neben mir einschlief, ohne daß ich irgend etwas tun mußte. Wiegen, Singen, Streicheln und so weiter waren ganz einfach nicht nötig. Während der ersten Monate funktionierte dies sehr gut, und ich erhielt viel mehr Schlaf als mit Katie, die in einer Wiege geschlafen hatte.

Alexander war ein sehr großes Baby, das oft gefüttert werden mußte, aber mit zunehmendem Alter schlief er tatsächlich länger zwischen den Mahlzeiten. Dann wollte er jedoch wieder häufiger gestillt werden, und schließlich konnte er nur noch schlafen, wenn er ständig an der Brust lag. Das wurde schließlich sehr ermüdend für mich, und als ich beschloß, ihn in sein eigenes Bett zu legen, wurde dies zu einem langen, mühevollen Prozeß...

Zweifellos ist es natürlich, mit dem Baby zusammen zu schlafen, und häufige, kurze Mahlzeiten sind von der Natur beabsichtigt. In unserer Gesellschaft wird jedoch erwartet, daß man den ganzen Tag über aktiv ist, und nachts zumindest für eine Weile durchzuschlafen ist sehr wichtig. Wie bei vielen Aspekten der Kindererziehung hängt der Erfolg des Familienbetts von dem Temperament der Mutter, des Vaters und des Kindes ab. Die Entscheidung dafür oder dagegen sollte jedem einzelnen überlassen sein.»

Dr. David HASLAM untersucht in seinem Buch S*chlaflose Kinder – unruhige Nächte* viele Möglichkeiten, um die Schlafprobleme von Kindern zu lösen. Er sagt, daß er «viele Briefe erhielt, in denen es hieß, daß die Lösung, das Kind mit ins Elternbett zu nehmen, erfolgreicher war als alles andere». Seine eigene Erfahrung sah so aus.

«Als es um die Nachtschlafenszeit ging, irrte sich die Lehrmeinung ebenfalls. Katy wachte, bis sie zwei Jahre alt war, jede Nacht auf, mit einer grandiosen Ausnahme. Wenn sie sich zur Bettzeit nicht beruhigen wollte und schrie, war es sinnlos, sie im Bett zu lassen, wie es die Bücher vorschlugen. Ein gesundes Kind kann eine unglaublich lange Zeit brüllen...

Wenn Katy aufwachte und meine Frau und ich zu erschöpft waren, nahmen wir sie auch manchmal mit in unser Bett. Sie schlief dort dann herrlich, aber ihr Zappeln ließ meine Frau nicht schlafen, und so war auch das keine Lösung. Das einzige Mal, daß sie die ganze Nacht durchschlief, war bei einem Campingausflug in Schottland, als sie sieben Monate alt war. Es war bitterkalt, aber sie hatte einen warmen Schlafsack und rührte sich die ganze Nacht nicht von der Stelle. Dies war so ungewöhnlich, daß Barbara und ich wach lagen und uns fragten, was denn verkehrt war. War sie gestorben? Atmete sie überhaupt noch? Was war geschehen?

Endlich wachte sie um acht Uhr früh auf, zufrieden und putzmunter. Lange Zeit vermutete ich, daß es die reine schottische Luft war oder das ungewohnte Campen. Jetzt bin ich mir nicht mehr so sicher. Könnte es nicht auch die Nähe zwischen ihren Eltern gewesen sein, der sie in unserem winzigen Zelt nicht entkam?»

Maggie STRATFORD und ihr Partner Serge aus Leeds beschlossen, aus Prinzip mit ihrem Baby zu schlafen. Das unterscheidet sie von vielen Eltern. Die Anregung dazu kam nicht von dem Verhalten der Primaten, sondern von Berichten von primitiven Kulturen, besonders vom Stamm der Yequana aus Venezuela. Maia Rosas Geburt war schwierig gewesen, aber Maggie bestand darauf, daß ihr Baby von Anfang an in ihrer Nähe blieb:

«Vor der Geburt hatte ich den festen Entschluß gefaßt, im Krankenhaus mit meinem Baby in einem Bett zu schlafen, aber nach der Geburt, die sich über 24 Stunden hingestreckt hatte, war ich völlig erschöpft und machte mir Sorgen, daß dies neben der Auswirkung des Tropfes, den man mir angelegt hatte, meine natürliche Wachsamkeit gegenüber dem Baby beeinträchtigen würde. Ich verbrachte also die ersten Stunden dieser Nacht damit, sie in ihrem kleinen Krankenhausbettchen anzuschauen und ihre Hand zu halten, aber ich konnte sie nicht mit in mein Bett nehmen.

Als sie jedoch mitten in der Nacht aufwachte, hob ich sie zu mir herüber und stillte sie – und konnte sie dann nicht mehr in ihr Bett zurücklegen! Es schien einfach das Richtige zu sein, wie wir uns so aneinanderkuschelten. Die Nachtschwester schien nichts zu bemerken oder nahm an, daß ich sie gerade stillte, und sagte nichts. Da ich vorher gesagt hatte, daß ich am nächsten Tag aus dem Krankenhaus entlassen werden wollte, vermied ich den unausweichlichen Kampf mit den Schwestern, zu dem es sonst sicherlich gekommen wäre.

Einige Wochen lang folgte unsere Schlafordnung einem bestimmten Muster. Wenn wir Maia mit uns ins Bett nahmen, schlief sie zuerst auf Serges Brust, bis sie aufwachte, weil sie hungrig war. Dann verbrachte sie den Rest der Nacht in meinem Arm, so daß sie sich leicht selbst bedienen konnte, wenn sie wollte. Sie ist jetzt neun Wochen alt und hat ihr Geburtsgewicht von fünf Pfund verdoppelt. Maia ist jetzt zu schwer, um auf Serges oder meiner Brust zu liegen. Daher schläft sie jetzt zwischen uns auf meiner Seite des Betts.

Wenn sie nachts ein- bis zweimal aufwacht, wache ich gleichzeitig auf, und sie hat noch nie geweint, denn ihr Verlangen nach Nahrung wird sofort erfüllt.»

Ich kann diese Methode nur jedem empfehlen: a) Sie werden Ihr Baby *nicht* erdrücken, b) Ihr Baby muß nicht auf seine Mahlzeit warten, es wird nicht weinen, und der Stillvorgang verläuft völlig ruhig, c) Sie werden nicht ängstlich auf das leiseste Zeichen Ihres Babys im Kinderzimmer warten oder alle paar Minuten hinlaufen, um nachzuschauen, ob es noch atmet, d) das Wichtigste von allem: Sie werden es genießen, weil es die natürlichste Sache der Welt ist.

# Anmerkungen

## Vorwort

1 «Nur einen Stern erhält Dr. Hugh Jolly, verstorbener Kinderarzt des Charing Cross Hospital, der heute nicht mehr aktuell ist. Sein Buch ‹Das gesunde Kind› zeugt zwar von robustem, gesundem Menschenverstand, wird jedoch von modernen Autoritäten abgelehnt. Das einzig Ausgefallene an ihm ist seine Leidenschaft für das Familienbett...» Jane Ellison, Mums brought to book, in: The Guardian, 27. Oktober 1988.

## Kapitel 1

1 Benjamin Spock und Michael B. Rothenberg, Säuglings- und Kinderpflege.
2 Zitiert in Woman's Realm, 2. April 1988.
3 Bub Mullen, Are Mothers Really Necessary?
4 Ronald V. Snead und William M. Bruch, Pediatrics, 1983.

## Kapitel 2

1 «Bei meiner klinischen Arbeit sehe ich Familien, die das Gefühl haben, daß sie mit einem bestimmten Stadium in der Entwicklung eines Babys oder Kleinkindes nicht zurechtkommen. Bei den drängendsten Problemen handelt es sich häufig um Schlafprobleme.» Dilys Daws, Journal of Child Psychotherapy, 1985.
2 «...eine geringe Schlafmenge ist nicht so schädigend, wie häufig ange-

nommen wird... Leider läßt sich die lebenslange Erziehung zu einer achtstündigen Schlafdauer pro Nacht nur schwer bekämpfen, denn populäre Zeitschriften, pharmazeutische und ärztliche Informationen unterstützen diese Auffassung aktiv.» Jim Horne, *The Practitioner*, Oktober 1985
3 *ibid.*
4 Jim Horne, *Quality Matters*, in: *The Guardian*, 5. April 1988.
5 «...das klinische Bild der normativen Entwicklung des kindlichen Schlafverhaltens stammt nur aus Studien mit Kindern, die allein im Schlaflabor schlafen.» James McKenna, *Medical Anthropology*, 1986.


## Kapitel 3

1 *Letters to a Mother on the Management of Herself and Her Children in Health and Disease... with Remarks upon Chloroform* (Neuausgabe), Longman, London 1848.
2 «Smiles, Bull und Combe waren alle dieser Meinung [daß der Busen der Mutter das natürliche Kissen des Kindes sei] – das Neugeborene hatte eine niedrigere Körpertemperatur und konnte selbst nicht viel Wärme erzeugen. Nach sechs oder acht Wochen kann es in das eigene Bett oder eine Wiege gelegt werden. Chavasse ließ das Baby ursprünglich auf seinem mütterlichen Kissen, bis es mit neun Monaten abgestillt wurde, aber er änderte seine Meinung. In der siebten Ausgabe von *Advice to Mothers* wurden aus neun Monaten ‹ein paar›, und es folgte eine lange Warnung über die Gefahren des Erdrückens. ‹Sorglose, tiefschlafende Mädchen› trügen einen Teil der Schuld – ebenso wie Mütter, die das Baby an der Brust saugen ließen, während sie schliefen.» Christina Hardyment, *Dream Babys*.
3 «Wir wollen damit nur beweisen, daß ein Baby genausogut mit dem Löffel ernährt werden kann wie jene Prachtexemplare, die mit Muttermilch ernährt werden, daß sie sogar kräftiger sind, da ihre Nahrung nahrhafter ist.» Mrs. Isabella Beeton, *Household Management*, 1861.
4 Christina Hardyment, *Dream Babys*.
5 Siehe Kapitel 4, S.76 ff.
6 *Toddler Taming*.
7 Die Untersuchungen über die «Mutter als Känguruh» werden von James McKenna beschrieben: «...diese Methode kann nur bei Frühgeburten angewendet werden, die nicht mehr auf eine lebenserhaltende Technologie angewiesen sind. Das Baby wird dazu unter der Bluse an der Brust der Mutter festgeschnallt. Durch diese Methode des menschlichen Brutkastens bleiben Mutter und Kind 24 Stunden pro Tag zusammen. Einer Untersuchung zufolge hat diese Prozedur zu einer Abnahme der Sterb-

lichkeitsrate, der Krankheitsrate und des Verlassens durch die Eltern geführt.» *Medical Anthropology*, 1986.

## Kapitel 4

1 Siehe «Anxiety States, A Preliminary Report on the Value of Connective Tissue Massage», *Psychosomatic Research*, Vol. 27, Nr. 2.
2 «Eine zehnjährige Untersuchung von 150 Männern mittleren Alters, von der das *Journal of the American Medical Association* berichtete, hat ergeben, daß das Risiko, einen Herzinfarkt zu erleiden, bei Männern mit unregelmäßigem Herzschlag etwas höher war als für Männer, die sozial isoliert lebten... Dr. Orth-Gomer ist der Meinung, daß dies mit anderen hormonellen und biochemischen Aktivitäten im Körper in Beziehung stehen könne und daß einsame Menschen nicht angeregt werden, bestimmte Substanzen zu produzieren, die für die Funktion des Herzkranzsystems wichtig sind.» *Why socialising is good for you*, in: *The Independence*, 12. Juli 1988.
3 Kattwinkel, 1977, zitiert von James McKenna, *Medical Anthropology*, 1986.
4 McGinty, 1984, zitiert von James McKenna.
5 «Als sicher gilt, daß der REM-Phase eine entscheidende Bedeutung zukommt. Wenn zum Beispiel durch den Gebrauch von Schlaftabletten das Quantum von REM-Schlaf reduziert wird, gibt es beim Absetzen der Medikamente für einige Zeit ein kompensatorisches Ansteigen von REM-Schlaf. Experimente, in denen freiwillige Versuchspersonen bestimmter Schlafphasen beraubt wurden, zeigen, daß der Entzug der Phase 4 lediglich bewirkte, daß sie am nächsten Tag lethargisch und abgespannt waren, während, wenn die REM-Phase abging, komplexere Fähigkeiten, wie etwa das Lernen und das Gedächtnis, in Mitleidenschaft gezogen waren.» Dr. David Haslam, *Schlaflose Kinder – unruhige Nächte*.
6 «In McKennas Untersuchung wurden die Atmungsmuster beider Eltern und die des Kindes überwacht, zuerst in getrennten Zimmern, dann im selben Raum und schließlich im selben Bett. Vorläufige Ergebnisse bei der ersten getesteten Mutter und ihrem Baby zeigen, daß der Atemrhythmus des Babys dem der Mutter folgt. Ihre Nähe dient möglicherweise dazu, das Baby ans Atmen zu erinnern.» *Genesis*, Juni/Juli 1985.
7 «Es wurde dokumentiert, daß pränatale und postnatale Vestibulärreize helfen können, das motorische Geschick des Kindes zu entwickeln. Masi (1979) kam zu dem Schluß, daß die Vestibulärreizung Frühgeborener ihre sensomotorische Funktion im Vergleich zu nicht stimulierten Kontrollgruppen verbesserte.» James McKenna, *Medical Anthropology*, 1986.

8 «...es ist bekannt, daß die Luftzufuhr von der Raumtemperatur und von der Körpertemperatur abhängt (Lahiri und Delaney 1975); die Temperatur ist in der Tat einer der wichtigsten externen Regler des Schlafs, besonders des REM-Schlafs (McGinty 1984).» James McKenna.
9 Foundation for the Study of Infant Deaths-newsletter 30, Projekte 53 und 66, August 1986.
10 «Besonders Untersuchungen in den Labors von Hofer, Reite und Levine... haben gezeigt, daß es wichtig ist zu wissen, wie sich der kindliche Körper physiologisch nach einer Trennung ändert, wenn wir die Form und die Konsequenzen der Trennung (besonders die Trennung von Mutter und Kind) verstehen wollen. Dabei geht es darum, wie die Mutter physiologisch durch Kontakt die Körpertemperatur des Kindes, die Stoffwechselrate, Hormonausschüttung, Antikörper-Titer, Schlafzyklus, Herzschlag und Atmung reguliert, um seine Gesundheit und sein Überleben zu gewährleisten.» James McKenna.
11 T. F. Anders, *Pediatrics*, Vol. 63, S. 860–864, 1979.
12 Siehe Jim Horne, *New Scientist*, 12. Dezember 1985.
13 Dr. David Haslam, *Schlaflose Kinder – unruhige Nächte*, S. 82.
14 Michel Odent, *Primal Health*, S. 142.
15 Verkaufspreis 1988.


## Kapitel 5

1 Die Zahlen ändern sich entsprechend der Rate Lebendgeburten in jedem Jahr, bleiben aber proportional dieselben (zwei bis drei Todesfälle durch plötzlichen Kindstod auf 1000 Lebendgeburten).
2 «Jedes Jahr sterben etwa 2000 Babys in Großbritannien im Alter von einer Woche bis zwei Jahren plötzlich und unerwartet ohne erkennbaren Grund, 90 % vor Erreichen des achten Lebensmonats. Diese unterwarteten Todesfälle machen die Hälfte aller Todesfälle in dieser Altersgruppe aus... In manchen Fällen ist die Ursache nach der Autopsie offensichtlich, aber in vielen anderen Fällen... wird die Todesursache nicht gefunden.» FSID-Broschüre für betroffene Eltern, September 1983.
3 Dr. S. G. Norvenius in *Acta Paedriatr. Scand.*, Beilage 333, 1987. Wiedergegeben im FSID-newsletter 32, August 1987.
4 «Der plötzliche Kindstod... steht weiter im Mittelpunkt des Interesses, der Kontroverse und Spekulation. In vielen Teilen der Welt ist er gleich nach angeborenen Mißbildungen und Frühgeburten die häufigste einzelne Todesursache bei Kindern, besonders in Ländern der westlichen Welt, wo im Durchschnitt zwei bis drei Todesfälle auf 1000 Lebendgeburten kommen.» D. P. Davies, *The Lancet*, 14. Dezember 1985.
5 «Leider gab es 1986 einen leichten Anstieg bei den Todesfällen bei

Kindern unter einem Jahr, bei denen auf dem Totenschein der plötzliche Kindstod als Todesursache vermerkt wurde, obwohl die Zahlen für England und Wales noch vorläufig sind. In diesen Ländern gab es 1536 derartige Todesfälle, in Nordirland 64 und in Schottland 184, so daß die Gesamtzahl in Großbritannien 1748 betrug.» FSID-newsletter 33, März 1988.

6 «Es ist interessant, daß das Vestibulärsystem des menschlichen Säuglings (Berührungsreaktion) nach den ersten Lebensmonaten ‹besonders stark reagiert› (Ornitz 1983: 527), gerade in der Zeit, wenn das Risiko für das Kind, am plötzlichen Kindstod zu sterben, am höchsten ist. Anders ausgedrückt: Wenn das Atmungskontrollsystem am verletzlichsten ist, sind Säuglinge gegenüber der Atmungszunahme (Hilfe beim Atmen) durch äußere vestibuläre und Gehör-Stimulation (Berührung und Geräusche) am empfindsamsten – Reize, die in dem erwarteten Mikroenvironment (in der Nähe) des Kindes am leichtesten erreichbar sind, wenn Eltern und Kind nachts zusammen schlafen.» James McKenna, *Medical Anthropology*, 1986.

7 C. Templeman, 1892, *Edindurgh Medical Journal*, Vol. 38, S. 322–329.

8 Julian Aston Productions, London

9 «Mr. J. P. Nicholl und Miss. A. O'Cathain (Sheffield, Projekt 80) haben eine weitere Analyse von 304 Todesfällen durch plötzlichen Kindstod aus der Multicentre Study of Post Neonatal Mortality vorgenommen... Sie zogen auch Beweise in Betracht, die in letzter Zeit als Faktoren mit dem plötzlichen Kindstod in Zusammenhang gebracht wurden. Sie fanden keine Beweise dafür, daß ‹Erdrücken› bei der sehr kleinen Zahl von Babys, die im Bett der Eltern gestorben waren, die Todesursache war.» FSID-newsletter 34, August 1988.

10 Children and Young Persons Act 1933, Teils eins, Abschnitt I: (2)b Prevention of Cruelty and Exposure to Moral and Physical Danger.


# Kapitel 6

1 «Present Day Practice in Infant Feeding», 3. Bericht, HMSO, Februar 1988.

2 Chloe Fisher, *Oxford Medical School Gazette*, 1982.

3 Jane Ellen Panton, *The Way They Should Go*, London 1896.

4 *Mother*, September 1988.

5 Beim direkten Testwiegen wird das Baby nach jeder Mahlzeit auf die Waage gelegt. Bei der indirekten Methode ist die Berechnung schwieriger. Sie beinhaltet Messungen des Urins und des ausgeschiedenen Wassers. Aber Mutter und Baby können nachts ohne Störungen durchschlafen. Das direkte Testwiegen wird als Ursache für eine Reduzierung

der nächtlichen Nahrungsaufnahme betrachtet, die indirekte Methode, die sich nicht aufdrängt, dagegen nicht. (Siehe: Stella M. Imong u. a., *Journal of Pediatric Gastroenterology and Nutrition*, 1988).

6 «...innerhalb von 24 Stunden nach der Geburt kann man erwarten, daß eine Mutter... das Baby bis zu achtmal stillt. Wenn man Durchschnittswerte zugrunde legt, kann dies eine Gesamtstillzeit von drei Stunden ausmachen.» M. W. Woolridge u. a., *Early Human Development*, 1985.

7 *Concise Oxford Dictionary*.

8 Edmund Owen, *Baby*, 1988. Siehe Kapitel 6, S.113

9 Vergleiche zwischen Krankenhäusern in Schweden (wo man den Kontakt zwischen Mutter und Kind nur während der Stillzeit zuließ) und Thailand (wo die Mütter ihre Babys auch in der Nacht häufig stillten) zeigten, daß unabhängig von den Unterschieden Milch vorhanden war. (Siehe Woolridge u. a., *Early Human Development*).

10 z. B. Valerie Fildes, *Wet Nursing: A History from Antiquity to the Present*.

11 Norman Tindale, Kapitel in *Hunters and Gatherers Today*.

12 P. W. Howie u. a., *British Medical Journal*, 1981.

13 Siehe: Maire Messinger Davies, *The Breastfeeding Book*, S. 13.

14 *Breast feeding of first babies drops*, in: *The Independent*, 28. Juli 1988.

## Kapitel 7

1 Barry und Paxson, 1971, zitiert von James McKenna in *Medical Anthropology*, 1986.

2 James Prescott, *Bulletin of the Atomic Scientists*, November 1986.

3 Zitiert in M. Dorothy George, *London Life in the Eighteenth Century*.

4 Zitiert in Sarah Helm, «When children were chattels», in: *The Independent*, 5. Juli 1988.

5 Lozoff, Wolf und Davis, *Pediatrics*, August 1984.

6 *ibid*.

7 C. C. Hanks und E. G. Rebelsky, *Psychiatry*, 1977.

8 «Der vielsagendste Charakterzug der Beziehung zwischen Mutter und Sohn ist ihre extreme körperliche Intimität. Elvis schlief mit Gladys in demselben Bett, bis er an der Schwelle zur Pubertät stand.» Albert Goldman, *Elvis*.

## Kapitel 8

1 *Rise in cases may be levelling off*, in: *The Independent*, 5. Juli 1988.
2 *Mother*, Oktober 1987. Die statistische Analyse stammt von Andy Coasby.
3 «...die überwältigende Zahl von 60 Prozent schläft mit dem Partner, um ihm einen Gefallen zu tun oder weil die Frauen nicht in der Lage sind, ihm zu sagen, daß sie keine Lust haben.» *Mother*, Oktober 1987.
4 Die Maori, die Mbuti-Pygmäen und viele andere Völker erwarten, daß der Ehemann sich sexueller Annäherungen an seine Frau für einige Zeit nach der Geburt eines Babys enthält. In einigen Kulturen ist es dem Mann gestattet, eine Beziehung zu einer anderen Frau oder eine zweite Frau zu haben, wenn die Zeit der Abstinenz mehr als ein paar Monate beträgt.
5 Die Andamaner, Inselbewohner aus der Bucht von Bengalen, sind typisch für die meisten nichtindustrialisierten Völker, die unter primitiven Bedingungen leben. Sie «führen den Sexualakt mit wenig Privatsphäre durch, was auf die leichte Konstruktion ihrer Hütten um den Tanzboden herum zurückzuführen ist und auf die wirklichen und eingebildeten Gefahren des dichten Dschungels». Carleton S. Coon, *The Hunting Peoples*.
6 *The Sunday Times*, 19. Juli 1988.
7 Jean Liedloff, *Auf der Suche nach dem verlorenen Glück*.

## Kapitel 9

1 Michel Odent, *Von Geburt an gesund*. Siehe Kapitel 1, S. 31.
2 «Egal wieviel Sorgfalt man einem Kind angedeihen läßt, muß es doch eine große Enttäuschung in seinem frühen Leben durchmachen – es muß zuerst von der Brust und später von der Flasche entwöhnt werden.» English und Pearson, *Emotional Problems of Living*.
3 Bericht von Gillian Mercer, *Shyness is a familiy problem*, in: *The Independent*, 12. Juli 1988.
4 Zitiert in *Family Circle*, 27. November 1988.
5 *The Independent*, 19. August 1988.
6 *Making Links with Children's Education*, eine Broschüre für die 2. Internationale Konferenz über die F.-M.-Alexander-Technik, Brighton 1988.
7 «Der Psychologe Winnicott schrieb einmal, das Kind erblicke sich selbst im Gesicht der Mutter – man könnte auch sagen, es finde sich selbst –, denn das mütterliche Einfühlungsvermögen sei so groß, daß sich die Gefühle des Kindes in ihrem Gesicht widerspiegeln... Eine unsichere

Mutter zeigt dem Kind nicht dessen eigene Gefühle. Sie ist zu sehr mit eigenen Angelegenheiten beschäftigt, vielleicht macht sie sich auch Gedanken darüber, ob sie ihr Kind richtig behandelt, ob sie ihm gerecht wird.» Bruno Bettelheim, *Ein Leben für Kinder*.

## Kapitel 10

1 Untersuchung des Stillens von Mike Woolridge und einem Team der Abteilung für kindliche Gesundheit an der Universität von Bristol. Bericht in *Early Human Development*, 1985.
2 Jean Liedloff, *Auf der Suche nach dem verlorenen Glück*.
3 Julian Aston Productions, London.
4 «Die Normen für das Muster von Schlafen und Wachsein bei Säuglingen wurden in den fünfziger und sechziger Jahren entwickelt, die Jahrzehnte, die den tiefsten Stand des Stillens in den USA markierten... die Normen treffen nicht auf Kinder zu, die viele Monate lang gestillt werden.» Elias, Nicolson, Bora und Johnston, *Pediatrics*, März 1986.
Ein zweijähriges Kind, das von seiner Mutter gestillt wird und bei ihr schläft, schläft meistens etwa 4,8 Stunden im Vergleich zu 6,9 Stunden, die ein gestilltes Kind, das allein in einem Bett liegt, schläft. Ein Kind, das im eigenen Bett schläft und nicht gestillt wird, schläft länger – im Durchschnitt 9,5 Stunden auf einmal.
Mit anderen Worten: Manchmal kann ein Kind dazu erzogen werden, allein in der Nacht durchzuschlafen, wenn es nicht die ständige Zuwendung findet, die es braucht und erwartet. Aber die Mutter, die ihr Kind stillt, kann davon ausgehen, daß sie es nachts (genau wie tagsüber) alle zwei bis vier Stunden stillt.
5 «In einer Analyse des Problems im Jahr 1967 fand J. W. B. Douglas heraus, daß eine Beziehung bestand zwischen Bettnässen im Alter von viereinhalb Jahren und einer Reihe von kritischen Erlebnissen im Alter von zwei bis drei Jahren, wie z. B. Krankheit, Operation und Trennung von der Familie.» Dr. Haslam, *Schlaflose Kinder – unruhige Nächte*.
6 «Viele Eltern verwechseln Nachtängste mit Alpträumen, aber es besteht ein großer Unterschied. Ein Kind, das unter Nachtangst leidet, sitzt schreiend aufrecht im Bett, die Augen sind weit aufgerissen, die Pupillen erweitert und es scheint sehr ängstlich und erregt. Das Kind erkennt seine Eltern nicht während des Anfalls und ist desorientiert... Diese verwirrende Episode dauert im Durchschnitt zwei Minuten lang an... Glücklicherweise wird der ganze Vorfall vergessen.» *ibid*.
7 «Die Entdeckung, daß äußere, rhythmische Atmungsreize, in diesem Fall Bewegung, das Atmungsmuster von Säuglingen beeinflußt, zeigt, daß eine Kontinuität besteht, wie der Biorhythmus der Mutter das Kind

vor und nach der Geburt physiologisch reguliert...» James McKenna, *Medical Anthropology*, 1986.

## Kapitel 11

1 Frances Moore Lappé in einem Interview mit Derek Cooper im BBC Radio Four, August 1988.
2 Zitiert in La Leche League, *The Art of Breastfeeding*.
3 Siehe Kapitel 2, S. 41
4 Hormone regulieren unsere Schlafmuster: schwangere und stillende Mütter machen nicht die vierte und tiefste Schlafstufe durch. (Michel Odent, *Von Geburt an gesund*, S. 148).
5 Lozoff, Wolf und Davis, *Pediatrics*, August 1984.

## Kapitel 12

1 «The machine that goes ‹ping!›» spielte in Monty Pythons Film *The Meaning of Life* eine Rolle (UK, Terry Jones, 1988).

## Anhang

1 Hanks und Rebelsky, *Psychiatry*, 1977.

## Ausgewählte Literatur

Jane Asher, *Silent Nights: For You and Your Baby*, Pelham, 1984
Norman Autton, *Pain: An Exploration*, Darton, Longman and Todd, 1986.
Bruno Bettelheim, *Ein Leben für Kinder. Erziehung in unserer Zeit*, Stuttgart 1987
John Bowlby, *Mutterliebe und kindliche Entwicklung*, München 1985.
Prof. Herbert Brant und Prof. Kenneth S. Holt (Berater), *The Complete Mothercare Manual: An Illustrated Guide to Pregnancy, Birth and Childcare*, Conran Octopus, 1986.
Carleton S. Coon, *The Hunting Peoples*, Cape, 1972.
O. Spurgeon English und Gerald H. Pearson, *Emotional Problems of Living: Avoiding the Neurotic Pattern*, Unwin, 1963.
Dr. Richard Ferber, *Solve Your Child's Sleep Problems: The Complete Practical Guide for Parents*, (1985) Dorling Kindersley, 1986.
Valerie Fildes, *Wet Nursing: A History from Antiquity to the Present*, Blackwell, 1988.
M. Dorothy George, *London Life in the Eighteenth Century*, (1925) Penguin, 1965.
Albert Goldman, *Elvis*, (1981) Penguin, 1982.
Dr. Christopher Green, *Toddler Taming: A Parent's Guide to the First Four Years*, Century, 1984.
Christina Hardyment, *Dream Babies*, (1983) Oxford University Press, 1984.
Dr. David Haslam, *Schlaflose Kinder – unruhige Nächte. Wenn Kinder nicht schlafen können*, München 1985.
*Hunters and Gatherers Today: A Socioeconomic Study of Eleven Such Cultures in the Twentieth Century*, (Hg. M. G. Biccieri), Holt, Rinehart and Winston, 1972.
Sally Inch, *Birthrights: A Parent's Guide to Modern Childbirth*, (1982) Hutchinson, 1985.
Hugh Jolly, *Das gesunde Kind*, München 1975.
Sheila Kitzinger, *Schwangerschaft und Geburt*, München 1982.
Penelope Leach, *Babyhood*, (1974) Penguin, 1980.
Frédérick Leboyer, *Geburt ohne Gewalt*, München 1981.
La Leche League International, *The Art of Breastfeeding: The Complete Guide for the Nursing Mother*, (1958) überarbeitete Ausgabe, Angus and Robertson, 1988.

Mary R. Lefkowitz und Maureen B. Fant, *Women's Life in Greece and Rome*, Duckworth, 1982.

Jean Liedloff, *Auf der Suche nach dem verlorenen Glück*, München 1980.

Aidan Macfarlane, *The Psychology of Childbirth*, Fontana, 1977.

Leon Madow, *Anger*, Unwin, 1972.

Brigid McConville, *Mad to be a Mother: Is There Life after Birth for Women Today?*, Century Hutchinson, 1987.

Andrina E. McCormack, *Coping with Your Handicapped Child*, Chambers, 1985

Maire Messinger Davies, *The Breastfeeding Book*, (1982) Century Hutchinson, 1986.

Daphne Metland, *Getting Ready for Baby*, Foulsham, 1987.

Bob Mullen, *Are Mothers Really Necessary?*, Boxtree, 1987.

Michel Odent, *Die sanfte Geburt. Die Leboyer-Methode in der Praxis*, München 1979; *Von Geburt an gesund. Was wir tun können, um lebenslange Gesundheit zu fördern*, München 1989.

Donald J. Olsen, *The Growth of Victorian Londen*, (1976) Penguin, 1976.

Libby Purves, *Die Kunst, (k)eine perfekte Mutter zu sein*, Hamburg 1987.

Maud Pember Reeves, *Round About a Pound a Week*, (1913) Virago, 1979.

Margery Spring Rice, *Working-Class Wives*, (1939) Virago, 1981.

Edith Rudinger (Hg.), *The Newborn Baby*, (1972), Consumers' Association, überarbeitete Ausgabe 1979.

Peter Saunders, *Birthwise: Having a Baby in the 80s*, Sidgwick and Jackson, 1985.

Dolly Scannell, *Mother Knew Best: An East End Childhood*, (1974) Pan, 1975.

Rudolf Schaffer, *Mütterliche Fürsorge in den ersten Lebensjahren*, Stuttgart 1978.

André Singer mit Leslie Woodhead, *Disappearing World*, Boxtree, 1988.

Joanna Smith, *Edwardian Children*, Hutchinson, 1983.

Dr. med. Benjamin Spock und Dr. med. Michael B. Rothenberg, *Säuglings- und Kinderpflege, Bd. I u. II*, (1945) Frankfurt am Main/Berlin 1986.

Dr. Penny und Dr. Andrew Stanway, *Breast is Best*, Pan, 1978; *Choices in Childbirth*, Pan, 1984.

L. Joseph Stone und Joseph Church, *Kindheit und Jugend, Bd. 1 u. 2*, Stuttgart 1978.

*Successful Breastfeeding: A Practical Guide for Midwives (and other supporting breastfeeding mothers)*, Royal College of Midwives (RCM), 1988.

Tine Thevenin, *Das Familienbett*, Frankfurt am Main 1984.

Peter Tinniswood, *A Touch of Daniel*, Arrow, 1983.

Jane Vosper, *Good Housekeeping's Baby Book*, (1944) National Magazine Co., 1969.

Peter Walker, *Baby Massage. Für ein gesundes, glückliches Kind*, München 1989.

Annette B. Weiner, *The Trobrianders of Papua New Guinea*, Holt, Rinehart and Winston, 1988.
William Wharton, *Tidings*, Cape, 1988.

Artikel in Fachzeitschriften

T. F. Anders, ‹Night Waking in Infants during the First Year of Life›, *Pediatrics*, 1979, Vol. 69, S. 860–864.

Kathryn Conder, ‹Sleep in Child Rearing – A Cross Cultural Perspective›, *Midwife, Health Visitor and Community Nurse*, April 1988, S. 126–127.

D. P. Davies, ‹Cot Death in Hong Kong: A Rare Problem?›, *The Lancet*, 14. Dezember 1985, S. 1346–1348.

Dilys Daws, ‹Sleep Problems in Babies and Young Children›, *Journal of Child Psychotherapy*, 1985, Vol. 11, Nr. 2, S. 87–95.

Marjorie F. Elias, Nancy A. Nicolson, Carolyn Bora und Johanna Johnston, ‹Sleep/Wake Patterns of Breast-Fed Infants in the First 2 Years of Life›, *Pediatrics*, März 1986, Vol. 77, Nr. 3.

Chloe Fisher, ‹Mythology in Midwifery – or «Making Breastfeeding Scientific and Exact»›, *Oxford Medical School Gazette*, Trinity Term 1982, Vol. XXXIII, Nr. 2; ‹How did we go wrong with breastfeeding?› *Midwifery*, 1985, Vol. 1, S. 48–51.

C. C. Hanks und F. G. Rebelsky, ‹Mommy and the midnight visitor: A study of occasional co-sleeping›, *Psychiatry*, 1977, Vol. 40, S. 277–280.

Jim Horne, ‹Insomnia; some facts and fiction›, *The Practitioner*, Oktober 1985, Vol. 229; ‹Snoring can Damage Your Health›, *New Scientist*, 12. Dezember 1985; ‹The Substance of Sleep›, *New Scientist*, 7. Januar 1988.

P. W. Howie u. a., ‹Effects of supplementary food on suckling patterns and ovarian activity during lactation›, *British Medical Journal*, 1981, Vol. 283, S. 757–759.

Stella M. Imong u. a., ‹Measuring Night Time Breast Milk Intake – Why Bother?›, *Proc. 5th Asian Congress of Nutrition*, Oktober 1987; ‹Indirect Test Weighing: A New Method for Measuring Overnight Breast Milk Intakes in the Field›, *Journal of Pediatric Gastroenterology and Nutrition*, 1988.

Betsy Lozoff, Abraham Wolf und Nancy S. Davis, ‹Cosleeping in Urban Families with Young Children in the United States›, *Pediatrics*, August 1984, Vol. 74, Nr. 2, S. 171–182; ‹Sleep Problems Seen in Pediatric Practice›, *Pediatrics*, März 1985, Vol. 75, Nr. 3, S. 477–483.

Penny Mansfield, ‹Getting Ready for Parenthood: attitudes to and expectations of having children of a group of newly-weds›, *Journal of Sociology and Social Policy*, 1982, Vol. 2, Nr. 1, S. 28–39.

James J. McKenna, ‹An Anthropological Perspective on SIDS›, *Medical Anthropology*, 1985, Vol. 10, Nr. 1.

James Prescott, ‹Body Pleasure and the Origins of Violence›, *Bulletin of the Atomic Scientists*, November 1975.

Ronald W. Snead und Wiliam M. Bruch, ‹Social and Emotional Problems of Childhood›, *Pediatrics*, 1983.

A. N. Stanton und J. R. Oakley, ‹Pattern of illnesses before cot deaths›, *Archives of Disease in Childhood*, 1983, Vol. 58, S. 878–881.

M. W. Woolridge, Vivienne Greasley und Suporn Silpisornkosol, ‹The initiation of lactation: the effect of early versus delay contact for suckling on milk intake in the first week post partum. A study in Chian Mai, Northern Thailand›, *Early Human Development*, 1985, Vol. 12, S. 269–278.

# Danksagung

Ich möchte all denen danken, die mir bei der Arbeit an diesem Buch geholfen und mich unterstützt haben. Ich bin vielen für die erwiesene Freundlichkeit zu Dank verpflichtet und folgenden Organisationen für ihre Zusammenarbeit:
CRY-SIS
Foundation for the Study of Infant Deaths
Great Ormond Street Children's Hospital, London: Klinik für weinende Babys
Guy's Hospital, London: Abteilung für klinische Psychologie
Institute of Child Health, Bristol
John Radcliffe Hospital, Oxford: Gemeindehebammen
The Law Commission
London School of Economics: Abteilung für Anthropologie
Loughborough University: Schlafforschungslabor
Manchester University: Juraabteilung
Marriage Research Centre
Museum of Childhood, Bethnal Green, London
National Childbirth Trust
Nottingham City Hospital
Organization for Parents Under Stress
University Hospital of Wales, Cardiff: Schlafklinik

## Mit Kindern leben

Praktische Tips, Ideen, Anregungen. Ratgeber für den Umgang mit Kindern im Alltag.

Gisela Brehmer
**Aus der Praxis einer Kinderärztin**
*Entwicklung - Vollwert-Ernährung - Erste Hilfe im akuten Krankheitsfall - Alternative Heilmethoden*
(rororo sachbuch 8388)

H. Clemens / R. Bean
**Selbstbewußte Kinder** *Wie Eltern und Pädagogen dazu beitragen können*
(rororo sachbuch 8822)
**Verantwortungsbewußte Kinder**
*Was Eltern und Pädagogen dazu beitragen können*
(rororo sachbuch 9132)

Sabine Friedrich / Volker Friebel
**Entspannung für Kinder**
*Übungen zur Konzentration und gegen Ängste*
(rororo sachbuch 9397)

Tilo Grüttner
**Helfen bei Legasthenie**
*Verstehen und üben. Geschichten*
(rororo sachbuch 8326)

H. Häsing / G. Gutschmidt
**Handbuch Alleinerziehen** *Mit Rechtsratgeber*
(rororo sachbuch 8896)

A. Kettner / E. Haug-Zapp
**Das Kindergartenbuch** *Was Eltern wissen müssen*
(rororo sachbuch 8790)

Bettina Mähler
**Geschwister** *Krach und Harmonie im Kinderzimmer*
(rororo sachbuch 9316)

## rororo sachbuch

**Das rororo-Elternlexikon**
Herausgegeben von Horst Speichert und Bernhard Schön
(rororo sachbuch 7981)

Andreas Schmidt
**Väter ohne Kinder** *Sorge, Recht und Alltag nach Trennung oder Scheidung*
(rororo sachbuch 9398)

R. Voß / R. Wirtz
**Keine Pillen für den Zappelphilipp**
*Alternativen im Umgang mit unruhigen Kindern*
(rororo sachbuch 8431)

Sollten Sie sich weiter informieren wollen, erhalten Sie in Ihrer Buchhandlung kostenlos unseren Katalog «Bücher für Eltern / Bücher für Kinder», wo Sie alle Titel der Reihen *Mit Kindern leben* und *rotfuchs* ausführlich vorgestellt finden.

3413/10a

## Mit Kindern leben

Praktische Tips, Ideen, Ratgeber. Anregungen für den Umgang mit Kindern in der Freizeit.

Helga Biebricher
**Scherzfragen, Rätsel, Schüttelreime** *Vergessenes und Neues zur Unterhaltung*
(rororo sachbuch 7662)

Gela Brüggebors
**Körperspiele für die Seele** *312mal Bewegung, Entspannung, Energie. Anregungen zur Psychomotorik*
(rororo sachbuch 8526)
**So spricht mein Kind richtig** *Entwicklungen und Störungen beim Sprechenlernen. Wie Eltern und Erzieher helfen können. Mit 237 lustvollen Spiel-Ideen.*
(rororo sachbuch 8100)
**So lernen Kinder besser** *Mentale Fähigkeiten fördern, Lernhemmungen beheben.*
(rororo sachbuch 60154)

Kristina Hoffmann-Pieper
**Basteln zum Nulltarif** *Spiel und Spaß mit Haushaltsdingen*
(rororo sachbuch 7955)

Barbara Cratzius
**Noch mehr Fingerspiele und andere Kinkerlitzchen** *Eine Wundertüte für neue Spiellust mit kleinen Kindern*
(rororo sachbuch 8574)
**Allererste Kinderrätsel** *Denkspaß für Eltern und Kinder*
(rororo sachbuch 9143)

Sharla Feldscher
**Das Spiel- und Aktionsbuch** *Spaß für Kinder, Eltern, Pädagogen*
(rororo sachbuch 8867)

Bettina Hannsz
**Kinder mögen Yoga** *Entspannung für Körper und Seele*
(rororo sachbuch 9130)

Beate Seeßlen-Hurler
**Kinderfeste** *Vorschläge für den Feierspaß von groß und klein*
(rororo sachbuch 8302)

## rororo sachbuch

Sollten Sie sich weiter informieren wollen, erhalten Sie in Ihrer Buchhandlung kostenlos unseren Katalog «Bücher für Eltern / Bücher für Kinder», wo Sie alle Titel der Reihen *Mit Kindern leben* und *rotfuchs* ausführlich vorgestellt finden.

## Mit Kindern leben

**Dr Jan-Uwe Rogge**, Jahrgang 1947, arbeitet freiberuflich als Medienforscher und in der Familienberatung. Seit fünfzehn Jahren leitet er Elternseminare und Fortbildungsveranstaltungen zu den Themen Familie und Medien sowie kindliche Ängste und Aggressionen.

In der Reihe *Mit Kindern leben* sind bisher erschienen:

**Eltern setzen Grenzen**
(rororo sachbuch 9756)
Kinder brauchen Rituale und Orientierung. Dabei müssen Partnerschaft und Autorität kein Widerspruch sein. Das zeigen die vielen anschaulichen Beispiele und konkreten Vorschläge in diesem Buch. Sie führen zum besseren Verständnis der Kinder und zu einem gelasseneren Umgang im Erziehungsalltag.

**Kinder brauchen Grenzen**
(rororo sachbuch 9366)
Elten und Erzieherinnen reagieren heute viel sensibler auf die Kinder. Das ist nur zu begrüßen. Aber häufig sind sie auch verunsichert, wollen alles besser als ihre Eltern machen - nur keine Vorschriften! - und lassen damit die Kinder oft genug im Stich. Denn für Kinder ist es eine Überforderung, sich ohne Grenzen selbstverantwortlich in einer unübersichtlichen Welt zurechtfinden zu sollen. Dieses Buch macht Mut, mit Hilfe der manchmal verblüffenden Lösungsvorschläge auch weiter unseren Weg in partnerschaftlicher Erziehung zu gehen.

**Kinder können fernsehen** *Vom sinnvollen Umgang mit den Medien*
(rororo sachbuch 8598)

Gemeinsam mit Regine Rogge:

**Die besten Hörcassetten für mein Kind** *111 Empfehlungen für Hörspiele und Musik*
(rororo sachbuch 9731)

**Die besten Videos für mein Kind** *99 Empfehlungen für Eltern*
(rororo sachbuch 9730)

## rororo sachbuch

Sollten Sie sich weiter informieren wollen, erhalten Sie in Ihrer Buchhandlung kostenlos unseren Katalog «Bücher für Eltern / Bücher für Kinder», wo Sie alle Titel der Reihen *Mit Kindern leben* und *rotfuchs* ausführlich vorgestellt finden.